Aus dem Programm Huber: Psychologie Forschung

Rainer Bromme

Der Lehrer als Experte

Zur Psychologie des professionellen Wissens

Verlag Hans Huber
Bern Göttingen Toronto

Meiner Frau

Für Diskussionen zu den Themen dieser Arbeit, für freundliche Ermutigung beim Schreiben und für die kritische Lektüre von z. T. umfangreichen Teilen des Textes danke ich G. Dobslaw, N. Groeben, M. Hofer, H. Jäger, H.N. Jahnke, M. Otte, F. Seeger, H. Skowronek, H. Steinbring, R. Sträßer, D. Wahl und T. Wehner. Bei der Erstellung von Manuskript und Druckvorlage haben geholfen: B. Schmitz, E. Meyer und R. Rambow. Auch ihnen herzlichen Dank für ihre Hilfsbereitschaft und Zuverlässigkeit.
Der Westfälisch-Lippischen Universitätsgesellschaft danke ich für die Förderung der Drucklegung dieser Arbeit.

Die Deutsche Bibliothek - CIP-Einheitsaufnahme

Bromme, Rainer:
Der Lehrer als Experte: zur Psychologie des professionellen Wissens / Rainer Bromme. – 1. Aufl. – Bern; Göttingen; Toronto; Huber, 1992
   (Huber-Psychologie-Forschung)
   ISBN 3-456-81991-9

1. Auflage 1992
© 1992 Verlag Hans Huber, Bern
Druck: Presses Centrales Lausanne SA
Printed in Switzerland

INHALTSVERZEICHNIS

1 Einführung

Die Tätigkeit von Lehrern setzt eine lange theoretische und praktische Ausbildung voraus. Im Zuge der Ausbildung und durch die praktische Berufserfahrung entwickelt sich professionelles Wissen. Die psychologische Untersuchung dieses Wissens ist das Thema dieser theoretischen Darstellung. Anhand des Lehrerberufes sollen die Möglichkeiten und Grenzen des Expertenansatzes für die Untersuchung des professionellen Wissens analysiert werden. Mit dem hier vorliegenden Text ist zweierlei beabsichtigt:

- Zum einen ein Beitrag zu der psychologischen Natur professionellen Wissens. Der Beruf des Lehrers dient hier insofern als ein Beispiel. Es gibt kaum ein Berufsfeld, das in der Psychologie so ausführlich untersucht wird wie das des Lehrers. Deshalb bietet sich dieser Beruf an, um die empirischen und theoretischen Ergebnisse zum Expertenwissen in der kognitiven Psychologie zu diskutieren und nach ihrer Aussagekraft für eine Psychologie professionellen Wissens zu fragen.

- Zum anderen ein Beitrag zur Lehrerkognitionsforschung. Es gibt auf diesem Gebiet bislang nur wenige Arbeiten, die explizit an die Expertenforschung in der kognitiven Psychologie anknüpfen. Viele Arbeiten zu Lehrerkognitionen basieren auf psychologischen Konstrukten der Sozialpsychologie und der Persönlichkeitsforschung. In anderen Arbeiten sind die psychologischen Hintergrundannahmen gar nicht expliziert. In diesem Text wird der Begriff des 'Wissens' und ein kognitionspsychologischer Ansatz vorgeschlagen.

Innerwissenschaftliche Übertragungen psychologischer Konstrukte auf Phänomene und Daten, für die sie ursprünglich nicht entwickelt wurden, sind in der Geschichte der Psychologie häufig. So ist z. B. der Begriff des Problemlösens zur Metapher für die psychologische Charakterisierung aller möglichen menschlichen Aktivitäten (vom Entscheiden über das Lesen bis hin zur Motorik) geworden. Derartige Übertragungen verändern immer beides: das übertragene Konstrukt und das Verständnis des Gegenstandsbereiches, auf den sie angewendet werden, und meistens ist der Gewinn wechselseitig. Es ist deshalb nützlich, diese Veränderungen bewußt zu vollziehen und sie nicht nur im nachhinein (als Psychologie-Geschichte) festzustellen. Dies soll für den Begriff des (Experten)-Wissens hier geschehen, indem das professionelle Wissen von Lehrern betrachtet wird.

In den vergangenen 15 Jahren hat sich die Lehrerkognitionsforschung breit entwickelt, d.h. die Zahl von empirischen Untersuchungen hat zugenommen, entsprechende Fachgesellschaften und Fachgruppen wurden gegründet und das Thema wird neuestens auch in Hand- und Lehrbüchern berücksichtigt. So enthält z. B. das einflußreiche 'Handbook of Research on Teaching' in der dritten Auflage (Wittrock 1986) zum ersten Mal ein eigenes Kapitel zu 'Teachers' thought processes'. Auch die Gründung einer 'Special Interest Group' der American Educational Research Association und einer

1

'International Study Association on Teacher Thinking' (ISATT) in Europa zeigen dieses Interesse. Überblicke geben die Monographien und Sammelbände von Ben-Peretz, Bromme & Halkes (1986), Calderhead (1984, 1987), Halkes & Olson (1984), Hofer (1981), Stromness & Sovik (1987), der umfangreiche Handbuchbeitrag von Clark & Peterson (1986) sowie die Darstellungen von Bromme & Brophy (1986), Mandl & Huber (1983) und Shavelson & Stern (1981). In diesem Forschungsbereich werden die Prozesse und Strukturen der Verarbeitung von Informationen bei Lehrern[1] im Zusammenhang mit ihrer Tätigkeit im Unterricht und bei der Unterrichtsvorbereitung untersucht. Die methodischen Ansätze und theoretischen Orientierungen sind sehr unterschiedlich. Aber diesen Arbeiten liegt durchgängig die Auffassung zugrunde, daß das Handeln von Lehrern wesentlich davon abhängig ist, wie sie ihre schulische Umwelt interpretieren, welche Ziele sie verfolgen und wie sie die Informationen nutzen und bewerten, die ihnen zur Verfügung stehen. Einen wichtigen Beitrag zur Erschließung des Forschungsfeldes leisteten die Untersuchungen zur impliziten Persönlichkeitstheorie von Lehrern (Höhn 1967, Hofer 1969). Hier wurde, anknüpfend an die sozialpsychologische Forschung zur Personenwahrnehmung, untersucht, welches Bild Lehrer von ihren Schülern haben und wie sich dieses Bild auf ihr Handeln auswirkt.

Ein anderes Beispiel für den Forschungsbereich 'Lehrerkognitionen' ist die Untersuchung der Unterrichtsvorbereitung erfahrener Lehrer (Bromme 1981). Ihr Ausgangspunkt war die Beobachtung, daß erfahrene Lehrer keines der didaktischen Modelle zur Unterrichtsvorbereitung anwenden, die sie in der Lehrerausbildung erworben haben. Vielmehr entwickeln sie eigene Strategien zur Unterrichtsvorbereitung. Es lag nahe, den Denkprozeß während der Planung von Unterricht als Problemlöseprozeß zu beschreiben. In empirischen Untersuchungen fanden sich aber nicht die klassischen Schritte des Problemlösens, d. h. Zielanalyse, Mittelanalyse, Hypothesenauswahl, Hypothesenbewertung, wie sie z. B. in den Untersuchungen von Newell & Simon (1972) gefunden wurden. Das Planen verläuft eher als Zusammenstellen von - im Prinzip bereits bekannten - Informationen, die bezüglich bestimmter stoffbezogener und fachdidaktischer Vorstellungen bewertet werden. Erst die Thematisierung von bereichsspezifischem Wissen und die Hinwendung zu beruflichen Problemstellungen in der Problemlösepsychologie hat zu Konstrukten geführt, die auch auf solche Prozesse wie die Unterrichtsvorbereitung erfahrener Lehrer anwendbar sind.

---

[1] In diesem Text wird immer das grammatische Maskulinum verwendet. Natürlich ist die Profession gemeint und nicht nur der männliche Lehrer.– In den Arbeiten aus den USA findet sich häufig die durchgängige Verwendung von 'she'. Aber es ist nicht so recht klar, ob damit ein Gegengewicht zu dem sonst vorherrschenden Sprachgebrauch geschaffen werden soll oder ob die Autoren immer nur den Grundschulbereich vor Augen haben, in dem in den USA fast nur Frauen unterrichten. Die mir bekannten sprachlichen Lösungen – auch die in diesem Text gewählten – sind alle unbefriedigend.

Die Entwicklung der Lehrerkognitionsforschung

Die Zunahme von Arbeiten zu Lehrerkognitionen in den vergangenen 15 Jahren hat wissenschaftsexterne und -interne Gründe. Zu den wissenschaftsexternen Gründen zählen Schwierigkeiten der Schulreform und der Lehrerausbildung. Bei den großen Curriculum-reformen der 70er Jahre zeigte sich die Bedeutung der Lehrerperspektive auf das neue Curriculum. Die Sicht der Lehrer über die Nützlichkeit und Realisierbarkeit von Innovationen im Schulalltag beeinflußte wesentlich deren Verlauf (Doyle & Ponder 1977/1978). Soweit versucht wurde, Reformen ohne das Verständnis und die Akzeptanz von Lehrern durchzuführen, scheiterten sie. Ein anderer wissenschaftsexterner Grund ist in den Bemühungen zu sehen, mehr Chancengleichheit in der Schule zu verwirklichen. Diese praktischen Bemühungen verstärkten das Interesse an Lehrerstereotypen über Schüler. In den USA tragen z. Zt. empirische Befunde über die mangelnde Leistungsfähigkeit der allgemeinbildenden Schulen dazu bei, daß man das Wissen und Können erfolgreicher Lehrer untersucht. In einigen Projekten geht es auch um die - heftig umstrittene - Entwicklung von Evaluationsinstrumenten für die Beurteilung von Lehrern. Es wird nach Möglichkeiten gesucht, das professionelle Wissen von Lehrern zu messen und zu bewerten (Barnes 1987).

Es gab und gibt auch wissenschaftsinterne Gründe für die breite Entwicklung der Lehrerkognitionsforschung. In der pädagogischen Psychologie hat die Suche nach den Bedingungen erfolgreichen Lehrerverhaltens zu der Thematisierung von Lehrerkognitionen geführt. In der Lehr-Lern-Forschung hatte man zuvor versucht, Persönlichkeitseigenschaften oder Verhaltensweisen erfolgreicher Lehrer empirisch zu finden (Medley 1979). Als Erfolgskriterium galt meist der Lernzuwachs von Schülern, gemessen durch Schulleistungstests. Es wurden Unterrichtsbeobachtungen des Lehrerverhaltens und Vor- und Nachtests der Schülerleistungen durchgeführt; Dunkin & Biddle (1974) bezeichnen dies als das Prozeß-Produkt-Paradigma (Unterrichtsverhalten - Lernzuwachs). Es gelang tatsächlich, Lehrerverhaltensweisen zu identifizieren, die mit Lernzuwachs einhergehen, z. B. die klare Darstellung des Fachinhaltes, das Einhalten bestimmter Wartezeiten nach dem Formulieren von Lehrerfragen oder sachbezogene Rückmeldungen an die Schüler (Brophy & Good 1986). Aber es zeigte sich auch, daß die Wirkungen solcher Verhaltensweisen von Bedingungen auf seiten der Schüler (z. B. Vorkenntnisse, Ängstlichkeit), der Situation und des Unterrichtsinhaltes abhängig sind. Nur wenige 'starke' Effekte bleiben über verschiedene Zeitpunkte, Schulformen, Unterrichtsinhalte etc. stabil (Brophy 1979). Es hängt z. B. von sehr vielen Kontextvariablen ab, ob eine Interaktion von Unterrichtsmethode und Schülermerkmalen (ATI) festgestellt werden kann (Cronbach 1975). Dies beinhaltet also erhebliche methodische und theoretische Probleme der Lehr-Lern-Forschung im Prozeß-Produkt-Paradigma. Anhand dieser Probleme wurde aber auch eine besondere kognitive Leistung erfolgreicher Lehrer erkennbar, nämlich die situationsangemessene Gestaltung des Unterrichtsablaufes, in der die jeweils bedeutsamen Kontextfaktoren praktisch berücksichtigt werden. Daraus wurde von einigen Untersuchern in der Lehr-Lern-Forschung (etwa in der ersten Hälfte der 70er Jahre) die Konsequenz gezogen, die Situationsinterpretationen, die Schülerwahrnehmung, die Ziele und Einstellungen des Lehrers (und später auch der Schüler) zu berücksichtigen, um so weitere Bedingungen erfolgreichen Lehrerverhaltens festzustellen. Ein programmatisches Dokument ist z. B. der von Gage (1975) herausgegebene Bericht der Konferenz 'Teaching as clinical information processing'. Die Einbeziehung von Lehrerkognitionen wurde jedoch nicht einhellig als Ergänzung des Prozeß-Produkt-Paradigmas aufgefaßt, sondern z. T. als (kognitionspsychologisch orientierte) Alternative. In diesem Text wird aber gezeigt werden, daß die - gerade in der Lehrerkognitionsforschung heftig kritisierte - Forschung zum effektiven Lehrerverhalten für die Untersuchung des professionellen Wissens eine wichtige Funktion haben kann, nämlich bei der Rekonstruktion der Anforderung des Unterrichtens.

Das Interesse an Lehrerkognitionen ist auch durch die sogenannte 'kognitive Wende' in der Psychologie angeregt worden. Damit wurden auch Methoden der Datenerhebung entwickelt bzw. wiederbelebt, die geeignet sind, die Methoden der Unterrichtsbeobachtung zu ergänzen, wie z. B. Lautes Denken, Interviews oder nachträgliche videogestützte Erinnerung an Überlegungen während des Handelns im Unterricht (stimulated recall).

Der Einfluß von Entwicklungen in der Allgemeinen Psychologie auf die Untersuchung des Lehrerhandelns und von Lehrerkognitionen ist an den bevorzugten Forschungsthemen (Attribuierungen, Entscheidungen, Urteile, Einstellungen etc.) und an den jeweils verwendeten Metaphern für den Lehrer erkennbar. Zu Beginn der oben skizzierten Intensivierung der Lehrerkognitionsforschung wurde das Bild vom Lehrer als 'Entscheider beschränkter Rationalität' (sensu Simon 1957) gebraucht. Dabei ging es zu Anfang vor allem um die Grenzen der Informationsverarbeitung (z. B. um Urteilsfehler) von Lehrern. In späteren Arbeiten wird bevorzugt die Bedeutung der Entscheidungsheuristiken für die Aufgabenbewältigung des Lehrers hervorgehoben (Shulman & Carey 1984, Hofer 1986 a). In der Pädagogischen Psychologie wurde gelegentlich auch die Metapher 'Lehrer als Problemlöser' vorgeschlagen (Joyce & Harootunian 1964, Kluwe 1979, Turner 1964). Dieser Vorschlag ist weitgehend folgenlos geblieben. Er hat nicht zu empirischen Untersuchungen und zur theoretischen Modellentwicklung über Lehrerkognitionen geführt. Dies hat sich erst in jüngster Zeit geändert. Ein Grund dafür sind Veränderungen in der Problemlösepsychologie, auf die im folgenden eingegangen wird.

Die Entwicklung des Expertenansatzes in der Problemlöseforschung

Die Problemlösepsychologie im Informationsverarbeitungsansatz, auf die durch die Metapher 'Lehrer als Problemlöser' Bezug genommen wurde, hat kognitive Prozesse thematisiert, die sich doch erheblich von dem unterscheiden, was im Denken eines Lehrers während des Unterrichtes und selbst bei der Unterrichtsvorbereitung abläuft. Die bevorzugten Probleme, die den Probanden vorgelegt wurden (z. B. krypto-arithmetische Aufgaben oder das Beweisen logischer Theoreme), unterscheiden sich in vielerlei Hinsicht von den Aufgaben, die ein Lehrer im Berufsalltag zu bewältigen hat. Erst neuere Entwicklungen der Problemlösepsychologie haben den Gegenstandsbereich und die Konstrukte der Denkforschung verändert. Hier wird – abgesehen von einigen Hinweisen – nur auf die jüngeren Entwicklungen in der Problemlöseforschung eingegangen, also auf die Entstehung der Expertenforschung aus dem Informationsverarbeitungsansatz zum Problemlösen. Die hier angesprochenen Veränderungen der theoretischen Annahmen und Gegenstandsauffassungen haben natürlich eine längere Vorgeschichte. Man könnte diese Entwicklung auch als Übergang von der Problemlösepsychologie zur Wissenspsychologie kennzeichnen. Damit besteht nunmehr die Möglichkeit, daß die Anwendung einer problemlösetheoretischen Metapher auf den Lehrer empirisch und theoretisch fruchtbar ist. Vier Aspekte kennzeichnen diese Entwicklung:

– Die Verwendung von sogenannten semantisch reichhaltigen Problemen. Zu Beginn des Informationsverarbeitungsansatzes in der Denkpsychologie (z. B. bei Newell & Simon 1972, Luer 1973, Dörner 1974) wurden Denksportaufgaben oder das Beweisen von Theoremen untersucht. Diese Probleme lassen sich dadurch lösen, daß man einen bestimmten Lösungsweg entdeckt. Ihre Bearbeitung und die Problemstruktur sind mit formalen Mitteln zu beschreiben, sie erfordern keine Vorkenntnisse, die Ziele sind bekannt, und sie verändern sich nicht während der Bearbeitung. In der Folgezeit wurden diese Beschränkungen aufgegeben und der Denkprozeß bei Problemen untersucht, bei denen Wissen über den jeweiligen Gegenstand geradezu eine Voraussetzung zur Lösung ist. Ein Beispiel dafür sind die Untersuchungen zum Bearbeiten physikalischer Aufgaben (siehe dazu Kap. 2). In einer anderen Untersuchungslinie wurden Probleme vorgegeben, bei denen keine eindeutige Lösung gefunden, sondern ein plausibles Urteil entwickelt werden mußte (Voss, Greene, Post & Penner 1983). Im Lohhausen-Paradigma wurde und wird mit Problemstellungen für die Probanden gearbeitet, die sich während der Bearbeitung weiterentwickeln (Dörner, Kreuzig, Reither & Stäudel 1983). Diese Aufgaben sind semantisch reichhaltig in dem Sinne, daß der Wahrheitswert von Schlußfolgerungen nicht mehr nur durch Rekurs auf syntaktische Regeln festgestellt werden kann. Die Probleme enthalten vielmehr Bezüge zu verschiedenen Realitätsbereichen, die man verstehen muß, um das Problem lösen zu können. Dazu ist Wissen über diese Realitätsbereiche notwendig.

– Die Untersuchung der ersten Schritte des Problemlösens, d. h. der Problemfindung und der Problemwahrnehmung bzw. des Problemverständnisses. In den ersten Arbeiten des Informationsverarbeitungsansatzes wurde Problemlösen als Suchprozeß in bereits vorhandenen Datenstrukturen beschrieben. Bei den semantisch reichhaltigen Problemen wird aber deutlich, daß bereits die Entwicklung des Problemverständnisses eine entscheidende Rolle beim Problemlösen spielt. Dieses Ergebnis war bereits der gestaltpsychologischen Problemlöseforschung (Duncker 1966, Wertheimer 1964) zu entnehmen. Es wurde nun z. B. versucht, das Verständnis von schriftlich vorliegenden Problemen mit Hilfe von Theorien des Textverstehens zu analysieren.

– Das bereichsspezifische Wissen wird als Erklärung für das Problemlösen berücksichtigt. Die Erklärungen für den Problemlöseerfolg wurden lange Zeit nur in den allgemeinen Heuristiken gesucht, die relativ unabhängig vom Probleminhalt wirksam sind. Zur Beschreibung der Denkprozesse dienten sogenannte kognitive Elementaroperationen, wie z. B. 'Vergleichen', 'Zuordnen von Objekten zu Klassen' usw. (Dörner 1976). Damit lassen sich aber nur die Denkprozesse bei den oben beschriebenen semantisch armen Problemen ausreichend beschreiben. Angeregt durch die weitere Entwicklung der elektronischen Datenverarbeitung wurden dann auch die bereichsspezifischen Wissensstrukturen des Problemlösers thematisiert. Im Bereich der Künstlichen Intelligenz-Forschung gab es eine parallele Entwicklung, die Goldstein & Papert (1977) als Übergang von der 'power strategy' (Suche nach mächtigen, also bei vielen Probleminhalten wirksamen Heuristiken) zur 'knowledge strategy' beschrieben haben. Der Lösungserfolg ist bei den semantisch reichhaltigen Problemen wesentlich von dem Inhalt und der Nutzung des bereichsspezifischen Wissens des Probanden abhängig. Die Thematisierung des Wissens der Probanden legte auch den Vergleich von Probandengruppen unterschiedlicher Ausbildung und Berufserfahrung nahe. Mit 'bereichsspezifischem Wissen' sind die Kenntnisse über den jeweiligen Realitätsbereich gemeint, und zwar sowohl Faktenwissen und theoretische Kenntnisse als auch Techniken, Faustregeln und Strategien für jeweils spezifische Probleme. Die Abgrenzung von bereichsspezifischem gegenüber bereichsübergreifendem Wissen ist nur typisierend möglich. Es ist aber eine nützliche Unterscheidung, die man sich anhand von Extrembeispielen verdeutlichen kann. So ist beispielsweise die Regel 'Suche nach Teilproblemen' eine bereichsübergreifende Heuristik, die man einem Schüler im Mathematikunterricht vermitteln kann. Um zu erkennen, worin bei einer mathematischen Aufgabe ein lösbares mathematisches Teilproblem besteht, ist jedoch bereichsspezifisches Wissen erforderlich. Die bereichsspezifische Regel (beispielsweise: 'Suche das kleinste/größte gemeinsame Vielfache') kann wiederum als Heuristik für verschiedenartige Aufgaben fungieren. Die Thematisierung bereichsspezifischen Wissens in der Denkpsychologie ist eher das Ergebnis einer Verschiebung von Forschungsinteressen als Folge von empirischen Befunden, die die Bedeutung von allgemeinen Heuristiken widerlegt haben. Sie ist nur insoweit empirisch begründet, als unspezifische Heuristiken in der Regel nicht ausreichen, um den Lösungserfolg zu erklären (Putz-Osterloh 1986 a,b,c). Allerdings ist ein empirischer Vergleich von bereichsspezifischem Wissen vs. allgemeinen Heuristiken schwierig, weil er eigentlich voraussetzt, daß man die semantische Ähnlichkeit von Realitätsbereichen exakt bestimmen kann.

– Die Notwendigkeit von Problemanalysen. Die Analyse der Problemstruktur durch den Untersucher ist für die Problemlöseforschung notwendig, um den Lösungsprozeß zu beschreiben und um die möglichen Lösungen überhaupt festzustellen. Bei den erwähnten Problemstellungen, die mit einem formalen Kalkül gelöst werden können, ist auch der Raum möglicher Lösungswege und die Lösung selbst mit diesem Kalkül zu beschreiben. Bei den semantisch reichhaltigen Problemen wird die Problemanalyse jedoch schwierig. Der Untersucher muß sich u. U. auf empirische Analysen aus den Wissenschaftsdisziplinen beziehen, die sich mit dem Realitätsbereich befassen, aus dem das Problem stammt (vgl. dazu Kap. 5). Damit wird der semantische Gehalt von Realitätsbereichen in zweifacher Hinsicht zum Thema denkpsychologischer Untersuchungen. Zum einen, wenn es um die empirische Analyse des Wissens der Probanden geht, zum anderen bei der Problemanalyse durch den Untersucher.

Die mit diesen vier Aspekten skizzierte Veränderung der Themenstellungen kann man so zusammenfassen: Von der Untersuchung der Problemlösungsstrategien 'naiver' Probanden, deren Kenntnisse und Problemvertrautheit nur als zu kontrollierende Randbedingung interessant war, zur Untersuchung des Wissens und Denkens von Experten und Anfängern bei alltäglichen und bei berufsbezogenen Aufgaben.

Hier ergeben sich Parallelen zur oben skizzierten Entwicklung der Lehr-Lern-Forschung. Schon im Rahmen der Prozeß-Produkt-Forschung wurden mit dem Vergleich von erfolgreichen vs. nicht-erfolgreichen Lehrern ähnliche Designs verwendet wie in der Expertenforschung. Diese parallelen Entwicklungen bieten die Voraussetzungen dafür, daß die Metapher vom 'Lehrer als Experten' einen theoretischen und empirischen Gehalt bekommt und damit präzisiert werden kann.

Das bereichsspezifische Wissen von Experten ist nicht nur innerhalb der Psychologie von Interesse. Auch bei der Konstruktion von Expertensystemen stellt sich die Frage nach dem Wissen und seiner Nutzung. "Knowledge is a mysterious kind of entity, about which we know remarkable little." So beginnt Jackson (1986, 204) einen Überblick über die Methoden der Erhebung menschlichen Expertenwissens für die Konstruktion von Expertensystemen. Die Forschung zur Künstlichen Intelligenz hat umgekehrt die psychologische Begriffsbildung über menschliches Wissen erheblich beeinflußt. Allerdings ist eine Übertragung der theoretischen Begriffe über Expertenwissen aus den Theorien zur künstlichen Intelligenz ohne Veränderungen nicht unmittelbar möglich. In den bislang vorliegenden Arbeiten zum 'Lehrer als Experten' zeigen sich solche Veränderungen, die ihrerseits auch Bedeutung für die psychologische Expertenforschung überhaupt – also auch bei anderen Berufsgruppen – haben könnten. Sie werden in diesem Buch beschrieben.

Der Begriff des 'Experten'

Nun unterscheidet sich die berufliche Situation des Lehrers nicht nur von den semantisch armen Problemen, sondern auch in vieler Hinsicht von dem Ausschnitt der Aufgaben von Ärzten, Ingenieuren, Börsenmaklern, für die Expertensysteme konstruiert werden. In welchem Sinne kann man im Zusammenhang mit Lehrern von 'Experten' sprechen? Der Begriff wird im folgenden einfach als Bezeichnung für Personen gebraucht, die berufliche Aufgaben zu bewältigen haben, für die man eine lange Ausbildung und praktische Erfahrung benötigt und die diese Aufgaben erfolgreich lösen. Was dabei als erfolgreich gilt, wird in den vorzustellenden Studien (Kap. 2, 3 & 4) durchaus unterschiedlich definiert. Bei Lehrern wird von den Autoren der Expertenstudien vor allem auf die (kognitive) Lernleistung der Schüler abgehoben. Diese Sicht ist nicht so einseitig, wie es scheinen mag, weil eine positive, emotionale Gestaltung der Lernsituation durchaus zu den Bedingungen erfolgreichen Lernens gehört. Dennoch ist damit der Beitrag von Lehrern zu der allgemeinen Bildungs- und Erziehungsfunktion von Schule nur teilweise erfaßt. Weiterhin werden Außenkriterien wie Unterrichtsbeobachtungen, Befragungen von Vorgesetzten und ein Mindestmaß an Berufserfahrung für die Auswahl von Lehrer-Experten verwendet.

Der Begriff des Experten wird in den Expertenstudien der Problemlösepsychologie und auch in den entsprechenden Studien zu Lehrern doppeldeutig gebraucht. Zum einen wird damit der Unterschied zum Laien und Anfänger hervorgehoben. Zum anderen wird damit das besondere Können und Wissen bezeichnet, das Experten von anderen – ebenfalls berufserfahrenen – Mitgliedern der Berufsgruppe unterscheidet. In den meisten Studien werden aber Experten mit Anfängern verglichen und nicht mit Kollegen gleicher Berufserfahrung, so daß der Leistungsunterschied nicht auf einen Faktor allein zurückgeführt werden kann. Dies ist aber in der Regel auch schon deshalb nicht beabsichtigt, weil sich bereits die Problemstellung für Probanden unterschiedlicher Kompetenz unterscheidet (siehe dazu Kap. 3.3). In einigen Studien wird deshalb auch nicht ein unmittelbarer Vergleich zwischen Anfängern und Experten vorgenommen, sondern es wird getrennt beschrieben, wie beide Probandengruppen mit den für sie unterschiedlichen beruflichen Anforderungen fertig werden. In diesem Text wird im folgenden mit dem Begriff des 'Experten' der Aspekt des Professionellen und nicht der Aspekt des Vergleichs von schwachen und starken Leistungen hervorgehoben. Bei der Darstellung empirischer Studien in diesem Text wird jeweils expliziert, wie die Autoren 'Experten' definiert haben und der Begriff bezieht sich dann auf deren Sprachgebrauch. Soweit ich selbst diesen Begriff verwende, ist immer der berufserfahrene Lehrer gemeint, der zum Lernerfolg der Schüler etwas beitragen kann und dessen Schüler auch das Interesse und die Freude an der Schule und am Unterricht nicht verlieren.

Der Begriff 'Professionelles Wissen von Lehrern'

An dieser Stelle soll nur vorläufig umrissen werden, was mit 'professionellem Wissen von Lehrern' gemeint ist. Die verschiedenen Aspekte dieses Begriffes werden dann in dem folgenden Text erläutert. Hier soll ein Beispiel verdeutlichen, welche inhaltlichen Bereiche das professionelle Wissen umfaßt: Bei der Erweiterung des Zahlenraums in der Grundschule beobachtet ein Mathematiklehrer bei einigen Schülern Fehler bei Additionsaufgaben. Er erkennt die Ursache in Schwierigkeiten beim Zehnerübertrag und unterbricht den Unterricht zum eigentlichen Thema für eine Weile, um den Zehnerübertrag zu üben. Dazu stellt er spontan formulierte Aufgaben, in denen nur jeweils ein Zehnerübertrag vorkommt, also z. B. 82+33. Nach seiner Erfahrung kommen die Schüler damit leichter zurecht, als wenn in einem Schritt zwei Zehnerüberträge vorzunehmen sind, wie z. B. bei 86+27. Er weiß auch, daß die Schüler bei kleineren Zahlen eigentlich gar nicht addieren, sondern eine Erinnerung an die Summen zweier Zahlen haben, die es ihnen erlaubt, die Anwendung der Regel des Zehnerübertrages zu vermeiden. Deshalb wählt er Zahlen, die die Schüler nicht mehr durch spontane Erinnerung an die Summe zweier Summanden bewältigen können. Als sich bei einigen Schülern noch immer Schwierigkeiten herausstellt, beendet er die Einübung der Regel und versucht, ihren Sinn zu verdeutlichen, indem mit Murmeln Zehnerhaufen gebildet und diese zusammengefaßt werden.

Dieses Vorgehen setzt eine Fülle von professionellem Wissen voraus. Zum einen natürlich das theoretische Wissen der Additionsalgorithmen und das fachdidaktische Wissen, welche Übertragsregel in der Klasse eingeführt ist (wo man die zu merkende Zehnerzahl notiert). Darüber hinaus professionelles Wissen über Schülerfehler, da der Lehrer den Fehler als systematischen erkennt und ihn nicht als Flüchtigkeitsfehler interpretiert. Dieses Wissen ist bereits nicht mehr der Gegenstand, der unterrichtet wird, sondern eine Voraussetzung des Lehrerhandelns. Dazu kommt eine fachdidaktische Auffassung grundsätzlicher Art: Ist es sinnvoll, eine bestimmte Konvention für die Notation der zu übertragenden Zehnerzahl festzulegen und sie den Schülern als gleichermaßen unerschütterlich erscheinen zu lassen, wie die mathematisch begründeten Regeln? Oder ist es gerade sinnvoll, den Unterschied von Notationskonventionen und mathematischen Regeln und Sätzen hervorzuheben? Die Entscheidung wird nicht immer neu getroffen, aber sie ist natürlich eine Voraussetzung des praktischen Handelns. Weiterhin ist professionelles Wissen notwendig, um zu beurteilen, ob es sich lohnt, den eigentlichen Unterricht zu unterbrechen. Kann in Kauf genommen werden, daß die Schüler möglicherweise den Faden verlieren und am Ende der Stunde nicht mehr wissen, ob die Zahlraumerweiterung oder der Zehnerübertrag das Thema war? Und ist die Intervention bei diesem Defizit erfolgversprechend? Kann man den zutage getretenen Mangel überhaupt ad hoc in der Stunde beseitigen? Welche Folgen ergeben sich für die Vermittlung des eigentlichen Stoffes? Bleibt dafür genügend Zeit? Schließlich: Was muß getan werden, um die anderen Schüler, die den Zehnerübertrag schon beherrschen, in der Zeit nicht zu stören oder zu langweilen?

Die praktischen Lösungen für diese Fragen involvieren professionelles Wissen. Die Fragen müssen nicht bewußt gestellt und beantwortet werden, sondern mögen routiniert getroffen werden oder auch schon in bestimmten Arrangements der Unterrichtsform vorweggenommen sein. Schon die Sitzordnung beeinflußt z. B., ob sich solche Nachholübungen parallel zu dem anderen Unterricht durchführen lassen. Das professionelle Wissen umfaßt also theoretische Elemente, und es besteht aus Faustregeln und praktischen Erfahrungen. Außerdem spielt eine andere Art des theoretischen Wissens eine Rolle, nämlich die fachdidaktische 'Philosophie' des Lehrers. Im 'professionellen Wissen' ist also neben der praktischen Erfahrung auch Theorie enthalten. Das Beispiel umreißt die Inhalte des professionellen Wissens. Welche Wissensstrukturen sind damit gemeint? Professionelles Wissen bezeichnet die einmal bewußt gelernten Fakten, Theorien und Regeln, sowie die Erfahrungen und Einstellungen des Lehrers. Der Begriff umfaßt also auch Wertvorstellungen, nicht nur deskriptives und erklärendes Wissen. In diesem Text werden die Begriffe für Wissensstrukturen genauer erläutert und die mit solchen Begriffen implizierten psychologischen Wissensmodelle diskutiert. Deshalb wird an dieser Stelle darauf verzichtet, z. B. Begriffe wie 'deklaratives und prozedurales Wissen', 'Schemata' oder 'Scripts' zu verwenden.

Der Ansatz 'Lehrer als Experte' basiert auf folgender Überlegung: Da offensichtlich eine Anzahl von Lehrern die relativ schwierigen und komplexen Aufgaben des Unterrichtens erfolgreich bewältigen, ist anzunehmen, daß diese Lehrer über einen Bestand an professionellem Wissen verfügen, der für die Aufgabenbewältigung gebraucht wird. Das Wissen liegt der Wahrnehmung, dem Denken und auch dem Handeln zugrunde bzw. begleitet das Handeln. Das Wissen ist zugleich durch diese Aufgabe inhaltlich und strukturell beeinflußt. Die Fragestellung des Expertenansatzes gilt dem Inhalt und der Struktur dieses Wissens. Diese Grundfrage des Expertenansatzes impliziert nicht, daß Konstrukte über Wissen allein ausreichend wären, das unterrichtliche Handeln zu erklären.

Der Begriff des 'Wissensbildes'

Die Annahmen über die Struktur professionellen Wissens und darüber, welche Inhaltsbereiche dieses Wissen betrifft, werden in der Lehrerkognitionsforschung bei den meisten Arbeiten eher vorausgesetzt, als zum Thema gemacht. Diese Annahmen bezeichne ich als 'Wissensbild' in Analogie zu dem Begriff des 'Menschenbildes' in der psychologischen Forschung. Das Wissensbild betrifft z. B. die Fragen der Beziehung von Wissen zu Sprache oder die Modelle zur Wissensrepräsentation. Es betrifft die qualitativen Merkmale von Wissen, also bezüglich welcher Dimensionen überhaupt nach Unterschieden im Wissen zwischen Experten und Anfängern gesucht wird. Merkwürdigerweise werden in der Lehrerkognitionsforschung die Vorannahmen der Untersucher über das Menschenbild viel häufiger expliziert als die Annahmen über das Wissensbild. Fragen des Menschenbildes sind Gegenstand von wissenschaftlichen Kontroversen. Die Entscheidung für bestimmte Ansätze in der Lehrerkognitionsforschung wird gelegentlich mit der Bevorzugung bestimmter Menschenbilder begründet, die den Untersuchern in Anbetracht ihrer praktischen Erfahrungen mit Lehrern und der Lehrerausbildung als angemessen erscheinen (z. B. Dann & Wahl 1984). Die Kritik an Menschenbildern ist zugleich eine Möglichkeit, um historische Entwicklungen in der Psychologie begrifflich zu rekonstruieren (Chapman & Jones 1980). Wegen ihres grundlegenden Charakters führt ihre Diskussion jedoch schnell zu Werturteilen; die Menschenbilder unterliegen deshalb auch nicht dem kontinuierlichen, sozusagen alltäglichen wissenschaftlichen

Diskurs zu Einzelfragen. Um hervorzuheben, daß die Annahmen über Wissen in der Expertenforschung einen ähnlichen grundlegenden, paradigmatischen und damit oft auch impliziten Charakter haben, werden sie hier als Wissensbilder bezeichnet. Andererseits betreffen die Annahmen über Wissen natürlich nur einen Ausschnitt der Bedingungen und Formen menschlichen Lebens. Insofern sind sie auch leichter zum Gegenstand des wissenschaftlichen Diskurses zu machen, und es sollte auch eher möglich sein, auf der Grundlage empirischer Befunde über ihre Eignung (im Sinne einer heuristischen Fruchtbarkeit) für die psychologische Forschung auf einem speziellen Gebiet, in diesem Fall Expertenforschung, zu diskutieren. Zwar besteht ein Zusammenhang zwischen Wissensbild und Menschenbild, aber er scheint mir doch nicht so eng zu sein, daß es nicht möglich wäre, die Fragen des Wissensbildes für sich relativ abgeschlossen zu behandeln. Dazu ein Beispiel: Im 'Forschungsprogramm Subjektive Theorien' wird von seinen Vertretern die Verwendung eines bestimmten Menschenbildes dargelegt, in dem die Reflexivität von Menschen und die prinzipielle Möglichkeit des vernünftigen Dialoges von Untersucher und Proband hervorgehoben wird (Groeben, Wahl, Schlee & Scheele 1988). In diesem Ansatz dient die Metapher der 'Theorie' als Strukturannahme über menschliches Wissen. Ein solcher Zusammenhang von Menschenbild und Strukturannahme über Wissen ist aber keinesfalls notwendig. In diesem Text wird zu zeigen versucht, daß die Frage des geeigneten kognitionspsychologischen Wissensbildes für das professionelle Wissen und Denken von Lehrern – und auch von Experten allgemein – derzeit noch eine offene Frage darstellt. Damit soll zugleich gezeigt werden, wie das Wissensbild der Expertenforschung von einer Forschungsvoraussetzung zu einem Forschungsgegenstand gemacht werden kann.

Die Kapitel dieses Textes

Der erste Teil (Kap. 2 & 3) beschreibt Fragestellungen und Ergebnisse sowie offene Probleme der Expertenforschung in anderen Berufsfeldern als dem des Lehrers. Diese offenen Probleme betreffen das Wissensbild, den Anforderungsbegriff und das Phänomene des raschen und intuitiven Handelns von Experten.

Der zweite Teil (Kap. 4, 5 & 6) ist dem Wissen und der Tätigkeit von Lehrern gewidmet. Es werden solche Befunde der Forschung zum Lehrer vorgestellt, die für die offenen Fragen einer Psychologie des professionellen Wissens bedeutsam sein könnten.

Der dritte Teil (Kap. 7, 8 & 9) nimmt die offenen Fragen der Expertenforschung wieder auf und beschreibt die Antworten, die sich aus den Lehrerstudien ergeben - nun aber im Hinblick auf eine Psychologie des professionellen Wissens, zu der der vorliegende Text etwas beitragen soll.

Die Kapitel im einzelnen: Zu Beginn (in Kap. 2) werden Expertenstudien in anderen Berufsfeldern vorgestellt, um Versuchsanordnungen und theoretische Begriffe zu verdeutlichen, die Anregungen für die Expertenstudien mit Lehrern gaben. Untersuchungen zu der Erinnerung an Schachstellungen bilden den Ausgangspunkt, gefolgt von den sogenannten Physikstudien. In dieser Untersuchungsserie werden die Bearbeitungsprozesse und das Wissen von Hochschullehrern und Studenten beim Umgang mit Physik-Textaufgaben verglichen. Die Studien sind schon untereinander sehr heterogen, und die dabei verwendeten Problemstellungen unterscheiden sich auch erheblich von denen für Lehrer. Aber die dort verwendeten Versuchsanordnungen wurden auch bei der Analyse von beruflichem Wissen in anderen Feldern aufgegriffen. Deshalb werden sie vorgestellt. Das berufliche Wissen von Ärzten für die Diagnose von Krankheiten wird derzeit intensiv untersucht, nicht zuletzt wegen der Konstruktion von medizinischen Expertensystemen. Der Überblick zeigt die Bedeutung des bereichsspezifischen Wissens für den Diagnoseerfolg. Was ist das Besondere des professionellen Wissens eines Experten gegenüber dem des Anfängers? Weiß er einfach nur mehr? Oder ist das Wissen auch anders organisiert?

In Kapitel 3 werden die – teilweise impliziten – Vorstellungen über Struktur und Inhalt des Expertenwissens in den bislang vorliegenden Studien der Expertenforschung zusammengetragen. Außerdem werden die methodischen Fragen der empirischen Identifikation von Experten behandelt. Mit dieser Zwischenbilanz ist der theoretische und methodische Hintergrund skizziert, auf den sich der Ansatz 'Lehrer als Experte' bezieht. Die theoretischen Annahmen über Wissen in der Expertenforschung lassen aber auch einige wichtige Fragen unberücksichtigt, z. B. nach der übergreifenden Perspektive des Experten oder nach dem Verhältnis von Wissen und Können.

Bislang gibt es nur wenige Arbeiten zu Lehrern, die sich der theoretischen Begriffe der Expertenforschung bedienen. Zwei Untersuchungsserien werden in Kapitel 4 vorgestellt. Es wird wiederum gefragt, worin diese Autoren das Besondere des Expertenwissens sehen, das es von dem Wissen des Nicht-Experten unterscheidet.

In den folgenden Kapiteln wird dann versucht, die theoretischen Begriffe des Expertenansatzes weiter zu entwickeln. Da ein Ergebnis der zuvor dargestellten Expertenstudien die Bedeutung der bereichsspezifischen Inhalte des Wissens ist, wird auf die Inhalte des Wissens (Kap. 6) und auf die Anforderungen an Lehrer (Kap. 5) ausführlich eingegangen.

Dabei wird in Kapitel 5 nur ein Ausschnitt der beruflichen Aufgaben des Lehrers behandelt, nämlich die Gestaltung von Unterricht im Klassenverband (und nicht z. B. die Notengebung oder der individualisierte Förderunterricht).

Das 6. Kapitel enthält einen Vorschlag zur begrifflichen Aufgliederung des professionellen Wissens. Schwerpunkt der Darstellung ist das Wissen über den Fachinhalt und seine Beziehung zu dem pädagogisch-psychologischen Wissen Es wird gezeigt, daß die kognitive Integration des Wissens verschiedener disziplinärer Herkunft (z. B. Mathematik und Pädagogik) eine Besonderheit des Expertenwissens ist. Die inhaltliche Schwerpunktsetzung bei der Darstellung der Anforderungen (Unterrichtsgestaltung im Klassenverband) und des professionellen Wissens (curricularer Fachinhalt) wird deshalb vorgenommen, weil beide Bereiche in der Lehrerkognitionsforschung bislang nur selten behandelt wurden (zum Fachinhalt als 'Stiefkind' der Pädagogischen Psychologie Shulman 1974, Skowronek 1979). Die Mehrzahl der Arbeiten zu Lehrerkognitionen behandelt die

Wahrnehmung individueller Schüler, die Urteilsprozesse bei der Notengebung etc., und die bevorzugt behandelten Inhaltsbereiche betreffen Überlegungen, Entscheidungen etc. zu allgemeinpädagogischen Fragen. Während die Kapitel 5 und 6 das Thema dieses Textes bezüglich des Inhaltes von Anforderung und Wissen behandeln, geht es in den restlichen Kapiteln um die theoretischen Begriffe des Expertenansatzes.

In Kapitel 7 wird der - bereits in Kapitel 5 verwendete - Begriff der Anforderung an Lehrer erläutert. Außerdem wird der Frage nachgegangen, in welchem Sinne Lehrer 'Probleme' lösen, d. h. welche Problemmerkmale die Anforderungen an Lehrer haben. Es wird auch diskutiert, ob der Unterricht mit den 'komplexen Problemen' im Sinne des Lohhausen-Ansatzes vergleichbar ist.

Bei der Konstruktion von Expertensystemen und auch in der Lehrerkognitionsforschung tritt häufig die Schwierigkeit auf, daß die Lehrer nicht über das Wissen Auskunft geben können, das ihrem Handeln zugrunde liegt. In der Expertenforschung wird in diesem Zusammenhang von implizitem Wissen gesprochen. Mit dem Begriff des impliziten Wissens werden aber zwei ganz unterschiedliche Sachverhalte bezeichnet, die im 8. Kapitel analytisch unterschieden werden: Zum einen die Beziehung von Wissen und Kön-nen, zum anderen die übergreifende Perspektive des Experten, die sich in einzelnen Über-legungen und Handlungen zeigt, aber nicht einfach zu verbalisieren ist.

Im 9. Kapitel werden die besonderen Merkmale des Expertenwissens erneut behandelt. Vor dem Hintergrund der Ergebnisse zum professionellen Wissen von Lehrern wird ein neues Wissensbild für die Expertenforschung vorgeschlagen. Die Merkmale, die in der Expertenforschung zu anderen Berufsfeldern hervorgehoben werden, können nun teilweise präzisiert, teilweise verändert werden. So wird in der Expertenforschung z. B. häufig auf die größere Abstraktheit des Expertenwissens verwiesen, ohne daß näher ausgeführt wird, worin denn diese Abstraktheit bestehe. Die Beobachtungen bei Lehrern erlauben es, diese Frage zu beantworten.

Was in diesem Text nicht behandelt wird: Der folgende Text befaßt sich vornehmlich mit dem Wissen und erst in zweiter Linie mit dem Handeln des Lehrers. Emotionen, die Motivation oder die Willensbildung von Lehrern und vergleichbare Fragen, die für eine umfassende Theorie des Lehrerhandelns bedeutsam sind, werden nicht angesprochen. Auch werden Handlungstheorien nicht vergleichend diskutiert. Damit unterscheidet sich der vorliegende Text von vielen Beiträgen zur Lehrerkognitionsforschung. Obwohl das Forschungsfeld und die Forschungstradition, auf die in dem folgenden Text Bezug genommen wird, Lehrerkognitionsforschung heißt, hat ein Teil der Untersucher in erster Linie das Lehrerhandeln im Blick. Dies ist dadurch zu erklären, daß in den vergangenen 15 Jahren, in denen sich die Lehrerkognitionsforschung so breit entwickelte, in den psychologischen Handlungstheorien vor allem die kognitiven Aspekte der Handlungssteuerung thematisiert wurden. Möglicherweise hat deshalb die Unterschiedlichkeit der Bezeichnung des Forschungsfeldes und des Forschungsgegenstandes so wenig Widerspruch gefunden. Inzwischen liegen einige umfassende handlungstheoretische Darstellungen über die Tätigkeit von Lehrern vor (Weidenmann 1978, Hofer 1986 a, Krampen 1986).

Der vorliegende Text beschränkt sich im Unterschied dazu auf das Lehrerwissen. Das professionelle Wissen des Lehrers im weitesten Sinne ist nach meiner Kenntnis bislang nicht ausführlich behandelt worden. Dieser Umstand und die, wie noch zu zeigen sein wird, bereits erhebliche Komplexität der Thematik rechtfertigen es, sich auf diesen kognitiven Aspekt der Voraussetzungen professionellen Handelns zu beschränken.

2   Expertenstudien in verschiedenen Problemfeldern

Die vorliegenden Studien zu Lehrern als Experten nehmen alle Bezug auf einige Untersuchungsserien zum Einfluß des Wissens bzw. der Kompetenzstufe auf verschiedene kognitive Leistungen. In diesen Experimenten werden sehr unterschiedliche kognitive Prozesse von Experten und Nicht-Experten untersucht. Auch die Kriterien dafür, wer als Experte gilt, sind sehr unterschiedlich. Diesen Studien ist jedoch gemeinsam, daß sie Leistungsunterschiede auf das Wissen der Probanden zurückführen.

Die erste vorzustellende Untersuchungsserie betrifft die Erinnerung an bedeutungsvolle Strukturen wie Schachstellungen und Schaltpläne (2.1). Die zweite Untersuchungsserie gilt der Bearbeitung physikalischer Textaufgaben (2.2), die dritte dem Wissen von Ärzten (2.3).

2.1 Die Erinnerung an Schachpositionen: Ein Beispiel zur Einführung in die psychologische Expertenforschung

In fast allen Untersuchungen, die explizit als Experten-Studien ausgewiesen sind, wird auf ein Experiment verwiesen: Chase & Simons (1973 a,b) partielle Replikation von de Groots 'Thought and choice in chess' (1965).

Weil diese Untersuchung mit Schachmeistern für die Entwicklung der Expertenforschung so stimulierend war, werden der Ablauf und die Ergebnisse von Chase und Simons Untersuchung im folgenden geschildert. Diese Untersuchung enthält in Ansätzen bereits alle Merkmale der oben skizzierten Entwicklung der Expertenforschung und auch ihre offenen Fragen und Schwächen. De Groot (1965) hatte einige der weltbesten Schachspieler seiner Zeit untersucht und nach Unterschieden zu schwächeren, aber noch immer guten Spielern gesucht. Überraschenderweise dachten die Meister nicht mehr Züge voraus (etwa 2-3) als die (relativ!) schwächeren Spieler, und sie erwogen bei der Entscheidung über einen Zug nicht mehr, sondern eher weniger Alternativen (zwischen 30-50 bei einer schwierigen Stellung). Im Unterschied zu schwächeren Spielern dachten sie über die starken Züge nach, während schwächere Spieler viel Zeit mit dem Durchdenken der Konsequenzen von weniger geeigneten Spielzügen verloren. Chase und Simon erklärten die Leistungsvorteile der Meister damit, daß sie die potentiell geeigneten Züge sehen:"... that the most important processes underlying chess mastery are these immediate visual-perceptual processes rather than the subsequent logical-deductive thinking process" (1973 b, 215).

Die Hypothese stützte sich auf ein Erinnerungsexperiment von de Groot (1965, 1966) und wurde wie folgt untersucht (1973 a): Drei Spieler mit verschiedenen Kompetenzgraden (ein Meister, zu den 25 Besten der USA zählend, ein guter Spieler und ein Anfänger) bekamen für 5 Sekunden Schachbretter mit Mittelstellungen und Endstellungen gezeigt und mußten sie dann aus dem Gedächtnis auf einem zweiten Brett wieder aufstellen. Nach jedem Aufstellversuch durfte das Brett wieder betrachtet werden, bis die Position reproduziert war. Als Gütekriterium wurde die Zahl der 5-Sekunden-Betrachtungen bis zur korrekten Reproduktion gewertet. Das Experiment wurde mit 20 verschiedenen Stellungen wiederholt. Außerdem wurden 8 Zufallsaufstellungen mit gleicher Figurenanzahl einbezogen. Analog zu den Befunden de Groots zeigte sich ein deutlicher Zusammenhang zwischen Kompetenzgrad und Reproduktionsgüte: Der Meister reproduzierte das Brett nach 3- oder 4-maligem Hinsehen perfekt und konnte nach dem ersten Hinsehen durchschnittlich 16 Figuren richtig plazieren. Der gute Spieler benötigte durchschnittlich ein- bis zweimal mehr Betrachtungen (Anfänger bis zu 14mal) und plazierte beim ersten Mal 8 Figuren korrekt (der Anfänger 4 Figuren). Bei den Zufallsaufstellungen gab es keine Unterschiede. Die Autoren folgerten daraus, die Schachmeister verfügten nicht über ein besseres Kurzzeitgedächtnis, unabhängig von der Bedeutung des Gesehenen, sondern über ein Repertoire von Schachstellungen im Langzeitgedächtnis. Ihr Interesse gilt dem Umfang und der Qualität der Bedeutungseinheiten, die von den Schachspielern gesehen werden und über die die Meister im Gedächtnis verfügen. In Anlehnung an Miller (1956) bezeichnen sie diese Bedeutungseinheiten als 'chunks'. Sie interpretieren längere Pausen beim Aufstellen aus der Erinnerung (über 2 Sekunden) als Indikatoren für Grenzen zwischen den Bedeutungseinheiten (Simon & Barenfeld 1969). Was eine Figur wichtig macht, hängt von Merkmalen wie Typ, Farbe und funktionalen Merkmalen wie Angriffs- oder Verteidigungsposition ab. Die gleichen Merkmale bestimmen auch, was im Langzeitgedächtnis als 'chunk' zusammengefaßt abgelegt ist. Bei den besseren Spielern sind mehr Figuren in jeder Bedeutungseinheit zusammengefaßt. Die Bedeutungseinheiten sind verschieden dicht gepackt, ein besserer Spieler hat eine komplexere Figurenkonstellation als ein chunk abgelegt. Die Autoren vermuten außerdem eine Verknüpfung dieser Muster im Langzeitgedächtnis mit möglichen Antwort-Zügen, die sie als Produktionsregeln modellieren. So wird erklärt, wieso der Wahrnehmung der gegebenen Konstellation im Spiel auch die rasche Auswahl des passenden Zuges folgt.

Die Befunde von Chase und Simon wurden für Schach (Chi 1978, Opwis, Gold, Gruber & Schneider 1990) und für andere Spiele bestätigt, z.B. von Reitman (1976) für Go und Engle & Bukstel (1978) sowie Charness (1979) für Bridge. Die Autoren schließen daraus: Es sind nicht die allgemeinen Suchheuristiken oder eine unspezifische Gedächtniskapazität, sondern es sind die schach- bzw. bridgespezifischen Kenntnisse und Erfahrungen, die das Phänomen des intuitiven Sehens von guten Zügen bei Meistern erklären. Auch Doll & Mayr (1989) fanden bei einem Vergleich von sehr guten Schachspielern und einer Kontrollgruppe mit einem Intelligenztest keine Unterschiede auf Subskalen zum räumlichen Denken. Allerdings berichtet Charness (1981), im Gegensatz zu de Groot, auch Unterschiede in der Suchtiefe zwischen Schachspielern verschiedener Spielstärke. Die Suchtiefe ist jedoch keine bereichsunspezifische Variable, wie sie teilweise dargestellt wird, da Bedeutungseinheiten (chunks) beim Schach nicht nur in Figurenkonstellationen, sondern auch in typischen Zugfolgen bestehen. Die Suchtiefe hängt also wiederum von der Kenntnis solcher Zugfolgen ab (Charness 1989).

Aus diesen Ergebnissen wird meist die Schlußfolgerung gezogen, der Experte habe vor allem eine große Menge bereichsspezifischen Wissens über Schachpartien. Die bloße

Menge des überdauernd gespeicherten Wissen erklärt jedoch nicht ausreichend die Höchstleistungen. So ist die Zahl der von sehr guten Schachspielern erinnerten bzw. wiedererkannten Schachstellungen zwar sehr groß. Der derzeitige Weltmeister Kasparow konnte innerhalb von Sekunden Meisterpartien erkennen und benennen, die aus einer Sammlung mit mehr als zehntausend Meisterpartien entnommen waren (Der Spiegel 1987). Die Zahl der wichtigen Schachstellungen ist aber noch viel größer. Charness (1989) fand alleine rund neunzigtausend Eröffnungen in einer einschlägigen Schachenzyklopädie.

Das Wissen um mögliche Schachstellungen enthält deshalb auch Strategien und Bewertungen, die es erlauben, mögliche Suchwege auszuwählen und die Antizipation von Zugfolgen zu begrenzen. Weiterhin ist Schachwissen kein unstrukturiertes Aggregat von einzelnen Partien. Vielmehr gibt es theoretische Begriffe, prototypische Schachkonstellationen und differenzierte Bewertungshierarchien für bestimmte Zugfolgen. Erst diese interne Struktur des Schachwissens ermöglicht die Aneignung und zugleich die Begrenzung des zu speichernden Wissens wie der aktuell im Spiel durchzuführenden Suche.

Bei den Schachstudien blieb bislang unbeachtet, daß es nicht das Schachwissen gibt, sondern ganz verschiedene Traditionen und Ansätze, Schachaufgaben zu lösen. Der Wissensbestand eines Schachmeisters ist nicht kanonisch für alle Schachspieler festgelegt (Gruber & Strube 1989). So gibt es auch im Schach verschiedene 'Schulen' und die Schachspiele zwischen Bobby Fischer (USA) und Boris Spasski (UdSSR) waren für ein breiteres Publikum gerade deshalb interessant, weil hier zwei ganz verschiedenen Kulturen des Schachspieles aufeinandertrafen (Engeström 1989).

Replikationen in anderen Problemfeldern

Die Versuchsanordnung von de Groot und von Chase & Simon wurde für Replikationen mit anderen Vorlagen verwendet.

Ein Beispiel ist die Studie, die Egan und Schwartz (1979, zweites Experiment) mit Technikern für elektronische Anlagen durchgeführt haben. Den Probanden wurden Schaltpläne elektronischer Anlagen kurz dargeboten (5-10 Sekunden). Bei je 6 erfahrenen Technikern (Experten) und 6 Studenten zeigte sich der erwartete Unterschied in der Reproduktionsgüte. Ein Bild mit einer zufälligen Kombination der Symbole (Widerstände, Transistoren etc.) konnten die Experten nicht so gut reproduzieren. Sie erinnerten die Elemente der Schaltpläne vielmehr nach Funktionseinheiten geordnet. Demgegenüber rekonstruierten die Anfänger die Schaltpläne, indem sie Gruppen von Symbolen zusammenfügten, die sie in räumlicher Nähe gezeichnet gesehen hatten. Auch bei der Aufgabe, Schaltpläne zusammenzusetzen, ohne eine Vorlage gesehen zu haben, zeigten sich signifikante Unterschiede.

Die Untersuchung enthält einen wichtigen Hinweis zur Kontextabhängigkeit von Bedeutungseinheiten: Was eine funktionale Einheit (hier als 'chunk' interpretiert) enthält, hängt von ihrer Einbettung in andere Einheiten ab. Welchen Zusammenhang Widerstände, Kondensatoren etc. bilden, hängt von der Einbettung einzelner Systemkomponenten eines elektronischen Gerätes in das gesamte System ab. Die Experten-Probanden erkannten sehr schnell, um welches Gerät es sich bei dem Schaltplan insgesamt handelte. Egan & Schwartz interpretierten ihre Resultate als Beleg für 'conceptual' statt 'perceptual' chunking. Sie argumentieren gegen Chase und Simon, daß über den Bedeutungseinheiten, die die Wahrnehmung beeinflussen, globalere Begriffe liegen.

Chase & Simon (1973 a,b) sahen die Überlegenheit des Schachmeisters in seiner visuellen Kodierung begründet und vermuteten die Wirkung des Wissens auf den Wahrnehmungsprozeß als eine Zuordnung von vorliegenden Figurenkonstellationen zu bekannten (im Langzeitgedächtnis gespeicherten) Bedeutungseinheiten (pattern matching). In einer späteren Arbeit verdeutlicht allerdings Chase, daß sie mit 'perceptual' nur den Gegensatz zu 'analytical' hervorheben wollten: "The recognition system is 'perceptual' only to the extent that there is a direct association between the pattern configurations and the potential moves. It is not 'perceptual' in the sense of being necessarily visual. For example, chess masters can exhibit the same phenomenal memory feats even when the chess board is presented to them as a string of verbal statements"(Chase & Chi 1981, 115).

Damit ist das Phänomen des intuitiven und schnellen Erkennens der problemrelevanten oder funktionalen Bedeutungen bei einer gegebenen Situation oder bei einem Problem allgemein angesprochen, nicht nur die visuelle Wahrnehmung von Problemsituationen. Wenn also im folgenden vom 'Sehen' der Problemstruktur gesprochen wird, dann ist dabei nicht nur die visuelle Wahrnehmung im engeren Sinne gemeint.

Egan & Schwartz (1979) kritisierten auch die Vorstellung von Wissensanwendung als matching zwischen gespeicherten Bedeutungseinheiten und Daten. Man müsse einen stärker rekonstruktiven Prozeß annehmen, als dies Simon und Chase tun. Sonst wären die analogen Befunde bei einer Konstruktionsaufgabe nicht erklärbar. Auch Widowski & Eyferth (1986) zeigen in einer Untersuchung mit Programmierern, daß die Experten gerade solche Teile von Computerprogrammen gut erinnerten (im Vergleich zu den Anfängern), die ungewöhnliche Elemente enthielten. Die Experten können die Elemente also nicht wörtlich wiedererkannt haben. Sie müssen vielmehr über abstraktes Wissen verfügen, das ihnen eine Neu-Interpretation beim Betrachten der Reizvorlage und Rekonstruktion beim Erinnern ermöglicht (vgl. auch McKeithen, Reitman, Rueter & Hirtle 1981).

Der Begriff des chunks wird der Vielfalt der Wissensstrukturen, die für Schachleistungen erforderlich sind, nicht gerecht. Er läßt offen, worin die Verkettung (=chunk) der Informationen besteht und welche interne Struktur das in einem chunk enthaltene Wissen hat.

2.2 Problemkategorisierung und Wissen: Die Physikstudien

Angeregt durch die geschilderten Studien wurde in der Problemlösepsychologie mit anderen experimentellen Anordnungen nach weiteren Unterschieden zwischen Experten und Nicht-Experten gesucht. Schon in der gestaltpsychologischen Problemlöseforschung war gezeigt worden, daß erfolgreiche Problemlöser nicht nur bei der Lösungsfindung anders vorgehen, sondern bereits ein besseres Verständnis des Problems entwickeln (Duncker 1966, Wertheimer 1964). Die Erklärung für die Fähigkeit der Probanden wurde aber hier nicht in dem bereichsspezifischen Wissen gesucht, nach dem die Expertenforschung fragt (Aebli 1980, 41-42). Insbesondere von Arbeitsgruppen der beiden Universitäten in Pittsburgh (auch Chase & Simon arbeiten dort) wurden zahlreiche Studien vorgelegt. Überblicke über experimentelle Expertenuntersuchungen im Sinne dieses und des voranstehenden Abschnittes geben: Chase & Chi 1981, Chi & Glaser 1985, Chi, Glaser & Farr 1988, Chi, Glaser & Rees 1982, Glaser 1985, Lesgold 1984, Putz-Osterloh 1988, Schraagen 1986 sowie Voss, Fincher-Kiefer, Greene & Post 1986.

Im folgenden soll auf einige Physik-Studien eingegangen werden, da sie ebenfalls für die Expertenforschung in anderen Gebieten einflußreich waren.

Als Probleme wurden den Probanden Textaufgaben aus der Mechanik oder Thermodynamik vorgelegt - meist aus der Oberstufe oder aus Einführungskursen für Physikstudenten der Universität. Um solche Probleme zu lösen, muß man erkennen, welcher Art sie sind, also welche mathematischen und physikalischen Gleichungen darauf anwendbar sind. Chi, Feltovich & Glaser (1981) fragten in einer Untersuchungsserie nach der Kompetenzabhängigkeit der Kategorisierung physikalischer Probleme. Als Experten waren Doktoranden der Physik und als Anfänger waren Studenten nach einem Kurs in Mechanik beteiligt (so daß Unterschiede nicht einfach durch das schlichte Fehlen elementarer Kenntnisse erklärt werden konnten). Beide Gruppen bekamen 24 Textaufgaben zur Mechanik vorgelegt, die sie beliebig sortieren sollten. Die Unterschiede zwischen den Gruppen waren nicht quantitativer Art (Größe der Gruppen etc.). Es fanden sich jedoch unterschiedliche Konzepte über die Natur der vorliegenden Probleme: Die Anfänger sortierten nach 'Oberflächenmerkmalen', d.h. nach den Objekten in der Textaufgabe, wie z.B. schiefe Ebene, Rollen, Blöcke. Die Experten gruppierten nach Prinzipien (Tiefenstruktur) wie z. B. 'Erhaltung der Energie'-Probleme oder 2. Newtonsches Gesetz. Auch bei mathematischen Aufgaben ist ein Zusammenhang zwischen Kategorisierung und Kompetenzstufe gezeigt worden (Schoenfeld & Hermann 1982, Arbinger 1986).

Wissensorganisation: Von den physikalischen Gesetzen her denken

Welche Phänomene der Wissensorganisation können die berichteten Unterschiede in der Problemkategorisierung erklären? Dieser Frage gingen Chi, Glaser & Rees (1982) in einem weiteren Experiment nach: Die Probanden in dem oben beschriebenen Kategorisierungsexperiment hatten für die von ihnen gebildeten Gruppen von

Physikproblemen Begriffe zu nennen. Diese Begriffe (z.B. schiefe Ebene) wurden nun anderen Probanden - wiederum mit unterschiedlichem Kompetenzgrad - vorgelegt, und man bat um Ergänzung, welche Begriffe dazu einfielen und wie man ein Problem lösen könnte, in dem ein solcher Begriff (z.B. schiefe Ebene) vorkäme. Sowohl die Anfänger als auch die Experten nannten viele Begriffe, wie Reibung, Winkel, Block, und erwähnten auch das Gesetz der Erhaltung der Energie. Der gleiche Sachverhalt, nämlich eine schiefe Ebene, wurde von den Anfängern eher als ein Objekt mit physischer Ausdehnung gesehen. Bei den Experten waren die erwähnten Informationen jedoch häufiger zu Lösungsmethoden, z.B. in Gleichungen, zusammengefaßt. Außerdem wurden Bedingungen für die Anwendbarkeit der physikalischen Gleichungen genannt. "Experts, on the other hand, may view an inclined plane in the context of the potential solution procedures, that is, not as an object but more as an entity that may serve a particular function" (Chi, Glaser & Rees 1982, 59).

Glaser und seine Mitarbeiter verwenden eklektisch die Begriffe 'semantisches Netzwerk' und 'Schema', um dieses Phänomen zu beschreiben. Die Autoren stellen sich das Wissen, das mit dem Begriff der schiefen Ebene verbunden ist, als ein Netzwerk vor, in dem die Knoten als Begriffe, die Kanten als nicht näher bezeichnete Relationen dargestellt werden. Die Worte wie Länge, Reibung, Block, Winkel etc., die in Reaktion auf den Begriff 'schiefe Ebene' als damit zusammengehörig assoziiert werden, sehen Chi et al. (1982) als Variablen in Schemata. Bei der Bearbeitung eines konkreten Problems erhalten diese Variablen wiederum bestimmte Werte. Dabei nennen Anfänger und Experten fast alle wichtigen Begriffe. Auch das Gesetz der Erhaltung der Energie wird erwähnt.

Bei dem Experten sind die Begriffe und Gesetze jedoch aufeinander bezogen. Der Unterschied zwischen dem Wissen der Experten und der Anfänger besteht vor allem darin, daß die Experten über solche Beziehungen Kenntnis haben, die bedeutsam für die Lösung der Aufgaben sind.

Chi et al. (1982, 72) bezeichnen das Wissen der Anfänger als weniger kohärent, weil es nicht um physikalische Gesetze, sondern um phänomenale Objekte (schiefe Ebene etc.) herum organisiert ist. Aber gegen diese Kennzeichnung des Expertenwissens mit einem inhaltsunabhängigen Begriff von Kohärenz ist darauf hinzuweisen, daß es sich vor allem um einen inhaltlichen, qualitativen Unterschied handelt. Auch die Alltagsvorstellungen von Laien zu physikalischen Vorgängen sind in sich relativ kohärent und vollständig. Caramazza, McCloskey & Green (1981) fanden bei Studenten falsche, aber in sich konsistente und vollständige Vorstellungen über Kraft, Bewegung von Körpern etc., die denen der aristotelischen Physik glichen.

Larkin (1983) beschrieb die Entwicklung von Problemverständnis als Übersetzung verschiedener Repräsentationsformen eines Problems in Analogie zu der Übertragung von Datenstrukturen in verschiedene Programmiersprachen. Sie vermutete, daß die Experten schlicht über mehr und über sachlich richtigere Repräsentationsformen verfügen und unterschied drei verschiedene Arten der Problemrepräsentation, die vom Experten aufeinander bezogen werden können. Die von Larkin et al. (1980 a,b) einbezogenen Anfänger bleiben an den phänomenal erlebbaren Objekten und Ereignissen aus der Aufgabenstellung (Rolle, Seil, Gewicht) orientiert. Daneben ist eine physikalische Repräsentation möglich, also eine Interpretation der gegebenen Aufgabe vor dem Hintergrund physikalischer und damit abstrakterer Begriffe wie Kraft, Masse oder Beschleunigung. Schließlich werden diese Größen in ihrer Beziehung zueinander in bestimmten Gleichungen ausgedrückt und als Maßeinheiten von Variablen bezeichnet (mathematische Repräsentation). Der Unterschied in dem Wissen von Anfängern und Experten wird von Larkin also als Verfügbarkeit dieser verschiedenen Problemrepräsentationen interpretiert.

Das intuitive Sehen der Lösung wird durch die theoretische Beschreibung und die Computersimulation von Larkin jedoch nicht angemessen beschrieben, weil das Problemverständnis als Übersetzen von einer Repräsentationsform in die andere interpretiert wird (vgl. auch Mayer, Larkin & Kadane 1984). Das physikalische Wissen der von ihr beschriebenen Experten zeichnet sich gerade durch die Integration der phänomenal gegebenen (von Larkin als Teil der 'naiven' Repräsentation bezeichneten), der mathematischen und der physikalischen Aspekte aus.

Anfänger wählen eine Gleichung aus, schreiben sie hin und notieren zu den Variablen dann die vorliegenden Werte, indem sie sie explizit einsetzen ("x bedeutet hier Meter, es sind 5 Meter, die muß ich mit der Zeit multiplizieren"). Die Experten wählen die Gleichungen demgegenüber in einem Zuge aus und setzen die Werte direkt ein (Larkin et al. 1980 b). In den Lösungsprotokollen der Experten ist keine Übersetzung von allgemeinem Prinzip (Gleichung mit Variablen) auf die konkreten Fälle zu finden, sondern die konkreten Werte werden sofort als Instanzen der Variablen 'gesehen' und manipuliert. Es ist zu vermuten, daß Experten über Wissen verfügen, in dem physikalische und mathematische Inhalte bereits integriert sind. Der physikalische Zusammenhang wird bereits als eine Gleichung erinnert, und dazu gehört auch die Vorstellung eines plausiblen Wertebereiches der darin enthaltenen Variablen. (Ähnliche Befunde für die Bearbeitung mathematischer Aufgaben berichtet außerhalb des Expertenansatzes Krutetskii 1976, Kap. 12)

Bei dem Physikexperiment von Larkin et al. (1980 a,b) unterschieden sich die Anfänger von den Experten auch in ihrer Strategie des Vorgehens: Die Anfänger dachten zuerst über die unbekannten, gesuchten Größen, die Experten eher über die bereits gegebenen Größen nach. Dieser Strategieunterschied ist wiederum auf das rasche Erkennen des Problemtyps und damit des möglichen Lösungswegs zurückzuführen. Zuerst muß der Typ des Problems erkannt werden. Die Strategieauswahl ist also ebenso wissensabhängig, wie die größere Suchtiefe, die in einigen Schachstudien bei den Experten gefunden wurde.

Gleicht das Wissen der Experten immer dem Theorie-Wissen?

In den Untersuchungen von Chi et al. (1982) fällt Fachstruktur und Expertenwissen zusammen, weil als Experten Lehrende der Physikfakultät einbezogen waren. Die Fachstruktur aus der Sicht der betreffenden Wissenschaftsdisziplin ist jedoch nicht in allen Fällen mit dem Expertenwissen identisch.

In anderen Studien nutzten auch Experten die 'Oberflächenphänomene', deren Beachtung von Chi et al. (1982) nur bei den Anfängern festgestellt wurde. Die Experten beachten sie dann, wenn sie sie an ein ähnliches Problem erinnern, also um den Problemtyp zu erkennen (Beispiele dafür nennen Medin & Ross 1989). Weiser & Shertz (1983) fanden bei Ausbildern für Programmierung Problemkategorisierungen, die eher an Programmierern als an den sachlogischen Typen von Programmieraufgaben orientiert waren. Smith (1990) ließ Studenten und Professoren einer Biologie-Fakultät und Berater für Humangenetik schriftliche Problembeschreibungen aus der Genetik sortieren. Dabei unterschieden sich die Lehrenden von den Studenten in ähnlicher Weise wie ihre Kollegen in der Untersuchung von Chi et al. (1982), d.h. sie orientierten sich an theoretischen Prinzipen (Tiefenstruktur), während die Studenten an den Formulierungen der Problem-stellungen hängen blieben. Die Berater jedoch sortierten die Probleme auf eine dritte Weise, sie gruppierten überwiegend nach dem weiteren Informationsbedarf und den notwendigen Lösungsprozeduren für die Probleme. Lewis (1981) fand, daß auch die von ihm als Könner untersuchten Mathematiker beim Lösen von Algebra-Aufgaben nicht unbedingt den elegantesten Rechenweg benutzten. Sie vereinfachten die Gleichungen nicht, weil sie sie auch lösen konnten, ohne ihre Tiefenstruktur zu formulieren.

Das Expertenwissen ist so organisiert, wie es für die praktischen Probleme gebraucht wird, die damit zu lösen sind. Und es gibt nicht nur eine Form des Expertenwissens - einfach deshalb, weil mit dem ursprünglich gleichen Wissensbestand verschiedene Typen von Problemen gelöst werden müssen. Die Frage nach den besonderen Merkmalen des Expertenwissens ist also theoretisch und empirisch weitgehend offen. Allein durch den Verweis auf andere Schemata im Wissen der Experten gegenüber dem Wissen der Anfänger ist sie nicht befriedigend zu beantworten.

2.3 Die Anwendung medizinischen Wissens: Studien zu Medizin-Experten

Die Überlegungen von Ärzten bei medizinischen Untersuchungen sind ein Gegenstand der Expertenforschung, der für unsere Fragestellung besonders interessant ist. In einigen programmatischen Arbeiten zur Lehrerkognitionsforschung (Gage 1975, Shulman & Elstein 1975) werden die diagnostischen Aufgaben eines Lehrers im Unterricht ähnlich den diagnostischen Aufgaben des Arztes gesehen. Dieser Vergleich wird aber den Besonderheiten der Anforderungen an Lehrer nicht gerecht (siehe dazu Kap. 5). Die Ärztestudien sind in unserem Zusammenhang aus einem anderen Grund interessant: Die Arbeit des Arztes unterscheidet sich erheblich von der des Lehrers. Aber es handelt sich wie bei dem Lehrer um eine Berufstätigkeit, die umfangreiches Fachwissen und eine lange praktische Ausbildung erfordert und bei der die Anwendung des professionellen Wissens unter großem Zeitdruck erfolgt. In Ärztestudien werden theoretische und methodische Probleme der Untersuchung professionellen Wissens deutlich, mit denen auch Studien zum Lehrerdenken konfrontiert sind. Dies betrifft die Frage, worin das Besondere des Wissens liegt, das den Experten auszeichnet, sowie methodische Probleme der Identifikation von Experten.

Das ärztliche Urteil ist schon lange Zeit Gegenstand psychologischer Untersuchungen. Studien zur 'klinischen' vs. 'statistischen' Urteilsbildung zeichneten ein eher negatives Bild der Fähigkeit von Ärzten, die ihnen vorliegenden Informationen zu kombinieren (Goldberg 1968, Schwartz & Griffin 1986). In Arbeiten mit dem normativen Modell des Bayes-Theorems zeigen die Experten ähnliche Urteilsfehler wie Anfänger. Es ist aber umstritten, ob die mathematischen Modelle, auf die das Urteilsverhalten abgebildet wird, geeignete forschungsleitende Metaphern über kognitive Prozesse beim diagnostischen bzw. problemlösenden Denken abgeben (Gigerenzer & Murray 1987, Parrino & Mitchel 1989, Schraagen 1986). Hier ist es jedoch nicht möglich, eine vergleichende Übersicht der theoretischen Modelle und Befunde zum ärztlichen Denken vorzunehmen. Ich beschränke mich auf Untersuchungen, die unmittelbaren Einfluß auf die Expertenstudien mit Lehrern hatten, bzw. in denen der Schwerpunkt der Erklärungen für Expertenleistungen auf Konstrukten über das medizinische Wissen liegt. Selbstverständlich wird damit nur ein Ausschnitt aus dem Phänomenbereich 'ärztliches Denken und Wissen' beschrieben, und die ärztliche Leistung hängt auch nicht nur von dem Wissen eines Arztes ab.

In den 60er und 70er Jahren gaben Unzufriedenheiten mit der Ausbildung von jungen Ärzten und Bemühungen um eine höhere Effizienz des Gesundheitswesens Anlaß für die Untersuchungen des diagnostischen Denkens (Elstein, Shulman & Sprafka 1978, viii). In jüngerer Zeit erfordert die Entwicklung von Computer-Expertensystemen Analysen des Wissens von erfahrenen Ärzten (Clancey 1984). In Zusammenhang mit der Diskussion um alternative Ansätze der Medizin wird die Frage nach der rationalen Begründung ärztlichen Handelns (das Verhältnis von medizinischer Praxeologie, medizinischer Grundlagenforschung und persönlicher Erfahrung des Arztes) erneut gestellt (vgl. Gerok 1987).

Worin besteht die Anforderung an den Arzt beim Diagnostizieren? Im ersten Schritt werden anamnestische Daten zur Vorgeschichte des Patienten und zum Anlaß der Vorstellung erhoben. Dazu tritt die körperliche Untersuchung durch den Arzt selbst. Schließlich müssen Labor- und Röntgenuntersuchungen usw. veranlaßt werden. Auf der Grundlage dieses Datenmaterials wird eine Vorstellung über die spezielle Ätiologie entwickelt, die den erhobenen Befunden und berichteten Symptomen zugrunde liegen könnte. Dafür wiederum muß auf die allgemeineren Kenntnisse über Krankheitsbilder und ihre Ursachen zurückgegriffen werden. Aus dem Aufeinander-Beziehen der ärztlichen Vorstellungen über die Ätiologie und der Befunde sollten eine Diagnose und entsprechende Behandlungsvorschläge hervorgehen (Braunsteiner & Weissel 1970).

Diese kurze Beschreibung der Anforderungen an den Arzt rafft einen Prozeß zusammen, der je nach Fall, Fachgebiet und Behandlungskontext (Krankenhaus vs. Praxis) mehr oder weniger Schritte umfaßt. Andererseits sind in dieser kurzen Beschreibung bereits Vorgänge voneinander getrennt, die im Denkprozeß teilweise gar nicht getrennt auftreten, z.B. die Befunderhebung und Diagnosestellung. In den Mediziner-Studien wird nun je ein Ausschnitt aus diesem Prozeß genauer untersucht, z.B. die Analyse von Röntgenbildern oder die Diagnoseerstellung auf Grund eines schriftlichen Befundberichtes. Die Fragestellung der Studien lautet dann, ob die richtige Diagnose erstellt wird und wie sich beim Durchgang durch den Befundbericht allmählich eine Vorstellung zur Ätiologie dieses Falles entwickelt. Als Ausgangsmaterial werden den Ärzte-Probanden üblicherweise schriftliche Fallberichte dargeboten, mit Ausnahme der im folgenden dargestellten Studie.

a) Medical Problem Solving: Das partielle Scheitern einer großen Studie

Elstein, Shulman & Sprafka (1978) führten zwischen 1969 und 1973 in Michigan (USA) eine Untersuchungsserie mit Klinikärzten und niedergelassenen Ärzten durch. Es war ihr Ziel, durch Prozeßanalysen Diagnosen erfahrener Ärzte zu beschreiben. Ihre Studie hatte auf die problemlösetheoretische Forschung zu unserem Themengebiet großen Einfluß. Darüber hinaus trug sie zumindest in den USA zur Entwicklung der Lehrerkognitionsforschung bei, nicht zuletzt deshalb, weil sich die Autoren selbst der Verallgemeinerung ihres Ansatzes auf Lehrer widmeten (Shulman & Elstein 1975) und Shulman danach in der Unterrichtsforschung weiterarbeitete. Schließlich war ihr Beharren auf Prozeßanalyse (process tracing methods) in der damaligen Zeit durchaus nicht verbreitet, es hatte aber Vorbildwirkung.

Sie trainierten Schauspieler als Patienten mit einer bestimmten Symptomatik und vermittelten ihnen die Beschwerden und Antworten auf mögliche Fragen der Ärzte. Während der Untersuchung sollten die Ärzte laut denken, die medizinische Befunderhebung wurde auf Videoband aufgezeichnet und nach der Sitzung wurde der Arzt noch einmal zu seinen Überlegungen mit Hilfe des Videobandes befragt (stimulated recall). Die Transkripte dieser Aufzeichnungen wurden ausgewertet.

Es nahmen 24 Ärzte (Internisten) mit Berufserfahrung an der Untersuchung teil. Durch eine Kollegenbefragung wurden in dieser Gruppe noch einmal die besseren Diagnostiker identifiziert (zur Problematik dieser Methode vgl. Kap. 3.2).

Unter eklektischem Bezug auf Brunswicks (1956) Linsenmodell der Wahrnehmung definierten Elstein et al. (1978) Maße zur Beschreibung des Diagnoseprozesses, z.B: Wie viele Informationen wurden erfragt? Nach wieviel Fragen wurden die ersten Hypothesen gebildet? Wie viele Hypothesen werden nach dem ersten Viertel der Untersuchungszeit gebildet? Nun wurde nach Zusammenhängen mit der Häufigkeit von richtigen Diagnosen gefragt. Es ging also um die Suche nach den Variablen, die der richtigen Diagnose am Ende der ärztlichen Untersuchung vorausgehen.

Als wichtigstes Ergebnis zeigte sich eine für die Autoren überraschende inter- und intraindividuelle Variation. Die Maße der Informationsaufnahme und Hypothesenbildung während des Untersuchens variierten stark zwischen den Personen und je nach medizinischem Fall. Es konnten auch keine Zusammenhänge mit Persönlichkeitsvariablen (z.B. Dogmatismus) und mit der Kollegen-Beurteilung als bester Diagnostiker gefunden wer-

24

den. Schließlich wurde untersucht, ob sich in den Fällen, in denen eine korrekte Diagnose gestellt wurde, die Bewertung der Informationen unterschied. Tatsächlich wurden bei den erfolgreichen Diagnosen die Symptome, Befunde usw. genauer interpretiert, und es wurden auch mehr Daten einbezogen. Allerdings zeigte sich dies nur im Durchschnitt, nicht jedoch konsistent bei allen medizinischen Fällen. Außerdem standen andere Maße wie z.B. Zahl und Zeitpunkt der Hypothesen nicht in einem Zusammenhang mit der Korrektheit der Diagnosen (1978, 94).

Elstein et al. (1978) hatten eigentlich gehofft, fallübergreifende Variablen der Informationsverarbeitung zu identifizieren, die gute von schlechten Diagnostikern unterscheiden. Diese Erwartung erfüllte sich nicht. Statt dessen beobachteten sie ein Vorgehen der Ärzte, das sich von den präskriptiven Vorstellungen der Medizinausbildung unterschied: Die Bildung von Hypothesen setzte schon sehr früh ein, bereits bei der Befunderhebung. Teilweise wurden zuerst Hypothesen über allgemeine Krankheitsbegriffe gebildet, die dann im Laufe der weiteren Diagnose spezifiziert wurden. In anderen Fällen wurde fast unmittelbar mit der Hypothese einer ganz speziellen Unterform einer Krankheit begonnen. Auch dies variierte wieder zwischen den medizinischen Fällen und zwischen den Personen (1978, 79).

Die frühe Hypothesenbildung wird von Elstein et al. (1978, 183) als Teil der Bildung eines Problemraumes und als Entlastung des Kurzzeitgedächtnisses interpretiert. Sie analysierten auch im Detail die Fälle von fehlerhaften Diagnosen. In diesen Fällen wurde mit einer frühen falschen Hypothese eine bestimmte Probleminterpretation entwickelt, die in der weiteren diagnostischen Informationsaufnahme dann in die Irre führte. Richtige Diagnosen wurden dadurch begünstigt, daß frühzeitig die richtige Hypothese entwickelt und die dafür kritischen Informationen eingeholt und bewertet wurden. Die Tendenz zur frühen Hypothesenbildung war durchgängig zu beobachten, bei den besseren wie den anderen Ärzten, bei den erfolgreichen wie bei den falschen Diagnosen. Der wesentliche Unterschied lag nur darin, daß diejenigen Ärzte, die im Endergebnis zu den richtigen Diagnosen gelangten, auch schon sehr frühzeitig die richtigen Hypothesen aufstellten. Die Autoren verweisen selbst abschließend auf die Schachuntersuchungen von Chase & Simon (1973 b) und folgern: "The differences between experts and weaker problem solvers are more to be found in the repertory of their experiences, organized in long term memory, than in differences in planning and problem solving heuristics employed" (1978, 276).

Die Untersuchung von Elstein et al. (1978) weist verschiedene erhebungs- und auswertungsmethodische Schwächen auf (Kuipers & Kassirer 1984). Auch die Feststellung der guten Diagnostiker durch Kollegen-Nomination ist nicht unproblematisch, weil darin andere Qualitäten eingehen können, als bei der Untersuchung thematisiert, z.B. ihr Verhalten bei Überweisungen oder der persönliche Umgang mit Patienten. Die Ergebnisse sind jedoch mit wenigen Ausnahmen durch andere Studien bestätigt worden (Barrows et al. 1982, Bordage & Allen 1982, Boshuizen & Schmidt 1987 sowie Johnson et al. 1981, die jeweils Teilaspekte der umfangreichen Studie von Elstein et al. 1978 erneut untersuchten).

Einer der Beteiligten einer vergleichbaren kanadischen Studie resümiert: "Perhaps most disquieting was the finding that the best predictor of successful problem solving at least as assessed by obtaining the correct diagnosis, was the content of the diagnostic hypothesis" (Norman 1984, 126).

Damit steht nun auf den ersten Blick eine Tautologie am Ende dieser Phase von Untersuchungen zum medizinischen Denken: Die Güte der Diagnosen hängt von der Qualität der Hypothesen ab, die der Arzt frühzeitig bildet.

Jedoch ist dieser Befund von großem Informationswert. Die Schachmeister denken nicht wesentlich mehr Züge voraus, so wie auch die Ärzte, die die richtigen Diagnosen stellen, nicht wesentlich mehr Hypothesen aufstellen. Der entscheidende Unterschied zwischen Experten und Nicht-Experten liegt im Inhalt und der Struktur des Wissens.

Bereits die Studie von Elstein et al. (1978) hatte Hinweise auf das Phänomen des spontanen 'Sehens' eines bestimmten Krankheitsbildes erbracht. Scheinbar zwingen die Symptome des Patienten unmittelbar zu einer Schlußfolgerung, obwohl natürlich der Möglichkeitsraum dessen, was als Symptom gesehen wird, durch medizinische Begriffe strukturiert ist (Feltovich & Barrows 1984, Patel & Groen 1986b). Bei Routine-Fällen bzw. bei Ärzten mit großer, bereichsspezifischer Erfahrung fällt das erste Lesen der Fallberichte mit der Entwicklung der Hypothese zusammen. Norman, Rosenthal, Brooks, Allen & Muzzin (1989) konnten zeigen, daß bei der Vorführung von Dias mit Hautkrankheiten die typischen Fälle sehr schnell diagnostiziert wurden, wobei mit zunehmender Erfahrung die Geschwindigkeit zunahm (7,5 Sekunden bei erfahrenen Dermatologen). Wenn die Diagnose fehlerhaft war, waren die Entscheidungszeiten jedoch wesentlich länger. Bei diesen Fällen wurde die Diagnose nicht unmittelbar 'gesehen', sondern erst durch weitere Überlegungen erreicht, bei denen dann auch eher Fehler auftraten.

Sofern der Fall schwierig ist, geschieht bereits der Aufbau der eigentlichen Problemrepräsentation durch bewußtes Erwägen alternativer Hypothesen. Dann ist die Entwicklung von Hypothesen im Sinne von auch für den Handelnden phänomenal erlebbaren Vermutungen nötig. Johnson et al. (1981) haben die Entstehung einer solchen schwierigen Diagnose untersucht. Durch Verwendung eines schwierigen Falles (einer Fehlverbindung von Aorta und Herz) zeigten sie, wie bei dem Aufbau des Problemverständnisses Fehldiagnosen entstehen. Bereits bei dem anfänglichen Aufbau des Problemraumes werden falsche Vermutungen geäußert, die dann zur falschen Gewichtung bestimmter diagnostischer Daten führen. Wieder zeigte sich, daß nicht die Anzahl von Hypothesen oder ihre Globalität zwischen den erfolgreichen und erfolglosen Diagnostikern trennte. Aber die Gewichtung von Daten und die Interpretation ihres Zusammenhanges sowie die Qualität der Hypothesen unterschied sich zwischen den erfolgreichen und erfolglosen Medizinern. Ursache für die falschen Diagnosen war z.T. die frühzeitige Bildung falscher Hypothesen und auch das Verwerfen richtiger Hypothesen. Auch in diesen Fällen war also das zur Kategorisierung der vorgefundenen Daten bedeutsame Wissen die entscheidende Voraussetzung für eine gute Diagnose, nur mit dem Unterschied, daß sich diese Kategorisierung auf die Bewertung der vorliegenden Informationen und nicht unmittelbar auf die Zuordnung zu einem Krankheitsbild bezog.

b) Was bedeutet 'mehr Wissen' des Experten? Die Unterschiede des Wissens von medizinischen Experten und Nicht-Experten

Worin bestehen die Unterschiede im Wissen zwischen Experten und Nicht-Experten? Die psychologischen Untersuchungen zum Mediziner-Wissen enthalten verschiedene, z.T. implizite Annahmen, worin denn dieses 'Mehr' an Wissen besteht, das den Experten auszeichnet.

Diese Annahmen sind je nach Probanden-Gruppe unterschiedlich plausibel. Wenn man Anfänger-Studenten als Nicht-Experten einbezieht, liegt es nahe, einen bloßen Mangel an Fakten-Kenntnissen zu vermuten. Natürlich ist die Detailkenntnis und auch die sachliche Gültigkeit des medizinischen Wissens eine wichtige Voraussetzung für das erfolgreiche Diagnostizieren. Wer eine besondere Form einer Krankheit nicht kennt, kann sie auch nicht diagnostizieren.

Allerdings ist der psychologische Befund, in diesem Sinne sei mehr Wissen für die Expertenleistung notwendig, trivial und auch auf analytischem statt empirischem Wege zu erreichen. Es ist jedoch ein empirisch-psychologisch interessantes Phänomen, wenn die Ärzte über das Wissen in dem beschriebenen quantitativen Sinne verfügen und dennoch nicht die richtige Diagnose erreichen (z.B. bei Bordage & Allen 1982). Deshalb sollte bei einer Expertenuntersuchung kontrolliert werden, daß Probanden (auch die Nicht-Experten) über das Wissen bezüglich des jeweiligen Realitätsbereiches wenigstens im Sinne der Lehrbuchkenntnisse verfügen (siehe Kap. 3.2). In den hier referierten Untersuchungen geschieht dies durch den Einbezug fortgeschrittener Studenten oder von Ärzten in der praktischen Ausbildung als Nicht-Experten.

Eine differenzierte Version der These, die Experten hätten schlicht mehr Wissen, lautet: Die Experten und Anfänger haben ähnliche Schemata, aber die der Experten sind exakter, detaillierter und differenzierter. "Contrary to the novice, disease knowledge in the expert is both precise and richly detailed. Through clinical experience, the internal structure of expert models of disease is 'tuned' (Rumelhart & Norman 1978) to the natural variation in findings.... . Because of additional training as well as extensive experience, the expert also has a hierarchy of disease knowledge that is well organized and extensively differentiated into a number of disease variants which present themselves differently due to contrasts in underlying pathophysiology, severity, or patient age" (Johnson et al. 1981, 237, ähnlich auch Feltovich, Johnson, Moller & Swanson 1984).

In dieser Beschreibung ist ein Wissensbild über Expertenwissen enthalten, das ich, etwas überspitzt, als das Detail/Hierarchie-Modell bezeichne. Es besagt, der Experte kenne mehr Details und das Wissen sei in einer Hierarchie gut geordnet, die als Abbildung einer (vermuteten) Hierarchie des kodifizierten medizinischen Wissens der Lehrbücher gedacht wird. Das Detail/Hierarchie-Modell setzt einen klar gegliederten und hierarchischen Aufbau des anzueignenden Wissens voraus. Die Struktur des medizinischen Wissens müßte dann etwa so aussehen: Beginnend mit den allgemeinen Krankheitsbegriffen an der Spitze einer Hierarchie gibt es eine zunehmende Detaillierung und eine klare Zuordnung von Symptomen, Befunden und Krankheitsbildern. Über den Krankheitsbildern liegen noch allgemeinere Kausalannahmen über pathophysiologische Zusammenhänge. Diese wiederum folgen aus noch allgemeineren biologischen, physikalischen, chemischen und psychologischen Kausalbeziehungen, die das Funktionieren des gesunden Organismus erklären.

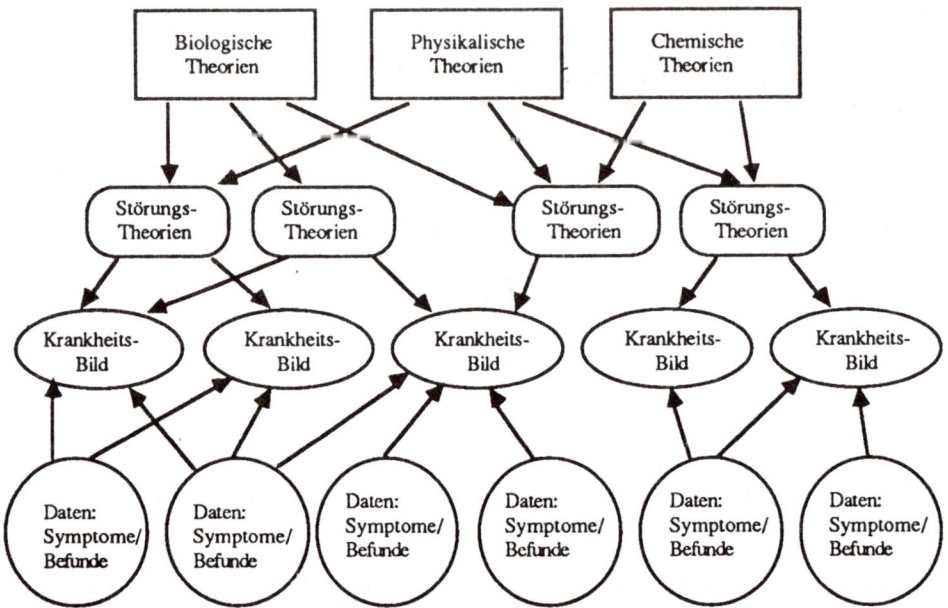

Abbildung 2.1: Das Detail-Hierarchie Modell des medizinischen Wissens (zur Beschreibung und Kritik siehe Text)

Das Detail/Hierarchie-Modell findet sich in vielen Arbeiten. Dies ist vermutlich durch die Nähe der psychologischen Modellbildung zu der (älteren) Konstruktion medizinischer Expertensysteme begründet, deren Stärke gerade in der hierarchischen Speicherung einer Fülle von Informationen besteht. Auch die Übereinstimmung mit der Alltagsvorstellung vom Experten als jemandem, der viel weiß, mag dazu beigetragen haben.

Verschiedene empirische Ergebnisse von Ärzte-Studien und auch theoretische Überlegungen sprechen jedoch dafür, daß allein mit der These einer Zunahme der Menge von Wissen die besondere Qualität des Expertenwissens nicht ausreichend erfaßt ist. Wenn man z.B. ausgebildete Ärzte untersucht, die zu Fehldiagnosen kamen, so sind die falschen diagnostischen Urteile eher durch unangemessene Organisation ihres Wissens verursacht, die den Zugriff auf das durchaus vorhandene Wissen nicht möglich gemacht und frühzeitig zu falschen Hypothesen geführt hat. Das Anwenden medizinischen Wissens umfaßt mehr als den Abgleich ('matching') von Symptomen mit Krankheitsbegriffen.

28

Zu dem Detail/Hierarchie-Modell gehört auch die Vorstellung von dem Diagnoseprozeß als einem Abgleich (matching) von Befunddaten mit Krankheitsbegriffen, z. B. bei Elstein et al. (1978). Auch die ersten Expertensysteme gingen von einer solchen Vorstellung über das Anwenden medizinischen Wissens aus. Die Entwicklung von Problemverständnis erschöpft sich jedoch nicht in einer solchen Zuordnung von Daten (cues) zu Krankheitsbegriffen. Dieser Prozeß erfordert es auch, Beziehungen zwischen den vorliegenden Daten sowie Beziehungen zwischen den möglichen Krankheitshypothesen zu erkennen, denn:

- Patientendaten sind redundant. (Beispiel: Fieber, Schweißausbrüche und erhöhte Pulsrate deuten gemeinsam auf Infektionen hin.)
- Bereits die Patientendaten sind untereinander kausal verknüpft. (Beispiel: Fieber verursacht auch hohen Pulsschlag.)
- Die Symptome haben im diagnostischen Prozeß verschiedene Funktionen, etwa für das Evozieren erster Hypothesen oder für das Ausschließen bedeutsamer Alternativdiagnosen.
- Die Daten der Patienten, aber auch die Krankheitsbegriffe beschreiben Prozesse, die eine Geschichte haben und Antizipationen über zukünftige Entwicklungen ermöglichen (Feltovich & Barrows 1984).

Die Diagnosestellung erfordert die Entwicklung eines kohärenten Bildes, in dem es auf den Bezug der Daten und des Wissens um Krankheiten untereinander ankommt. Dabei ist das Problemverständnis der Experten und der Anfänger in sich kohärent, nicht aber von Probanden, die sich gerade im Umbruch ihrer Kenntnisse und Kompetenz befinden, wie die folgende Untersuchung zeigt.

Lesgold, Feltovich, Glaser & Wang (1981, zitiert nach Lesgold 1984), untersuchten das Interpretieren von Röntgenbildern bei in der Ausbildung befindlichen Röntgenologen und bei Berufspraktikern (7 Anfänger in den ersten beiden Ausbildungsjahren, 7 'Intermediates' im 3.-4. Jahr und 5 ausgebildete Ärzte mit Berufserfahrung). Sie fanden einen U-förmigen Zusammenhang zwischen Ausbildungsstand bzw. Berufserfahrung und Diagnosegüte, d.h. aus den Kommentaren bei der Betrachtung der Bilder ließ sich folgern, daß die Anfänger und die erfahrenen Ärzte besser waren als die Mediziner mit mittlerer Ausbildungszeit. (Das Kriterium wird nicht mitgeteilt. Es handelt sich jeweils um schwierigere Fälle, bei denen falsche Alternativdiagnosen naheliegen.)

Lesgold (1984) erklärt den überraschenden Befund so: Für die Anfänger stellte sich die Interpretation des Röntgenbildes vor allem als kontextunabhängiges 'Verstehen' des Bildes dar. Eine helle Stelle auf dem Röntgenbild wurde kurzerhand - und in einigen Fällen zutreffend - als Lungenkollaps interpretiert. Diese helle Stelle kann jedoch auch durch einen Tumor verursacht sein. Es hängt von den Kontextinformationen zum Röntgenbild ab, welcher Diagnose der Vorzug zu geben ist. Zu den Kontextinformationen gehören nicht nur die Vorgeschichte und die Beschwerden des Patienten, sondern auch die genaue Körperlage bei der Aufnahme und die Qualität des Filmmaterials. Die berufserfahrenen Praktiker berücksichtigten die Kontextbedingungen dieser Untersuchung, und sie konnten sie in einen Zusammenhang bringen, der zu einer angemessenen Differentialdiagnose führte. Auch die fortgeschrittenen Medizinstudenten (Intermediates) wußten um die alternativen Interpretationen, welche die Eindeutigkeit des Röntgenbildes in Frage stellten. Dieses Wissen ermöglichte es ihnen jedoch noch nicht, wieder ein kongruentes Bild zu 'sehen'.

Anfänger und Experten konnten also ein kohärentes Problemverständnis entwickeln. Zum kohärenten Bild des Experten gehören die Kontextinformationen über das Zustandekommen der ihm vorliegenden Daten. Bei den 'Intermediates' war die naive Kohärenz des Anfängers zerstört, aber die neue des Experten noch nicht entwickelt (vgl. auch Patel, Evans & Groen 1989).

Die fallspezifische Organisation des Expertenwissens

Einige neuere Befunde zeigen, daß die besondere Qualität des Expertenwissens gegenüber dem Wissen des Nicht-Experten in der situations- und anforderungsspezifischen Umorganisation des Lehrbuchwissens besteht.

Wollte ein Arzt die Taxonomie der Infektionskrankheiten systematisch durchsuchen, um vorliegende Befunde zu interpretieren, so käme dies dem Durchmustern aller möglichen Züge bei dem Schachspiel gleich. Es muß vielmehr bereits fallbezogene Abstraktionen geben, die zwischen dem Grundlagenwissen über Krankheiten und den aktuellen Daten liegen.

Dafür sprechen die Experimente, bei denen das ärztliche Wissen mit der Versuchsanordnung von Chase und Simon (1973) analysiert wurde. Norman, Jacoby, Feightner & Campbell (1979) sowie Muzzin et al. (1982) legten ihren Probanden Befundberichte vor und baten um möglichst genaue Wiedergabe. Diese Replikation der Experimente von Chase & Simon (1973) mit medizinischen Befundberichten stieß jedoch auf unerwartete, aber aufschlußreiche Schwierigkeiten. Diese Schwierigkeiten werden in der Expertenliteratur, z.B. in den oben erwähnten Übersichtsarbeiten der Pittsburgh-Forschergruppen, nicht erwähnt. Vielmehr werden die Befunde von de Groot und von Chase & Simon für eine Vielzahl von Phänomenen des Expertendenkens und Wissens in Anspruch genommen.

Probanden mit verschiedenem Grad von Erfahrung (Medizinstudenten und praktizierende Internisten) waren beteiligt. Es ergaben sich jedoch nicht die Unterschiede in der Menge dessen, was von den Fallberichten wiedergegeben werden konnte, die nach den Schachuntersuchungen zu erwarten gewesen wären (vgl. auch Claessen & Boshuizen 1985).

Erst als nicht die wörtliche Erinnerung gemessen, sondern die Schlußfolgerungen berücksichtigt wurden, die die Probanden beim Lesen der Fallberichte gezogen hatten, und als zwischen diagnostisch bedeutsamen und unwichtigen Informationen unterschieden wurde, zeigten sich die erwarteten Unterschiede zwischen erfahrenen Ärzten und Anfängern (Patel, Groen & Fredericsen 1986a). Diese Schwierigkeiten sind in zweierlei Hinsicht interessant. Zum einen demonstrieren sie die methodische Problematik der Bestimmung der Bedeutungseinheiten bei der Analyse des Wissens von Experten. Was als 'chunk' gelten kann, ist nicht ohne Gewichtungen festzulegen, die berücksichtigen, was üblicherweise den Probanden als Ziel gestellt wird, d.h. hier der ärztlichen Diagnose. Zum anderen belegen sie die Wirkung konstruktiver Prozesse beim Behalten und Wiedergeben der gelesenen Fallberichte.[1]

Schmidt, Boshuizen & Hobus (1988), sowie Schmidt & Boshuizen (1990) geben eine weitere Erklärung für den unerwarteten Befund. Auch sie legten Anfängern, Medizinstudenten höheren Semesters und erfahrenen Medizinern Befundberichte vor und baten um möglichst genaue Widergabe und um eine anschließende Diagnose. Die Diagnosegüte war wie erwartet mit zunehmender Erfahrung auch besser. Bei dem Ausmaß der Erinnerung an die Fallberichte ergab sich jedoch ein U-förmiger Zusammenhang mit der Erfahrung. Nicht die erfahrenen Ärzte, sondern die älteren Medizinstudenten erinnerten die meisten Details der ihnen vorgelegten Fallberichte. Damit konnten sie ähnliche Befunde von Muzzin et al. (1982) bestätigen.

Dieser Effekt wird dadurch erklärt, daß die erfahrenen Praktiker den aktuellen Fall als Exemplar eines Krankheitstyps erkennen und ihn nur insoweit behalten. Die Medizinstudenten höheren Semesters dagegen wenden ihr pathophysiologisches Wissen bei der Lektüre und bei der Wiedergabe an und erinnern deshalb eher die Details. Bei einem anderen Versuch hatten die Probanden nur 30 Sekunden Zeit für die Lektüre und in diesem Fall verschlechterte sich der Umfang des Erinnerten bei den erfahrenen Praktikern nur unwesentlich, während die Leistung der Medizinstudenten nun viel schlechter war. Bei so begrenzter Zeit konnte man nur dann Details der Fallgeschichte rekonstruieren, wenn man die zu Grunde liegende Krankheit diagnostiziert hatte.

In einem weiteren Experiment (Schmidt & Boshuizen 1990) wird diese These einer unterschiedlichen Wissensorganisation noch auf andere Weise gestützt. Die Probandengruppen wurden vor der Vorlage der Fallberichte angehalten, ihr Grundlagenwissen über den betreffenden Krankheitsbereich zu explizieren. Damit sollte eine Aktivierung des grundlegenden Wissens (also der Kenntnis der entsprechenden pathophysiologischen Theorien) erreicht werden. Diese Aktivierung der Vorkenntnisse verbesserte die Behaltensleistung der konkreten Fallgeschichte bei beiden Gruppen, aber der Unterschied zwischen Medizinstudenten (behalten mehr Details) und erfahrenen Praktikern blieb bestehen. Die Experten griffen bei der Lektüre der konkreten Befundberichte auf diese theoretischen Kenntnisse in viel geringerem Umfang zurück als die Medizinstudenten.

---

[1] Diese Ergebnisse zeigen auch eine Grenze des Untersuchungsparadigmas von Chase & Simon (1973 a,b). Es geht in der Berufspraxis nicht um das Erinnern von Problemsituation, sondern um das Lösen des jeweiligen Problems (Norman, Brooks & Allen 1989). Deshalb äußert sich das Wissen des Experten eher in der Güte der Diagnose als in der Wiedergabe von Krankengeschichten.

Die Autoren sehen darin einen Hinweis auf die Herausbildung einer kompilierten Wissensstruktur, die sie als 'Krankheitsskript' bezeichnen und in der nicht nur physiologische und biologische Daten integriert sind, sondern auch Informationen darüber, unter welchen Bedingungen und mit welchen Begleitumständen bestimmte Krankheiten normalerweise auftreten (vgl. auch Feltovich & Barrows 1984, 138). Dieses Fallwissen besteht offensichtlich neben der Kenntnis über pathophysiologische Theorien. Die Theorien werden für die diagnostische Urteilsbildung bei den hier vorgelegten Fällen gar nicht mehr unmittelbar herangezogen.

Diese Hypothese könnte erklären, daß bei den richtigen Diagnosen die entscheidenden Hypothesen oft sehr früh gefunden werden. Diese Geschwindigkeit ist möglich, wenn das Wissen bereits auf die jeweilige fallspezifische Komplexität situativer Faktoren zugeschnitten ist. Es genügt dann, bei der Diagnosestellung zu erkennen, welches 'Schema' zutreffend ist. Da das Wissen bereits entsprechend organisiert ist, bedarf es keiner weiteren zeitraubenden Suchprozesse. Die fallspezifische Organisation des Wissens kann auch die Beobachtung erklären, daß Experten bei der Diagnose weniger Fragen stellen als Anfänger; sie wissen besser, welche Informationen für welchen Fall notwendig sind (Johnson 1988). Die Hypothese der Wissensorganisation in Krankheitsskripts ist jedoch auch nicht unproblematisch. Kann man so viele Schemata oder Skripts, wie es Krankheiten gibt, speichern? Was ist überhaupt die begriffliche Einheit von Situationen/Sachverhalten, die ein solches Krankheitsskript bilden? Feltovich et al. (1984) vermuten eine Vielzahl von Schemata, die auch noch nach Problemkontexten und verschiedenen Phasen des diagnostischen Prozesses unterschieden sind. Claessen & Boshuizen (1985) sehen in ihrer Studie Hinweise auf ein 'next patient'-Schema, also eine Wissensorganisation um die vom Arzt erlebten Fälle herum.

So ist derzeit empirisch nicht geklärt, wann das Wissen um erlebte Patientenfälle (oft mit mehreren Krankheiten) und wann es um Krankheiten ("die Leber auf Zimmer vier"), die sich bei verschiedenen Patienten manifestiert haben, organisiert ist. Die professionellen Begriffe von erfahrenen Ärzten, in denen Patienten, Behandlungskontext und medizinisches Wissen aufeinander bezogen werden, sind noch weitgehend unerforscht. Man kann jedoch festhalten, daß das Expertenwissen von Ärzten nicht (nur) aus Theorien, sondern auch aus fallbezogenen Wissenseinheiten besteht, in dem Informationen ganz verschiedener Herkunft und unterschiedlichen Typs integriert sind.

Zusammenfassung und Schlußfolgerungen

Die in den ersten beiden Teilen (2.1 & 2.2.) dieses Kapitels beschriebenen Experimente sind sehr heterogen. Die Probleme, die den Schach- und den Physik-Probanden gestellt wurden, unterscheiden sich untereinander und von den beruflichen Anforderungen an Experten wie Lehrer, Ärzte oder Manager. Die Arbeiten wurden dennoch hier dargestellt, weil einige der experimentellen Anordnungen in den Studien zu Ärzten und Lehrern verwendet wurden und weil das Wissensbild dieser Untersucher auch die folgenden Expertenstudien in starkem Maße beeinflußt hat. Außerdem zeigen sie - bei aller Unterschiedlichkeit - doch ähnliche Phänomene des Expertenwissens.

Die anhand eines Außenkriteriums getroffene Unterscheidung von Kompetenzgraden findet sich auch bei der Bewältigung der experimentellen Aufgaben wieder. Die Leistungsunterschiede werden durch Unterschiede in dem aufgabenbezogenen Wissen der Probanden erklärt. Die Betonung des bereichsspezifischen Wissens durch die Autoren erfolgt in Gegenüberstellung zu bereichsunspezifischen Strategien oder Gedächtniskapazität.

Die Unterschiede im Wissen wirken sich bereits auf die Wahrnehmung der Problemsituation aus. In der Phase der Wahrnehmung, nicht erst in der Anwendung des Wissens auf eine - wie auch immer intern repräsentierte - Datenstruktur der aktuellen Problemsituation wird bereits ein Teil der Problemlösung erreicht (dabei kann dahingestellt bleiben, ob Chase & Simons (1973 a,b) Modellierung der Wahrnehmung als Mustererkennung angemessen ist). Das Problemverständnis der Experten entwickelt sich schnell, d.h. die Experten 'sehen' sofort die mathematische Gleichung in der physikalischen Problemstellung. Sehr gute Schachspieler erkennen unmittelbar, welche Konstellation ihnen vorliegt. Erfahrene Ärzte können sich aus vorliegenden Daten sehr schnell ein kohärentes Bild machen. Bereits bei der Kategorisierung einer Problemsituation unterscheiden sich Experten und Nicht-Experten.

Für die Unterschiede im 'Sehen' der Lösung bzw. der wichtigen Problemelemente wird eine andere Qualität des Wissens vermutet. Das Wissen von Personen höherer Kompetenz enthält mehr Bedeutungseinheiten, und diese sind dichter gepackt, enthalten also mehr Information. Die Bedeutungseinheiten werden u.a. durch funktionale Zusammenhänge konstituiert. Außerdem ist abstraktes Wissen über den Zusammenhang der Bedeutungseinheiten anzunehmen, bei dem Schachspielen ist das z.B. das strategische Wissen. Das Wissen der Physik-Experten ist von den physikalischen Prinzipien her organisiert.

Die Ärztestudien der 70er Jahre, die in Teil 2.3. behandelt wurden, galten dem Prozeß und den Bedingungen des diagnostischen Denkens und Urteilens. Nur die frühzeitige Bildung richtiger Hypothesen zeigte einen konsistenten Zusammenhang mit dem Finden der richtigen Diagnose. Die Kompetenz dazu erwies sich als sehr krankheitsspezifisch. Weder bereichsunspezifische Denkstrategien noch quantitative Maße des Prozesses (etwa die Suchtiefe) hingen konsistent mit dem Erfolg des Diagnostizierens zusammen. Die Befunde widersprechen damit der Vorstellung, es gäbe 'den guten Diagnostiker', der bei allen Krankheiten seines Fachgebietes gleich gut ist. (Allerdings muß hier die Einschränkung auf die denkpsychologische Problematik vergegenwärtigt werden. Da es bei der ärztlichen Tätigkeit nicht nur auf das schnelle Diagnostizieren ankommt, kann dahingestellt bleiben, ob es nicht dennoch empirisch identifizierbare Merkmale 'des guten Arztes' i. S. eines Personenmerkmals gibt.)

Das ärztliche Wissen über die spezifische, vorliegende Krankheit scheint die wichtigste Bedingung für die Bildung richtiger Hypothesen zu sein. Das Diagnostizieren ist ein mehrstufiger Prozeß, dessen erste Phase stark durch die Daten gesteuert ist. Wenn der Fall nicht zu schwierig ist bzw. genügend Wissen bei dem Arzt vorhanden ist, kommt es oft auf die folgerichtige Bewertung der gegebenen Informationen an, die Diagnose wird dann unmittelbar gesehen.

Die Erinnerung an medizinische Befunde wurde analog zu der Erinnerung an Schach-konstellationen untersucht; die Ergebnisse allerdings waren nicht analog. Die Experten erinnern nicht mehr Elemente der Befundberichte als die Nicht-Experten. Erst wenn man die interpretative Verarbeitung der vorgelegten medizinischen Befunddaten durch die Experten berücksichtigt, findet sich ein Unterschied, der den Ergebnissen der Erinnerungs-studien in den anderen Anwendungsfeldern ähnelt.

Die Anwendung medizinischen Wissens besteht nicht nur in dem In-Beziehung-Set-zen von einzelnen Befunddaten mit den gespeicherten Symptomen und Krankheitsbegrif-ten. Vielmehr wird ein mehr oder weniger kohärentes Bild über die jeweilige Krankheit bzw. den Fall des Patienten entwickelt. Das medizinische Wissen von Experten ist reichhaltiger und besser geordnet als das der Anfänger. Fehler bei der Diagnosestellung sind z.T. durch das Fehlen differentialdiagnostischer Informationen zu erklären. Die Merkmale 'Detailliertheit' und die 'hierarchische Struktur des Wissens' beschreiben jedoch allein noch nicht ausreichend die qualitative Besonderheit des Expertenwissens; ein solches Wissensbild ist nicht ausreichend.

Die Spezifik des Expertenwissens besteht darüber hinaus in einer fall- bzw. krank-heitsspezifischen Wissensorganisation. Das Wissen ist quer zu dem taxonomischen Auf-bau der medizinischen Fächer und Grundlagenwissenschaften aufgebaut. Es gibt andere 'Kristallisationspunkte', um die herum das Wissen organisiert ist: Krankheiten, erlebte Patienten, diagnostische und therapeutische Situationen. Unter welchen Begriffen diese verschiedenen Informationen zusammengefaßt werden, ist derzeit noch empirisch unge-klärt. Sicher aber ist, daß es neben dem Wissen um Theorien der Grundlagendisziplinen des ärztlichen Berufes auch fallbezogenes Wissen gibt, in dem Informationen verschie-denen Typs integriert sind. Dies gilt auch für die Physikexperten. Ihr Wissen, das sie für die Lösung physikalischer Probleme einsetzen, ist ebenso interdisziplinär integriert. Physikalische und mathematische Sachverhalte sind aufeinander bezogen.

In den meisten Arbeiten zum Expertenwissen wird kein Unterschied zwischen dem theoretischen Wissen der betroffenen Wissenschaftsdisziplinen und dem der Experten ge-macht. Dies ist jedoch problematisch. Berücksichtigt man nämlich Berufspraktiker bei den Untersuchungen, dann zeigt sich, daß deren Problemkategorisierungen offensichtlich an den praktischen Anforderungen ihrer Arbeit und nicht an der Struktur der Disziplin ausgerichtet sind.

Die meisten der hier dargestellten Experten-Studien gehen von einem homogenen Bild von beruflichem Können aus. Tatsächlich aber gibt es z.B. im Schach und erst recht in der Medizin verschiedene Schulen und verschiedene Formen beruflichen Könnens. Selbst in der Physik ist bei vielen praktischen Problemstellungen die Eindeutigkeit des richtigen Lösungsweges nicht in dem Ausmaße gegeben, wie es bei den experimentellen Untersuchungen der Expertenforschung dazu unterstellt wird. Dieser Einwand ist deshalb bedeutsam, weil das Umgehen mit dieser Vielfalt möglicher Vorgehensweisen und Ziel-setzungen selbst einen Teil des professionellen Könnens ausmacht.

3 Die Fragestellungen des Expertenansatzes und die Techniken der empirischen Bestimmung von Experten

Das vorhergehende Kapitel hat Grundannahmen und wichtige Ergebnisse der Expertenforschung vorgestellt. Zugleich wurden in diesen Studien aber auch offene, ungelöste Fragen deutlich, bezüglich der Vergleichbarkeit der Probleme, die den Probanden gestellt wurden und bezüglich des Wissensbildes. Bei den oben vorgestellten Studien stand immer die Frage nach der Bedeutung von Wissensstrukturen für berufliche Leistungen im Mittelpunkt. Es gibt jedoch auch Expertenstudien mit einer eher differentialpsychologischen Fragestellung. Im ersten Abschnitt dieses Kapitels (3.1.) werden solche Unterschiede in dem, was den Expertenansatz ausmacht, beschrieben. Es geht hier um die Untersuchungslogik des Expertenansatzes. Im zweiten Abschnitt (3.2.) werden die zentralen Fragestellungen bei dem hier vertretenen Ansatz der Untersuchung professionellen Wissens formuliert. Das Kapitel 3.3 behandelt dann die methodischen Möglichkeiten der empirischen Identifikation von Experten.

3.1 Was macht den Expertenansatz aus?

In der aktuellen psychologischen Literatur zu Experten ist nicht einheitlich definiert, was als Expertenansatz verstanden wird. Die Auffassungen darüber, welche Fragestellungen und Annahmen den Expertenansatz ausmachen, sind auch nicht immer explizit formuliert.

In diesem Text liegt der Schwerpunkt auf der Analyse des professionellen Wissens bei der Bewältigung komplexer beruflicher Anforderungen. Im folgenden einige Erläuterungen zu anderen Konzeptionen vom Kern des Expertenansatzes.

Wissensstrukturen bei semantisch reichhaltigen Aufgaben

Glaser & Chi (1988,xxi) beschreiben den Expertenansatz so: "In recent years, research has examined knowledge rich tasks (Hervorhebungen von mir, R.B.)- tasks that require hundreds and thousands of hours of learning and experience. These studies of expertise, together with theories of competent performance and attempts at the design of expert systems, have sharpened this focus by contrasting novice and expert performances. These investigations into knowledge-rich domains show strong interactions between structures of knowledge and processes of reasoning and problem solving." Hier liegt der Schwerpunkt auf dem Zusammenhang von komplexen Wissensstrukturen und der Bewältigung komplexer Aufgaben. Der Vergleich von Anfängern und Experten hat eine forschungs-heuristische Funktion, der eigentliche Gegenstand der empirischen Forschung ist die Rolle des Wissens für erfolgreiches Handeln. Deshalb fungieren auch höchst unterschiedliche Probandengruppen als Experten in den Untersuchungen dieser Arbeitsgruppe. Dies reicht von Hochschullehrern der Physik bis zu Kindern, die gut Schach spielen.

Die individuellen Bedingungen von Spitzenleistungen

Andere Untersucher heben eher auf die Analyse der persönlichen Bedingungen von Spitzenleistungen ab. Ericsson & Smith (1989) setzen z.B. einen solchen Schwerpunkt bei ihrer Darstellung des Expertenansatzes. Sie stellen die individuellen Voraussetzungen außergewöhnlicher, weit überdurchschnittlicher Leistungen in den Mittelpunkt. Diese Leistungen sollten nicht nur einmal erbracht, sondern wiederholbar sein. Und es sollte eine (Kontroll-) Gruppe von Personen geben, die unter gleichen Bedingungen nicht diesen außergewöhnlichen Leistungsstand erbringt. Dieses Kriterium schließt z.B. Personen aus, die nur einmal eine geniale Erfindung gemacht haben, oder bei denen die äußeren Bedingungen (z.B. die Verfügung über gesellschaftliche Macht) zu außergewöhnlichen Leistungen führen. Im letzteren Fall wären die äußeren Umstände und die persönlichen Charakteristika konfundiert. Die Fragestellung ist insofern differentialpsychologischer Art. Die gesuchten persönlichen Bedingungen können dabei sehr vielfältig sein, z.B. neuropsychologische Ausstattung, genetische Faktoren oder überdauernde Persönlichkeitseigenschaften (Obler & Fein 1988). Ericsson & Smith (1989) konzentrieren sich bei ihrer Beschreibung des Expertenansatzes allerdings auf Personenmerkmale, die durch Lernen erworben werden, und sie führen für viele Bereiche von Spitzenleistungen (bei Musikern, bei Gedächtniskünstlern) empirische Belege für die Erlernbarkeit solcher ungewöhnlicher Leistungen an (vgl. auch Ericsson & Faivre 1988).

Bei dieser Interpretation des Expertenansatzes gehören deshalb nicht nur Kellner zu den Experten, die sehr viele Bestellungen fehlerfrei erinnern können (Ericsson & Polson 1988), sondern auch Laien, die es in kurzer Zeit lernen, sich außergewöhnlich viele Zahlen zu merken (Chase & Ericsson 1981).

Diese beiden Themenschwerpunkte des Expertenansatzes ('Spitzenleistungen' und 'komplexe Wissensstrukturen') ergänzen sich natürlich. Wissen über komplexe Tätig-keitsbereiche spielt auch bei Spitzenleistungen eine große Rolle, vgl. z.B. Schneider (1988) zum Nutzen des Expertenansatzes (sensu R. Glaser) für die Hochbegabtenfor-schung. Ebenso ist die Untersuchungsfrage nach der Lernbarkeit von Spitzenleistungen auch für die Analyse der Bewältigung semantisch reichhaltiger Aufgaben bedeutsam (Kliegl & Baltes 1987).

Dennoch folgen aus diesen Unterschieden in der Fragestellung auch unterschiedliche Forschungsstrategien, z.B. bei der Auswahl von Experten. Bei der Schwerpunktsetzung auf Spitzenleistung kommt nur ein kleinerer Personenkreis in Betracht, und die Kriterien zur empirischen Identifikation von Experten müssen schärfer sein.

In der programmatischen Untersuchung von de Groot (1965) und der Replikation durch Chase & Simon (1973a,b), (siehe Kap. 2.1) sind beide Aspekte vermischt und dies mag dazu beigetragen haben, daß bislang beide Fragestellungen in der Literatur unterschiedslos als Expertenansatz bezeichnet werden. Für das wichtige Ergebnis von Chase & Simon, die Überlegenheit der Schachmeister gegenüber den Anfängern bei der Reproduktion von bedeutungsvollen Figurenkonstellationen und das Verschwinden dieser Leistungsdifferenz bei Zufallsaufstellungen, hätte es gar keines nationalen Meisters als Experten-Probanden bedurft. Diesen Unterschied berichten sie auch zwischen dem guten (aber nicht außergewöhnlichen) Könner und den Anfängern; wenn dieser auch mehr Durchgänge als der Meister benötigte, um die Schachstellungen zu reproduzieren, so war er doch den Anfängern ebenfalls deutlich überlegen. Die Berücksichtigung eines Schachmeisters als Proband ist zwar illustrativ, der so erfolgte experimentelle Nachweis der Bedeutung des komplexen Schachwissens für die geforderte Erinnerungsaufgabe wäre aber auch dann gelungen, wenn Chase & Simon (1973 a,b) sich nur auf gute Vereinsspieler beschränkt hätten, wie die erweiterte Replikation von Opwis et al. (1990) mit Vereinsspielern zeigt.

Professionelles Wissen oder Wissen im allgemeinen

In dem Sammelband von Chi, Glaser & Farr (1988), aus dessen programmatischer Einleitung oben zitiert wurde, finden sich überwiegend nur Untersuchungen zu Expertenwissen, das in Zusammenhang mit einem Beruf erworben und angewendet wird. Dennoch wird der Bezug auf einen Beruf in den programmatischen Beiträgen nicht als wesentlich für den Expertenansatz hervorgehoben. Bei der breiten Rezeption der oben dargestellten Arbeiten von Glaser und Mitarbeitern in anderen Bereichen der Psychologie spielt der Umstand, daß die meisten untersuchten Experten Fachleute in einem bestimmten Beruf sind, fast keine Rolle.

So werden auch Kinder, wenn sie nur einen bestimmten Wissensstand erworben haben, als Experten bezeichnet. Bereiter & Scardamalia (1986) bezeichnen z.B. das Lernen des Verfassens von Aufsätzen als die Aneignung von Expertenwissen. Mit dieser weiten Verwendung des Expertenbegriffs wird an das angeknüpft, was bei Glaser & Chi (1988) den Kern des Expertenansatzes ausmachte, nämlich die Untersuchung von Wissensstrukturen und ihrer Funktion bei der Bewältigung sogenannter semantisch reichhaltiger Aufgaben.

An diesem Kern des Expertenansatzes soll in dem hier vorliegenden Text festgehalten werden. Zugleich soll aber als ein weiteres konstitutives Merkmal des Expertenansatzes der Bezug auf berufliche Aufgaben und berufsbezogenes Wissen eingeführt werden. Insoweit werden die Kernannahmen erweitert durch die Einführung einer Randbedingung, die es erlaubt, den Begriff des semantisch reichhaltigen oder komplexen Wissens zu spezifizieren. Deshalb wird hier - im Unterschied zu dem weiten Begriffsgebrauch in der englischsprachigen Literatur - mit dem Begriff des Experten eine Person bezeichnet, die spezialisiert ist und eine spezielle Aufgabe bewältigt. Das Expertenwissen, das dafür notwendig ist, geht deshalb in der Regel auch über das Alltagswissen hinaus.

Auch bei dieser Schwerpunktsetzung handelt es sich nicht um eine scharfe Alternative, da die psychologische Struktur (sind es Schemata, Produktionsregeln, Prototypen ?) professionellen Wissens nicht grundsätzlich von anderem Wissen verschieden ist. In vielen Berufen ist Alltagserfahrung gefordert. Ein sehr interessantes Beispiel dafür ist das Phänomen der Weisheit in Fragen der Lebensführung, die im Prinzip nicht an berufliche Aufgaben gebunden ist, die aber in bestimmten Berufen besonders gefordert wird (Baltes & Smith 1990). Nach Struktur und nach Inhalt läßt sich professionelles Wissen also nicht scharf vom sonstigen Wissen abgrenzen. Auch das Kriterium des Berufsbezuges ist hier nicht zu eng zu verstehen. Trotz teilweiser Überschneidungen zwischen professionellem und sonstigem Wissen stellt sich die Frage, ob bestimmte berufliche Anforderungen auch bestimmte Strukturen des Wissens erfordern.

Mit Expertenwissen ist also Wissen gemeint, das für die Erfüllung beruflicher Aufgaben erforderlich ist und das mehr oder weniger kanonisiert vermittelt wird. Um dies deutlich zu machen, wird hier von professionellem Wissen gesprochen. Die Beschränkung und zugleich Fokussierung des Expertenbegriffes ist m. E. notwendig, um die Besonderheiten der beruflichen Aufgaben und des beruflichen Wissens analysieren zu können. Solche Besonderheiten werden in diesem Text untersucht. Im nächsten Abschnitt (3.2) werden die zentralen Fragestellungen des Expertenansatzes beschrieben und es werden einige Fragen und Einwände zum Wissensbild der Expertenforschung (etwa bei Glaser und Mitarbeitern) formuliert.

Die Untersuchungslogik von Expertenstudien

Der Expertenansatz ermöglicht eine kontrastive Analyse der Auseinandersetzung von Probandengruppen mit den ihnen gestellten Anforderungen. Die Logik des dabei verwendeten Designs ist nicht die des Vergleichs zweier Experimentalgruppen, die sich nur bezüglich einer Variablen (Expertenstatus) unterscheiden. Die Anforderungen, die in den hier beschriebenen Studien den Probandengruppen gestellt werden, unterscheiden sich für die Probanden subjektiv und in einigen Fällen auch objektiv. Für den Physik-Studenten ist eine Textaufgabe ein Problem mit vielen unbekannten Größen, für den Hochschullehrer mag die gleiche Problemstellung eine Routine-Aufgabe darstellen. Selbst dann, wenn Experten und Anfänger mit einem für sie unbekannten Problem konfrontiert werden, unterscheidet sich die experimentelle Anforderung an beide Gruppen. Wenn Problemstellungen gewählt werden, die sich über die Zeit entwickeln (im Lohhausen-Paradigma, im Unterricht), verändert sich die tatsächliche Anforderung für Experten und Nicht-Experten nach kurzer Zeit. Bei Untersuchungen unter natürlichen Bedingungen (z.B. in der Schule) ist außerdem mit der Möglichkeit zu rechnen, daß die Beteiligten (z.B. die Schüler) den Probanden als Experten oder Anfänger wahrnehmen und sich entsprechend unterschiedlich verhalten (empirische Beispiele dazu siehe Kap. 4).

Der Vergleich zwischen Probandengruppen wird deshalb bei vielen Expertenstudien qualitativ vorgenommen, indem die jeweils spezifischen Formen der Beziehung von Wissen und beruflichen Anforderungen beschrieben und dann miteinander verglichen werden. Nur wenn es gelingt, einzelne kognitive Prozesse (wie z.B. in den Schachstudien von Chase & Simon 1973 a,b) isoliert zu betrachten, können die Expertenleistungen und die Nicht-Expertenleistungen unmittelbar miteinander verglichen werden.

Nicht der unmittelbare Vergleich von Expertenleistung und Nicht-Expertenleistung, sondern der Vergleich der jeweiligen Beziehung zwischen Wissen und Leistung ist das gemeinsame Merkmal der Expertenstudien. Wenn der Kern des Expertenansatzes so definiert wird, entspannt sich auch das Problem der empirischen Identifikation von Experten, da es nicht mehr nur um eine Spitzengruppe geht. Dann können alle als Experten einbezogen werden, die keine besonderen Schwierigkeiten im Beruf haben oder ein jeweils festzulegendes Maß mittleren Erfolges aufweisen. Natürlich kann man die Beziehung von Anforderungen und Wissen nur dann untersuchen, wenn nicht überwiegend praktische Mißerfolge den Berufsalltag bestimmen. Eine derartige Liberalisierung des Expertenkriteriums erlaubt es auch, ein bisher vernachlässigtes Gebiet zu untersuchen, nämlich die Fehler von Experten - einfach, weil mehr Fehler auftreten als bei Spitzenkönnern.

In den meisten Expertenstudien ist der Versuch erkennbar, von einer dichotomen Gegenüberstellung zu wenigstens drei unterschiedlichen Gruppen überzugehen. Die Zwischengruppe wird als 'postulant' (Anwärter), als 'journeyman' (Geselle) oder als 'postnovice' bezeichnet. Dabei handelt es sich nicht immer um Personen, die nach Berufserfahrung zwischen Anfänger und berufserfahrenem Experten einzuordnen sind, weil der Weg vom Anfänger zum Experten nicht eindimensional ist. Es kann auch Quereinsteiger in einen Beruf geben (siehe dazu Kap. 4, Berliner 1987 a,b).

3.2 Die Fragestellungen des Expertenansatzes: Analyse der Anforderungen - Problemwahrnehmung - Merkmale des Wissens

In diesem Abschnitt werden die Themen dargestellt, die den Kern des Expertenansatzes ausmachen, und anschließend offene Fragen bzw. einige Schwierigkeiten der Expertenforschung (im Sinne von Glaser und Mitarbeitern, wie sie in Kap. 2 beschrieben wurde) benannt.

a) Die Analyse der Anforderungen an den Experten

Die Untersuchung des Expertendenkens und -wissens erfordert die parallele Analyse der Anforderung an den Experten. Die voranstehenden Studien zu Physik und Medizin gewinnen ihre Erklärungskraft gerade aus dem Vergleich zwischen dem 'task environment' und seinem subjektiven Verständnis durch den Problemlöser. Die Rekonstruktion dieser Sachstruktur durch den Untersucher ist ein notwendiger Teil der Untersuchung. Um z.B. die Bedeutung des bereichsspezifischen Wissens für das erfolgreiche Bewältigen eines Problems erfassen und verstehen zu können, muß der

Untersucher die Inhalte dieses Problems selbst begrifflich erfassen (Bromme 1985a). Außerdem ist eine Problemanalyse notwendig, um den Lösungserfolg feststellen zu können.

Die Problemanalyse ist jedoch nur bei den sogenannten gut definierten Problemen einfach vorzunehmen. Gut definierte Probleme sind solche, bei denen für den Probanden die Zielstellung gegeben ist und eine richtige Lösung wenigstens im Prinzip bekannt ist. Die Physikaufgaben oder das Finden einer Diagnose aus einem Fallbericht sind Beispiele dafür bzw. werden von den Untersuchern so aufgefaßt; tatsächlich kann die sachliche Richtigkeit einer medizinischen Diagnose gelegentlich nur vom Pathologen post mortem entschieden werden.

Die Analyse der Problemstruktur wird um so schwieriger, je schlechter die Probleme definiert sind. Lehrer können im Unterricht die allgemein formulierten Ziele (des Lehrplanes, der Richtlinien etc.) auf sehr verschiedene Weise verfolgen. Nicht nur bei der Auswahl von Handlungszielen bestehen Freiheitsgrade. Auch bei gleichen Zielen sind unterschiedliche Vorgehensweisen möglich. Außerdem sind die Ereignisse im Klassenzimmer zu bewerten, ihre Bedeutung für die Arbeit des Lehrers hängt von ihrer subjektiven Wahrnehmung ab. Weiterhin ist Unterrichten ein Prozeß, und die jeweilige Problemsituation ist Ergebnis der bisherigen Geschichte von Lehrer- und Schüleraktivitäten.

Diese Merkmale der beruflichen Problemsituationen von Lehrern sind auch bei anderen Berufen (Medizinern, Managern, Architekten) beobachtet worden (Schön 1983). Sie unterscheiden sich jedoch deutlich von den Problemen, die in den Expertenstudien des voranstehenden Kapitels behandelt wurden. Die Problemanalyse ist also nicht mehr als Rekonstruktion einer objektiven Sachstruktur vorzunehmen.

Damit stellt sich die Frage, wie man die Problemanalyse bei derartigen Berufen vornehmen kann. Am Beispiel der Anforderungen des Unterrichtens wird diese Frage in den Kapiteln 5 und 7 zu beantworten versucht. Grundsätzlich, d.h. also trotz der Komplikationen, soll jedoch daran festgehalten werden, daß das Denken und Wissen von Probanden bei der Bewältigung einer Anforderung nicht ohne eine Analyse dieser Anforderung durch den Untersucher verstanden werden kann. Es wird also darum gehen, die Natur der Anforderung auch dann zu rekonstruieren, wenn den Experten unterschiedliche Zielsetzungen möglich sind und die Richtigkeit einer bestimmten Lösung oder Handlungsweise des Experten sich nicht intersubjektiv eindeutig bestimmen läßt.

b) Problemwahrnehmung und rasches Reagieren als Gebrauch des Expertenwissens

Das rasche Sehen der Lösung oder einer lösungsdienlichen Struktur (man kann hier auch von einer Gestalt sprechen) in der gegebenen Problemsituation wird in den Expertenstudien durchgängig berichtet. Die Experten unterscheiden sich von der Vergleichsgruppe der Nicht-Experten durch das intuitive Erkennen des Wesentlichen in einer komplexen Situation. Natürlich hängt es von der Schwierigkeit der Aufgabe ab, ob damit zugleich die Bearbeitung erledigt und die Lösung gefunden ist. Die Ausgangspunkte der Aufgabenbearbeitung sind je nach Kompetenz verschieden. Experten gehen eher von der gegebenen Struktur aus, die Nicht-Experten denken vom Ziel her. Die Physik- und auch die Medizinerstudien ergaben bei den Experten ein mehr oder weniger datengeleitetes Vorgehen. In den Verbalprotokollen der Experten finden sich zu Anfang vor allem die gegebenen Ausgangsbedingungen, nicht die Ziele oder Hypothesen. In den oben dargestellten Untersuchungen wird dies als 'Vorwärts-Arbeiten' bezeichnet. Die wahrgenommene Problemkonfiguration zwingt den Experten scheinbar zu den nächsten Schlußfolgerungen und Beobachtungen. Deshalb erleben Experten ihr Handeln oft als Reaktion auf eine Situation. Erst bei schwierigeren Problemen werden Vermutungen und alternative Lösungsmöglichkeiten formuliert und vom Ziel her gedacht (Rückwärts-Arbeiten). Die Experten wissen jedoch, daß es dann darauf ankommt, die gegebene Problemkonstellation ausführlich zu analysieren. So finden sich in einigen Physikstudien und in der Lohhausen-Untersuchung (Dörner et al. 1983, 269) bei den Experten bzw. den erfolgreichen Problemlösern Hinweise auf sorgfältigere Problemanalysen.

Das empirisch beobachtete Phänomen des intuitiven Erkennens einer (als vorgegeben erlebten) Struktur hat in der Expertenforschung dazu geführt, diese Phase der Problembearbeitung als Problemwahrnehmung zu bezeichnen. In einem Teil der beschriebenen Untersuchungen wird tatsächlich vor allem die visuelle Wahrnehmung (Interpretation von Röntgenbildern) und die haptische Wahrnehmung (Tasten bei der internistischen Untersuchung) des Experten gefordert.

Abgesehen von diesen Fällen ist der Begriff der Problemwahrnehmung jedoch als eine Analogie zu verstehen, durch die die Schnelligkeit und subjektive Sicherheit bei der Interpretation der gegebenen Sachverhalte hervorgehoben wird. Tatsächlich sind dabei schon weitergehende Inferenzen eingeschlossen, die über das hinausgehen, was unter 'visuellem Wahrnehmen' im engeren Sinne verstanden wird. Durch diese Analogie wollen die Autoren der Expertenforschung hervorheben: Nicht erst durch das bewußte Auswählen möglicher Lösungen und das bewußte Generieren von Hypothesen nach dem Sammeln von Informationen, sondern schon bei der Entwicklung eines ersten Verständnisses werden wichtige Zusammenhänge gesehen und damit die Lösung vorbereitet oder, je nach Schwierigkeit, bereits gefunden. Die Lösungsfindung wird als das Sehen der richtigen Schritte oder wichtigen Zusammenhänge erlebt, weil die Experten anscheinend durch das Problem in eine bestimmte Richtung gedrängt werden und weil es, je nach Übung, ohne langes Abwägen erfolgt.

Auch die Wahrnehmung im engeren Sinne ist das Ergebnis einer Anwendung von Wissen. Wahrnehmung enthält immer die Leistung des Erkennens (Prinz 1983, Kap. 3). Aber bei den Problemsituationen, die den hier beschriebenen Experten gestellt werden, ist es doch in weit größerem Maße notwendig, das Neue aus den vorliegenden Daten zu konstruieren, d.h. eine lösungsdienliche Struktur zu erkennen oder einen funktionalen Zusammenhang unter der Oberfläche zu entdecken (wenn es z.B. um die Diagnosestellung auf Grund von schriftlichen Fallberichten oder um Textaufgaben geht).

Kategoriale Wahrnehmung

Das Sehen von lösungsdienlichen Strukturen und funktionalen Zusammenhängen in Situationen, die für den Nicht-Experten wenig strukturiert oder unübersichtlich erscheinen, oder in denen er ganz andere Strukturen erfaßt, setzt die Verfügung über geeignete Kategorien voraus. In den Expertenstudien des vorangegangenen Kapitels waren derartige Bedeutungseinheiten als chunks bezeichnet worden. Diese Anwendung von Wissen im Prozeß der Wahrnehmung der Problemsituation soll im folgenden als 'kategoriale Wahrnehmung' bezeichnet werden. Damit sind die Schnitte gemeint, mit denen die gegebenen Sachverhalte oder ein Ereignisstrom kognitiv in Einheiten unterteilt werden. Durch die verfügbaren Begriffe (das können auch nicht-sprachlich gefaßte Begriffe sein) wird eine gegebene Situation für den Handelnden strukturiert.

Derartige kategoriale Gliederungen erfolgen natürlich nicht nur bei der Wahrnehmung beruflicher Anforderungen, und nicht nur Experten untergliedern ihre Wahrnehmung. Dennoch folgt daraus eine Hypothese über Expertenwissen: Der Inhalt der Begriffe unterscheidet sich und damit auch ihre Grenzen. Was für den Experten ein und nur ein Ereignis ist und unter einen bestimmten Begriff fällt, mag für den Anfänger als zwei getrennte Ereignisse kategorial untergliedert sein. Da es hier um mehr oder weniger schwierige berufliche Problemsituationen geht, wird ihre Struktur nicht von allen Personen gleich wahrgenommen. Der Begriff der 'kategorialen Wahrnehmung' (Harnad 1987) ist m. E. besonders geeignet, um die Anwendung von Wissen zu kennzeichnen, die von Experten als Intuition erlebt wird und die in phänomenologisch orientierten Beschreibungen des Expertenwissens (z. B. Dreyfus & Dreyfus 1987) auch besonders hervorgehoben wird. Die Expertenstudien, die durch die Untersuchungen von de Groot und Nachfolgern angeregt wurden, haben vor allem diese Form der Wissensanwendung im Blick.

Auch die Ergebnisse der Physikstudien (Kap. 2.2) sprechen dafür, daß der Unterschied von Experten- und Anfängerwissen in der kategorialen Wahrnehmung, also in dem Bestand an Begriffen, die die Wahrnehmung leiten, zu suchen ist. Für den Anfänger stehen bei den Physikaufgaben die beobachtbaren Objekte (Seil, Ebene etc.) im Vordergrund. In seiner kognitiven Wahrnehmung sind die natürlichen Objekte hervorgehoben, sie bilden die wichtigen Strukturelemente. In der kategorialen Wahrnehmung des Experten sind dagegen die physikalischen Gesetze hervorgehoben. Beim Anblick einer schiefen Ebene (im Kontext einer Aufgabe!) treten für ihn physikalische und mathematische Zusammenhänge hervor.

In den folgenden Kapiteln wird es darum gehen, das Phänomen der unterschiedlichen kategorialen Wahrnehmung bei Experten näher zu analysieren. Dazu wird in den folgenden Kapiteln (4 & 5) das Beispiel der Wahrnehmung der Schüler durch ihre Lehrer im Unterricht näher betrachtet und in Zusammenhang mit den beruflichen Anforderungen an Lehrer gebracht.

Abstraktere Begriffe. Unmittelbar evident ist jedoch, daß 'mehr' nicht nur eine größere Anzahl von Elementen des Wissens bedeutet. So heben Chase & Simon (1973 a,b) ebenso wie Chi et al. (1982) hervor, das Wissen der Experten umfasse mehr abstraktere Bedeutungseinheiten. Chase & Simon verwenden den Begriff des 'chunks' (Bedeutungseinheit). Die Schachmeister haben davon nicht nur mehr im Gedächtnis, sondern diese sind auch dichter gepackt, d.h. sie enthalten wiederum mehr mögliche Figurenkonfigurationen. Abstraktion wird dabei von den Autoren, im Sinne der Begriffsbildungsforschung, als Weglassen von unwesentlichen Teilen einer Gesamtkonfiguration verstanden. Was wesentlich ist, ergibt sich in diesen Studien immer aus der jeweiligen Wissenschaftsdisziplin, der der Probleminhalt entstammt. Wesentlich sind also z.B. die physikalischen Gesetze oder die allgemeinen Krankheitsbegriffe. Das Wissen wird dabei als eine Hierarchie von Begriffen und Begriffsbeziehungen mit zunehmender Abstraktheit gedacht.

Die voranstehenden Annahmen über das Besondere des Expertenwissens wurden in Kap. 2 zusammen als Detail/Hierarchie-Modell bezeichnet.

Kohärenz des Wissens. Neben der größeren Abstraktheit des Expertenwissens wird auch die andersartige Organisation des Wissens hervorgehoben. Darunter wird eine größere Verknüpfung der Wissenselemente untereinander und ihr Bezug zu physikalischen Gesetzen verstanden (Physikstudien). Oder es wird die Zusammenfügung verschiedener Informationen zu einer kohärenten Struktur beschrieben (Medizinstudien). Soweit das Wissen als semantisches Netzwerk aufgefaßt wird, wird mehr Kohärenz als größere Anzahl von Verknüpfungen zwischen Knoten des Netzwerkes dargestellt.

Kohärenz ist jedoch nicht ohne Bezug auf den sachlichen Gehalt des Wissens festzustellen. In den Physikstudien wird das Wissen der Experten als kohärent interpretiert (Chi et al. 1982), weil die mathematische Struktur auf die physikalischen Problemstellungen bezogen ist. Der Begriff der Kohärenz drückt für diese Autoren also wiederum die Abbildung einer sachlich richtigen Wissensstruktur aus.

Fallspezifische Organisation des Expertenwissens. In einem gewissen Widerspruch zum Detail/Hierarchie-Modell steht die Beobachtung der fallspezifischen Organisation des professionellen Wissens in einigen Medizinerstudien. Erfahrene Ärzte verfügen über Krankheitsschemata, in denen biologisches, physiologisches, chemisches und medizinisches Grundlagenwissen mit dem Wissen über einzelne Symptome verknüpft ist. Es ist zu dem Bild einer bestimmten Krankheit zusammengefügt. Eine bestimmte Krankheit bildet den Kristallisationspunkt einer in sich kohärenten Struktur von Informationen. Eine andere Möglichkeit ist, daß einzelne Patienten oder Patiententypen solche Kristallisationspunkte sind.

Prozeduralisierung des Wissens. Eine Besonderheit des Expertenwissens wird in der Verknüpfung des sogenannten (deklarativen) Wissens über Sachverhalte mit dem (prozeduralen) Wissen über Lösungsschritte gesehen. Bestimmte Elemente der Problemsituation werden mit bestimmten Lösungsschritten verknüpft. So wird das rasche Reagieren erklärt (eine Anwendung der Andersonschen ACT-Theorie kognitiver Fertigkeiten, vgl. Anderson 1982, 1987).

c) Das Wissensbild des Expertenansatzes: Die besondere Qualität des Expertenwissens

Der Inhalt des Wissens. Nicht nur die Experten, sondern auch die Nicht-Experten verfügen in den oben beschriebenen Untersuchungen über Wissen, das ihre Problemwahrnehmung gliedert. Worin besteht nun das Besondere des Expertenwissens?

Ein bemerkenswertes Ergebnis der Expertenforschung ist das teilweise Scheitern der Suche nach wissensunabhängigen Prädiktoren des Bearbeitungserfolges. Nicht die Zahl der antizipierten Züge beim Schachspiel, nicht die Zahl der aufgestellten Krankheitshypothesen unterscheidet die Experten von ihren Vergleichsgruppen. Es ist vielmehr der Inhalt ihrer Überlegungen, Problem- bzw. Situationswahrnehmungen und ihrer Hypothesen. Auch in einigen Arbeiten im Lohhausen-Paradigma erwies sich das frühzeitige Aufstellen der richtigen Hypothese als guter Prädiktor der Problemlösegüte (Putz-Osterloh 1983, 1985).

Nun erscheint der Befund auf den ersten Blick trivial. Immerhin ist das Sehen und Vermuten des Richtigen beim Lösen eines Problems bereits ein Schritt der Lösung. Jedoch enthält dieser konsistente Befund ein wichtiges Ergebnis: Das frühzeitige Finden der richtigen Hypothese setzt das Verfügen über das problemangemessene Wissen voraus. Damit wird der Inhalt des Expertenwissens zu einer kritischen Variable der psychologischen Erklärung der Expertenleistung. Die hier beschriebenen Expertenleistungen sind sehr bereichsspezifisch. So finden sich bereits große intraindividuelle Unterschiede bei Ärzten, wenn ihnen Diagnoseaufgaben aus verschiedenen Teilgebieten der Medizin vorgelegt werden. Das Wissen der Techniker oder der Programmierer, das sich in den Erinnerungsexperimenten mit Schaltplänen oder Programmen zeigte, ist spezifisches Wissen über Radiogeräte, Computersprachen etc. Man muß also auf den bereichsspezifischen Inhalt des Expertenwissens Bezug nehmen, wenn man Expertenleistungen erklären will.

Natürlich wird in den Expertenstudien auch versucht, die besonderen Charakteristika des Expertenwissens bereichsübergreifend zu beschreiben. Wie oben (Kap. 2) bemerkt, sind die Annahmen über die besonderen Merkmale des Expertenwissens zum Teil nur implizit in den Untersuchungsberichten enthalten. Je nach den zugrundeliegenden kognitionspsychologischen Konstrukten über Wissen werden dabei andere Merkmale hervorgehoben. Im folgenden eine Zusammenstellung:

Quantitativer Unterschied, d.h. mehr Wissen. Die einfachste Annahme betrifft den Umfang des Wissens. Experten wissen mehr und Genaueres über das Problemgebiet als ihre Vergleichsgruppen von Nicht-Experten. Die Meisterschachspieler kennen mehr Schachstellungen, die guten Physiker mehr physikalische Gesetze, die Mediziner mehr Krankheitsbilder etc. und diese auch genauer, d.h. mit mehr Details. In einigen Medizinerstudien wird auf Rumelhart & Normans (1978) Begriff des Abstimmens (fine tuning) von Schemata verwiesen, um die Hinzufügung von Detail-Informationen zu beschreiben.

Sachlich richtiges (der Aufgabe angemessenes) Wissen. Die sachliche Richtigkeit wird in den oben beschriebenen Experimenten als Abbildung einer wahren Sachstruktur verstanden.

d) Offene Fragen zum Wissensbild: Was sind die Besonderheiten des professionellen Wissens?

Unterschiede oder Gemeinsamkeiten mit dem wissenschaftlichen Wissen über das Arbeitsfeld. Das hier skizzierte Wissensbild in den meisten Arbeiten der Expertenforschung enthält keine Konzepte für die Besonderheiten professionellen Wissens. Das Expertenwissen wird vielmehr als mehr oder weniger gute Abbildung eines eindeutig gegebenen Sachwissens einer Wissenschaftsdisziplin aufgefasst; dies wird besonders am Detail/Hierachie-Modell des Wissens deutlich (vgl Kap. 2.3).

Das Detail/Hierachie-Modell des Fachwissens entspricht auch der Alltagsvorstellung von dem Wissen eines Experten. Experten haben in der Regel lange Ausbildungsphasen hinter sich, in denen es auf die Aneignung immer genaueren Wissens ankommt. Da das anzuwendende Wissen als wissenschaftliches Wissen entwickelt und auch weitergegeben wurde (in der Ausbildung zum Experten), ist es naheliegend, diese Wissenschaftskriterien auch als heuristische Grundlage für die Beschreibung des Expertenwissens zu verwenden. Diese Heuristik verdeckt jedoch gerade die psychologisch interessanten Besonderheiten des professionellen Wissens. Möglicherweise liegen die qualitativen Besonderheiten des Wissens von Experten gerade in den Unterschieden zu den Merkmalen wissenschaftlichen Wissens. Die fallspezifische Integration des Wissens verschiedener disziplinärer Herkunft wäre ein solcher Unterschied. Wissenschaftliches Wissen ist - mit Ausnahmen - disziplinär organisiert. Die fallspezifische Organisation des Expertenwissens erfordert jedoch offensichtlich eine problembezogene Integration verschiedener disziplinärer Perspektiven.

Die hier skizzierte offene Frage nach dem geeigneten Wissensbild für die Expertenforschung kann man auch so zusammenfassen: Gibt es besondere inhaltliche oder strukturelle Merkmale des Expertenwissens, die es von dem wissenschaftlichen Wissen über das jeweilige Problemfeld unterscheiden? Am Beispiel des professionellen Wissens von Lehrern wird in den folgenden Kapiteln dazu eine Antwort gesucht.

3.3 Wer ist ein Experte? Zur Methode der Identifikation von Probandengruppen

Bei empirischen Untersuchungen im Experten-Paradigma stellt sich zuerst die Frage, wie die Probandengruppen identifiziert werden. Üblicherweise wird dazu ein sogenanntes Außenkriterium verwendet, das sich unabhängig von der eigentlichen Untersuchung feststellen oder erheben läßt. Welches Kriterium zur Bestimmung von Experten bevorzugt wird, hängt von der Fragestellung, aber auch stark von den praktischen Möglichkeiten der Untersuchungen ab. Experten sind in der Regel viel beschäftigt und nur schwer für empirische Untersuchungen zu gewinnen. Bei Befragungen für die Konstruktion von Expertensystemen sind Experten verständlicherweise dann wenig kooperationsbereit, wenn sie befürchten müssen, langfristig überflüssig gemacht zu werden (vgl. Schraagen 1986, 56 ff.). Man ist also in Expertenstudien viel häufiger gezwungen, bei der Probandenauswahl

Kompromisse einzugehen, als es bei Experimenten der Grundlagenforschung nötig ist, die sich z.B. mit Studenten durchführen lassen. In diesem Abschnitt werden Außenkriterien, die in der Expertenforschung Verwendung finden, zusammengestellt und jeweils anschließend kommentiert.

Die Außenkriterien zur Probandenauswahl

Ausbildungsstand. In den Physikstudien werden Studenten (als Anfänger) mit Doktoranden (als Experten) verglichen, in anderen Studien fungieren die Doktoranden als Anfänger und Hochschullehrer als Experten. Den Ausbildungsstand kann man auch experimentell variieren: Schoenfeld & Hermann (1982) bezeichnen Studenten vor und nach Kursen in Mathematik als Anfänger und Experten.

Die Bezeichnung von Doktoranden als Experten oder die beschriebene Variation durch einen Kursus ist nur bei sehr einfachen Problemstellungen und begrenzten Untersuchungsfragestellungen möglich. Auf jeden Fall sollte gesichert sein, daß auch die Nicht-Experten Grundkenntnisse über den jeweiligen Problembereich besitzen. Andernfalls ließe sich ein Zusammenhang zwischen Problemlöseleistung und Wissen (bzw. zwischen fehlendem Wissen und fehlender Problemlösung) bereits analytisch feststellen. Dazu bedürfte es keiner empirischen Untersuchung. Im Experten-Paradigma interessiert in den meisten Fällen das Zusammenwirken von akademisch erworbenem Wissen mit Berufserfahrung, so daß es zweckmäßiger erscheint, wenn die Experten-Probanden wenigstens eine praktische Ausbildung haben.

Berufliche Erfolge bei wettbewerbsorientierten Problemfeldern. Wenn die zu untersuchenden Expertenleistungen schon üblicherweise in Rangreihen bewertet werden (Schachmeister, Weltrangliste der Tennisspieler, Umsatz- und Gewinnkennziffern bei Managern), lassen sich Außenkriterien leicht festlegen (aber gerade solche Experten sind besonders schwer zu gewinnen). Die Schachuntersuchungen sind dafür ein Beispiel. Daran läßt sich auch illustrieren, daß die Kontrastgruppe nicht nur Anfänger im wörtlichen Sinne sein müssen. Sowohl von de Groot (1965) als auch von Chase & Simon (1973 a,b) (vgl. Kap. 2) wurden die Großmeister mit hervorragenden Spielern verglichen.

Auch bei Berufen, bei denen es keine nationalen oder internationalen Ranglisten gibt, lassen sich teilweise gut quantifizierbare Außenkriterien finden. So identifizierte Bloom (1985) herausragende Forscher auf dem Gebiet der Neurologie u.a. anhand von Zitationshäufigkeiten (hier gibt es jedoch Kumulationseffekte, die das Bild verzerren können). Ceci & Liker (1986) fanden sehr erfolgreiche (semi-professionelle) Teilnehmer an Pferdewetten durch Erfassung ihrer richtigen Voraussagen. So, wie die Aussagekraft der bekannten Sportranglisten umstritten ist, sind derartige Kriterien natürlich ebenfalls nicht unproblematisch. Öffentliche Skalierungen (Weltranglisten etc.) beeinflussen die Artikulationswünsche und das Selbstbild des Experten. In der Regel gehen sie mit entwickelten subjektiven Vorstellungen über Ursachen und Formen des eigenen

Expertentums einher, die sich bei Untersuchungen, die auf verbale Daten angewiesen sind, als hinderlich herausstellen können.

Kollegen- und Vorgesetzten-Beurteilung. In der Studie von Elstein et al. (1978) zu Ärzten sowie in den nachfolgend (Kap. 4) beschriebenen Lehreruntersuchungen werden Experten anhand von Vorschlägen und Beurteilungen von Kollegen und Vorgesetzten ausgewählt. Dabei ist wiederum zwischen Urteilen zu unterscheiden, die eigens für die Zwecke der durchzuführenden Untersuchung erhoben werden und der Verwendung von Beurteilungen, die sowieso im Zusammenhang mit den Arbeitsabläufen gegeben werden (z.B. in der Personalakte). Derartige Beurteilungen sind natürlich häufig durch Kriterien beeinflußt, die nicht unmittelbar etwas mit solchen beruflichen Leistungen zu tun haben, wie sie den Untersucher eigentlich interessieren. Dieses Problem stellt sich besonders dann, wenn die Erfüllung der eigentlichen Aufgabe und der Umgang mit vorgesetzten Instanzen auseinanderfallen und beide Aufgaben eigentlich ganz unterschiedliche Fähigkeiten erfordern und/oder die Vorgesetzten weniger Einblick in das unmittelbare Arbeitsfeld haben (dies ist z.B. bei der Schulaufsicht häufiger der Fall).

Beurteilung durch Klienten/Schüler. In vielen Berufsbereichen besteht die Tätigkeit des Experten im Umgang mit anderen Personen. Neben der Nominierung durch Kollegen und Vorgesetzte ist auch eine Benennung von Experten und Nicht-Experten durch die Betroffenen denkbar. Für dieses Außenkriterium sind mir aus der Expertenforschung keine Beispiele bekannt. In der empirischen Unterrichtsforschung wurden z.B. Schüler befragt, um Lehrer zu identifizieren, die den Unterrichtsstoff verständlich darbieten können (Bush, Kennedy & Cruickshank 1977). Durch die unterschiedliche Rolle von Urteiler und Beurteilten innerhalb der Organisation ergeben sich allerdings möglicherweise Urteilsverzerrungen.

Leistungsmessungen im Arbeitsfeld. Neben der Nomination durch Vorgesetzte werden in Untersuchungen zu Lehrerkognitionen Lehrer durch Unterrichtsbeobachtungen und durch die Messung des Lernzuwachses ihrer Schüler als mehr oder weniger erfolgreich unterschieden. Die Expertenstudien zu Lehrerkognitionen können hier auf die Erfahrungen der Lehr-Lern-Forschung zum Unterrichtsverhalten effektiver Lehrer zurückgreifen. Üblicherweise werden dafür die Schülerleistungen auf einem bestimmten Themengebiet vor und nach einer Unterrichtseinheit mit Tests gemessen. Zudem werden, soweit möglich, Intelligenztests und unterrichtsexterne Variablen (Elternhaus der Schüler etc.) erhoben, von denen bekannt ist, daß sie den Lernerfolg der Schüler beeinflussen. Dann wird versucht abzuschätzen, welcher Anteil der Varianz des Lernzuwachses auf den Lehrer zurückzuführen ist. Wenn die sonstigen Bedingungen vergleichbar sind, lassen sich auf diese Weise Lehrer unterscheiden, die unterschiedlich erfolgreich sind.

Bei der praktischen Realisierung dieses Paradigmas ergeben sich aber viele Schwierigkeiten, z.B. durch mangelnde Instruktionssensitivität der verwendeten Tests, durch zu große Varianz der Leistungen innerhalb von Klassen oder durch die fehlende Stabilität der gemessenen Lernleistungen (vgl. Rheinberg & Minsel 1986). Die Lernleistung von Schülern ist außerdem nur ein indirekter Effekt der Tätigkeit von Lehrern. Wenn es um Lehrerkognitionen geht, ist auch eine Unterscheidung von Probandengruppen anhand von

Unterrichtsbeobachtungen denkbar (so gingen Berliner 1987 a,b, und Bromme & Steinbring 1990, vor).

Einsatz bei verwandtem Fachgebiet. Wenn man Berufsanfänger und berufserfahrene Probanden vergleicht, ergibt sich die Schwierigkeit, daß nicht nur das Wissen und die Berufserfahrung, sondern auch andere Variablen sich mit der Zeit verändert haben. Ein interessanter Ausweg besteht darin, zwei Gruppen mit verwandten Fachgebieten zu wählen und ihnen wechselseitig die Aufgaben ihres und des benachbarten Fachgebietes zu geben. So haben Joseph & Patel (1986) Kardiologen einen Fall von Nierenstörung vorgelegt, und Hashweh (1986) hat analysiert, wie Biologie- und Physik-Lehrer ein fremdes naturwissenschaftliches Fach unterrichten.

Diese Untersuchungsmethode ist besonders interessant, um die Wirkung von sehr bereichsspezifischem Wissen zu untersuchen. Außerdem ergeben sich interessante methodische Möglichkeiten dadurch, daß die gleichen Probanden sowohl als Experten (in ihrem Fachgebiet) als auch als Nicht-Experten (in den Nachbargebieten) eingesetzt werden können.

Dauer der Berufstätigkeit. In Studien, in denen es vor allem um die Veränderung des professionellen Wissens unter dem Einfluß von praktischen Erfahrungen geht, ist es auch möglich, die Dauer der Berufstätigkeit als Kriterium zu verwenden. Selbstverständlich kann von einer langen Berufserfahrung nicht auf besonders gute berufliche Leistungen geschlossen werden. Dennoch handelt es sich hier um ein geeignetes Maß der Identifizierung interessanter Gruppen zur Untersuchung von Lehrerkognitionen, wenn es darum geht, den Zusammenhang von beruflicher Anforderung und professionellem Wissen und Denken zu analysieren. Dann muß nur sichergestellt werden, daß die Probanden der Expertengruppe ausreichend mit diesen Anforderungen konfrontiert waren. Außerdem ist die Länge der Berufserfahrung eine einfach und reliabel zu erhebende Variable. Zu bedenken ist jedoch, daß bei den hier interessierenden Variablen des Wissens und Könnens in der Regel keine linearen Veränderungen über die Zeit hinweg unterstellt werden dürfen.

Qualität der Berufserfahrung. Nicht nur die zeitliche Erstreckung der Berufstätigkeit, sondern auch, was man in dieser Zeit tun muß und welche Arbeitsumgebung man hat, dürfte einen wesentlichen Einfluß auf die Entwicklung und den Gebrauch des professionellen Wissens haben. Nettles (1984, zitiert nach Hixon 1987) hat einen standardisierten Fragebogen entwickelt, mit dem man die Qualität der Berufserfahrung von Lungenfachärzten erheben kann (Work-Experience Inventory). Die Probanden geben an, ob ihre Tätigkeit Leitungsfunktionen enthielt, welche Konsequenzen Fehler ihrer Arbeit hatten, beurteilen das Arbeitsklima und beschreiben die Inhalte ihrer Tätigkeit mit Hilfe vorgegebener Items. Hixon (1987) berichtet von Zusammenhängen zwischen der so gemessenen Arbeitserfahrung mit der Qualität ärztlicher Entscheidungen. Gegenüber der Messung der bloßen Dauer der Berufserfahrung ist dieses Verfahren natürlich aufschlußreicher. Ein Nachteil besteht jedoch darin, daß die Selbstauskünfte zur Berufserfahrung die zu untersuchenden kognitiven Prozesse der Experten beeinflussen können.

Welches Außenkriterium ist geeignet? Es ist offensichtlich, daß es kein Verfahren gibt, welches in allen Fällen angemessen ist oder bei dem sich keine Schwierigkeiten zeigen. In verschiedenen Expertenstudien finden sich deshalb Kombinationen der beschriebenen Verfahren. So wählte Berliner (1987 a,b) die von ihm untersuchten Lehrer durch Unterrichtsbeobachtungen aus einer Gruppe aus, die auf Grund von Vorgesetzten-Beurteilungen identifiziert wurde (siehe Kap. 4).

Einige der oben geschilderten Einwände gegen Auswahlkriterien für Experten werden dadurch relativiert, daß es häufig nur darum geht, Extrem-Gruppen zu identifizieren, bei denen reliable und valide Urteile meist leichter zu erreichen sind als im Mittelbereich der Verteilung von Kompetenz- oder Erfolgsurteilen.

In einigen Studien wird auch ex post der Erfolg bei der Problembearbeitung zur Bildung von Kontrastgruppen benutzt (z.B. Dörner et al. 1983, Elstein et al. 1978). Kombiniert mit anderen Außenkriterien kann dies eine nützliche Strategie sei.

Zusammenfassung und Schlußfolgerungen

Welche Fragestellungen und welche forschungsleitenden Annahmen machen den 'Expertenansatz' aus? Derzeit lassen sich zwei unterschiedliche Forschungsschwerpunkte identifizieren: Zum einen die Analyse der Bedingungen von individuellen Spitzenleistungen und zum anderen die Untersuchung von Wissensstrukturen, die für semantisch reichhaltige Aufgaben gebraucht werden. Die hier vorliegende Arbeit knüpft an diese zweite Forschungslinie an; die im voranstehenden 2. Kapitel beschriebenen Untersuchungen (Schach, Physik, Medizin) gehören zu dieser Forschungslinie. Die Fragestellung richtet sich vor allem auf die Beziehung von Anforderungen (oder task environment) und Wissensstrukturen, nicht auf den Vergleich von Anfängern und Experten.

Die meisten Ergebnisse dieser Studien beziehen sich auf die rasche Problemwahrnehmung, die eines der konstitutiven Forschungsthemen des Expertenansatzes bildet. In den Expertenstudien wird mit dem Begriff der Problemwahrnehmung nicht nur die unmittelbare (visuelle) Wahrnehmung bezeichnet, sondern auch die rasche Entwicklung des Problemverständnisses bei Experten hervorgehoben. Für diese Form der Anwendung von Expertenwissen wurde hier nun der Begriff der kategorialen Wahrnehmung eingeführt.

Nicht nur die Frage nach der Problemwahrnehmung, sondern auch ein bestimmtes Wissensbild kennzeichnen den Expertenansatz. Folgende Merkmale des Expertenwissens werden in den vorliegenden Studien angenommen: Ein quantitativer Unterschied, d.h. mehr Wissen bei Experten als bei Nicht-Experten, sachlich richtiges (der Aufgabe angemessenes) Wissen, abstraktere Begriffe, höhere Kohärenz des Wissens, fall- und situationsspezifische Organisation des Wissens und die Proceduralisierung des Wissens (d.h. Entwicklung von wenn-dann-Regeln). Die Merkmale überschneiden sich teilweise, z.T. beinhalten sie auch deutlich unterschiedliche Akzentsetzungen bei den Hypothesen über das Besondere des Expertenwissens. Allen Merkmalen ist jedoch gemeinsam, daß sie jeweils die Inhalte, d.h. den semantischen Gehalt des Expertenwissens betreffen. In den weiteren Kapiteln wird es darum gehen, die Merkmale auszufüllen, d.h. etwa am Beispiel des Lehrerwissens zu untersuchen, was es bedeuteten kann, daß ein Experte mehr weiß als ein Nicht-Experte.

Das hier aus den vorliegenden Studien rekonstruierte Wissensbild ist an dem Bild wissenschaftlicher Theorien orientiert und die empirische Frage nach den Besonderheiten der kognitiven Repräsentation des Fachwissens durch die Experten stellt sich damit gar nicht, bzw. sie reduziert sich auf die Frage nach dem Grad der Annäherung des Expertenwissens an einen kohärenten Kanon wissenschaftlichen Fachwissens. Damit bleibt die psychologische Frage nach den Besonderheiten des professionellen Wissens von Experten jedoch unbeantwortet. Dies wird bei der bisherigen Expertenforschung (sensu Glaser und Mitarbeitern) auch dadurch verursacht, daß eigentlich alles Wissen und Können, wenn es denn nur deutlich besser als bei einer Vergleichsgruppe zu beobachten ist, als Expertenwissen bzw. als Expertise bezeichnet wird.

Im Unterschied dazu wird nun hier eine Fokussierung des Expertenansatzes auf berufliches Wissen und berufsbezogene Tätigkeiten vorgeschlagen, um so gerade die Besonderheiten des professionellen Wissens empirisch und theoretisch erfassen zu können, um den Begriff der Anforderungen präzisieren zu können, und um auch das Phänomen der Wissensanwendung durch die kategoriale Wahrnehmung der Experten besser eingrenzen zu können. Da die bisherige Expertenforschung gerade die Bedeutung der Inhalte des Wissens für den Erfolg der Experten herausgearbeitet hat, liegt die Schlußfolgerung nahe, daß auch die psychologische Analyse dieses Wissens nicht völlig inhaltsunspezifisch erfolgen kann. Die Fokussierung des Expertenansatzes auf die Analyse des professionellen Wissens und Handelns bietet die Möglichkeit, die Inhalte des Wissens zu berücksichtigen.

Obgleich also die hier vorgeschlagene Fokussierung des Expertenansatzes in der Beschreibung dieses Ansatzes durch Glaser (z.B. 1985) nicht enthalten ist, ist sie m.E. eine Konsequenz aus seinen Befunden zu der entscheidenden Bedeutung der Inhalte des Wissens.

Wie definiert man, wer ein Experte ist? Die Frage wird im dritten Teil dieses Kapitels behandelt. Die Methoden der Expertenbestimmung anhand eines Außenkriteriums unterscheiden sich in den hier behandelten Studien erheblich. Wenn in diesem Text von Experten gesprochen wird, dann immer im Sinne der jeweiligen Untersuchung. Bei allen Unterschieden haben die meisten Untersuchungen doch gemeinsam, daß sie als Experten jemanden bezeichnen, der nach längerer Ausbildung und mit praktischer Berufserfahrung arbeitet. Die Studien erlauben daher nur Aussagen über die Eigenheiten des Expertenwissens und -denkens im Vergleich zu Personen, die erst am Anfang einer solchen Ausbildung stehen oder denen die Berufserfahrung fehlt. Nur in wenigen Fällen geht es wirklich um herausragende Leistungen von Probanden, die sie aus einer Gruppe von Personen gleicher Ausbildung und Berufserfahrung deutlich herausheben.

Die verschiedenen Außenkriterien (Berufserfahrung, Ausbildung, Kollegenbeurteilung usw.) sind je nach Untersuchungsfragestellung unterschiedlich nützlich. In vielen Untersuchungen findet sich eine Kombination mehrerer Außenkriterien. Außerdem ist ein Trend erkennbar, über die Gegenüberstellung von nur zwei Probandengruppen hinauszugehen. Die Anforderungen an Experten und Nicht-Experten unterscheiden sich subjektiv

50

und in einigen Fällen auch objektiv (die Schüler verhalten sich bei Anfängern anders) erheblich. Ein unmittelbarer Vergleich der Leistungen ist also nicht möglich. Die empirisch gefundenen Formen des Umgangs mit den jeweiligen Anforderungen bei den unterschiedlichen Probandengruppen sind nur theoretisch aufeinander zu beziehen.

4 Expertenstudien mit Lehrern

In diesem Kapitel werden zwei Expertenstudien zu Lehrern vorgestellt. Damit sind Studien gemeint, die theoretisch und methodisch in der Tradition der wissensorientierten Expertenforschung stehen, d. h. die
- die Anforderungsanalyse und die Analyse des Denkens und Wissens kontrastieren,
- die Erklärung professioneller Leistungsunterschiede vor allem im Wissen suchen,
- Probanden mit unterschiedlichem Erfolg bei der Bewältigung definierter Aufgaben oder Probanden mit unterschiedlichem Ausmaß an Erfahrung oder Ausbildungsstand vergleichen.

Diese zwei Expertenstudien zu Lehrern werden ausführlich geschildert, um zu verdeutlichen, wie eine Übertragung der Untersuchungsanordnungen und der theoretischen Annahmen der Expertenforschung auf die Untersuchung des Denkens und Wissens von Lehrern aussehen kann.

In den Expertenstudien von Berliner und Mitarbeitern wird die interpretierende Wahrnehmung zwischen Experten und Anfängern verglichen (Kap. 4.1). Danach werden mit den Untersuchungen von Leinhardt und Mitarbeitern Expertenstudien vorgestellt (Kap. 4.2), die das unterrichtliche Handeln und die dabei auftretenden Anforderungen an Lehrer behandeln.

Beide Arbeitsgruppen diskutieren nur die Gemeinsamkeiten mit den Expertenstudien zu anderen Berufsfeldern, nicht aber die Unterschiede, die sich aus der Spezifik des Lehrerberufes ergeben. Allerdings wird bei Leinhardt und Mitarbeitern eine Erweiterung der theoretischen Annahmen über Expertenwissen vorgenommen, während Berliner seine Daten strikt im Rahmen des Wissensbildes der Physikexpertenstudien von Glaser und Mitarbeitern (siehe Kap. 2.1) interpretiert (Berliner 1990).

4.1 Die Situationswahrnehmung erfahrener Lehrer - Die Expertenstudien von Berliner und Mitarbeitern

Berliner und Mitarbeiter (Berliner & Carter 1986, Berliner 1987 a,b, Berliner, Stein, Sabers, Clarridge, Cushing & Pinnegar 1988) untersuchten die kognitive Verarbeitung von photographierten Unterrichtssituationen und von schriftlichen Informationen über Schüler bei 'Experten', 'Anfängern' und bei 'Anwärtern'. Die Experten wurden so bestimmt: Schuldirektoren benannten - aus ihrer Sicht - herausragende Lehrer, die anschließend von drei Projektmitarbeitern im Unterricht beobachtet und unabhängig voneinander beurteilt wurden. Dadurch kam eine Auswahl von 17 Lehrern aus 55 Vorschlägen zusammen. Es waren alles Lehrer mit wenigstens 5 Jahren Berufstätigkeit. Lehrer im ersten Berufsjahr, die in der Lehrerausbildung gute Beurteilungen erhalten hatten, wurden als Anfänger untersucht. Die Anwärter waren Naturwissenschaftler und Ingenieure ohne pädagogische Ausbildung, die sich für den Lehrerberuf interessierten. [1]

a) Wahrnehmung von Unterrichtssituationen

Eine Untersuchungsserie begann mit einer experimentellen Anordnung, die der von de Groot (1965) und von Chase & Simon (1973 a,b) zur Erinnerung an Schachpositionen ähnelte (siehe oben Kap. 2.1). Berliner & Carter (1986) fertigten Dias von Unterrichtssituationen aus einer Chemiestunde und einer Mathematikstunde (Sekundarstufe I) an. Die Bilder zeigten z. B. Schülergruppen bei der Arbeit. Die Bilder wurden je eine Sekunde gezeigt und die Probanden mußten anschließend das dort Gesehene beschreiben. Alle Probanden gaben recht exakte Beschreibungen, jedoch unterschied sich der Allgemeinheitsgrad der Wiedergabe. Die Anfänger und Anwärter gaben beobachtbare Details der Bilder wieder, wie z. B. die Haarfarbe, das Geschlecht und die genaue räumliche Anordnung der Schüler im Klassenzimmer. Einige der Experten-Lehrer antworteten in Allgemeinbegriffen, die die vermutete Unterrichtsmethode während der photographierten Stunde beschrieben. Diese Experten sahen eine Gruppenarbeit, wo die Anfänger nur Schüler, die miteinander reden, sahen. Der Begriff der Schülerarbeit strukturierte die Wiedergabe der gesehenen Bilder. Die Schüler und ihre Arbeitsaktivitäten standen nur bei den Experten im Mittelpunkt der Erinnerungen. Die Anwärter nannten demgegenüber auch die Unterrichtsmaterialien, die Raumgestaltung usw.

Im nächsten Experiment wurden die Bilder jeweils drei Sekunden gezeigt und die Darbietung in drei Durchgängen wiederholt. Die Probanden hatten die Aufgabe, das Gesehene aufzuschreiben und bei jedem Durchgang zu ergänzen. Die Bemerkungen der Experten bezogen sich bei diesem Experiment darauf, ob die abgebildeten Situationen typisch oder untypisch waren, wobei die untypischen ausführlicher kommentiert wurden. Den Kommentaren lagen eigene Erfahrungen zugrunde. Ein Beispiel: "The main thing that I noticed is that the teacher was among the students and consequently we had better attention. Because I find that the closer I get to my students, the better attention I get among them when I discuss something among them rather than from a lecture point" (Berliner & Carter 1986, 11-12). Die Experten entwickelten also Vermutungen, was in dem photographierten Unterricht gerade passiert sein könnte. Und sie bezogen diese Vermutungen häufig auf ihre eigenen Erfahrungen und auf vermutete Wenn-dann-Beziehungen von Situationen, Ereignissen und Maßnahmen. Die Autoren deuten die Ergebnisse als Hinweis auf eine Organisation des Erfahrungswissens um typische Ereignisse des Unterrichts.

---

1 Die 'Anwärter' mit fachlicher Ausbildung (in der Disziplin des Unterrichtsthemas) und Berufserfahrung sind nicht nur aus Forschungsgründen in das Projekt einbezogen. Es handelte sich um Personen, die im Rahmen von Programmen zur Behebung des Lehrermangels tatsächlich in den Schuldienst eingestellt werden sollten (vergleichbar den 'Mikat-Lehrern' der 60er Jahre in der Bundesrepublik).

Die Beobachtungen bestätigten sich auch in dem dritten Untersuchungsschritt. Eine Abfolge von 50 Dias, die einen Unterrichtsablauf zeigte, sollte interpretiert werden ('tell me a story'). Von den Experten wurden typische Ereignisse gesehen und kommentiert, z. B. kleine Störungen, unaufmerksame Schüler, Gruppenarbeit mit großen Gruppen.

Die Unterschiede zwischen den Gruppen verschiedener Erfahrungsstufen führen die Autoren auf deren unterschiedliches Wissen über typische Unterrichtsabläufe zurück (wobei sie mit Wissen sowohl theoretisches als auch Erfahrungswissen meinen). Zwischen den Gruppen gab es deutliche Unterschiede bei der kognitiven Gliederung des Unterrichtsgeschehens. Dies zeigte sich in dem vierten Versuch, in dem die Experten bei einer Diaserie selbst die Vorführung stoppen und kommentieren konnten. Die Experten stimmten untereinander besser darin überein, welche Aspekte des Unterrichtes sie kommentierten (Aufmerksamkeit, Zeit, Abfolge) und wie ein bestimmtes Bild zu interpretieren war (bedeutet es, daß der Schüler gerade gut oder gerade schlecht mitarbeitet?). Allerdings weisen Berliner & Carter (1986, 9) darauf hin, daß es neben den Unterschieden zwischen den Gruppen von Experten, Anfängern und Anwärtern große interindividuelle Variationen innerhalb der Gruppen gab.

Hier zeigt sich m. E. eine Grenze der Übertragbarkeit des Untersuchungsparadigmas von de Groot. Die Bilder allein enthalten nicht genug Informationen, so daß sich die Unterschiede im Wissen der Probandengruppen gar nicht deutlich auswirken können. So sind Schwierigkeiten der Unterrichtsführung auf Bildern nicht so deutlich sichtbar zu machen. Auch Schwierigkeiten, die den Unterrichtsinhalt betreffen, können auf Dias ohne Text nur sehr schwer dargestellt werden.

b) Verarbeitung schriftlicher Informationen über Schüler, die Klasse und den bisherigen Unterrichtsablauf

In einer weiteren Studie (Carter, Sabers, Cushing, Pinnegar & Berliner 1987) verwendeten Berliner und Mitarbeiter eine andere Untersuchungsanordnung. Folgende Situation wurde simuliert: Den Probanden wurde gesagt, eine Lehrerin sei plötzlich mitten im Schuljahr ausgefallen und sie sollten die Klasse übernehmen und fortführen. Aus schriftlich vorgegebenen Informationen über einzelne Schüler und den bisherigen Unterricht sollte die Übernahme der neuen Klasse vorbereitet werden. Die Lehrer bekamen Karten mit Schülerdaten (Noten, Anwesenheit, Kommentare der vorhergehenden Lehrerin, demographische Daten), außerdem erhielten sie Tests, das Lehrbuch der Klasse und Aufgabenblätter. Innerhalb von 40 Minuten sollten die Probanden nun ihren Unterricht vorbereiten, danach Auskunft zu den Schülern geben, diese gruppieren und einen Sitzplan entwerfen.

Einige Ergebnisse: Die Anfänger und die Experten ähnelten sich darin, daß sie ein detailliertes Studium der Informationen zu einzelnen Schülern ablehnten. Jedoch unterschieden sich ihre Gründe dafür.

54

Die Anfänger wollten sich lieber ihr eigenes Urteil bilden, weil sie den Schülern ohne Vorurteile gegenübertreten wollten. Die Experten verwiesen darauf, daß sie in der ersten Stunde eine ganz andere Aufgabe hätten, als sich mit einzelnen Schülern zu beschäftigen. Es ginge hier vielmehr erst darum, sich selbst vorzustellen und den Schülern ihre Erwartungen über den üblichen Unterrichtsablauf zu vermitteln. Ihr Wissen über das, was für den Unterricht in den ersten Wochen nötig war, bestimmte ihre Rezeption der Informationen über die Schüler. Sie nannten also unterrichtspraktische Gründe für die Ablehnung, sich mit den Daten einzelner Schüler näher zu befassen.

Zu der Auffassung der Experten von den Notwendigkeiten der Klassenführung gehörte, sich ein Bild über die Klasse als Einheit zu machen. Die Informationen über einzelne Schüler wurden zu einem Gesamtbild der Klasse verschmolzen. Die Experten kommentierten, in welcher Hinsicht es sich um eine typische Klasse handelte. Ein Experte: "Some of the students were shy and you had your usual variety" (Berliner & Carter 1986, 25).

Die Anwärter ordneten dagegen die Schüler in Gruppen, z. B. bildeten sie Gruppen von Schülern, die Disziplinprobleme erwarten ließen und deshalb beachtet werden sollten. Die Kommentare aller Probanden zu den Schülerinformationen enthielten Begriffe, wie sie auch in empirischen Studien zu Schülerkategorisierung und impliziten Theorien gefunden worden waren, z. B. 'der gute Schüler' oder 'der schüchterne Schüler' (Hofer 1969). Diese Begriffe hatten für die Experten jedoch eine andere Bedeutung als für die beiden anderen Probandengruppen. Die Experten verbanden mit diesen Begriffen Vorstellungen über typische Ereignisse und über mögliche eigene Verhaltensweisen gegenüber den Schülern. Bei den Anwärtern dagegen gab es vor allem die Tendenz, die Menge der Schüler in Gruppen zu teilen, ohne daß die Kategorisierung mit Prozeß- und Handlungsvorstellungen verknüpft war.

Insgesamt galt die Aufmerksamkeit der Experten stärker dem Fachinhalt, als dies bei den anderen Gruppen der Fall war. Die Experten befaßten sich z. B. ausführlich mit dem erreichten Stand der Erarbeitung des Stoffes und mit den - eher fachdidaktischen - Techniken, die sie bei der Vorgängerin vermuteten, deren Klasse sie nun übernehmen sollten. Sie zeigten auch ein stärkeres Interesse an den Inhalten der Hausaufgaben und der Tests als die Vergleichsgruppen. Von den Anwärtern berichten Berliner & Carter (1986) demgegenüber, daß sie am wenigsten die Aufgabe der Unterrichtsgestaltung als Ganzes im Blick hatten; sie sahen den weiteren Unterricht viel stärker in Bezug darauf, wie sie sich gegenüber den einzelnen Schülern verhalten sollten.

Zum Abschluß dieser Untersuchung wurde die Erinnerung der Probanden an das bearbeitete Material überprüft, indem ihnen spezielle Fragen zu einzelnen Schülern und zur Klassenzusammensetzung vorgelegt wurden. Insgesamt erwiesen sich die Anfänger und die Anwärter als überlegen, d. h. sie erinnerten sich nach der Bearbeitung des Materials an viel mehr Fakten über einzelne Schüler. Sie konnten auch mehr Details über die Klassenzusammensetzung nach Geschlecht und nach Herkunft der Schüler wiedergeben. Die Experten erinnerten sich demgegenüber nur schlecht an diese Details des ihnen vorgelegten Materials. Bei einer solchen Frage wies ein Experten-Lehrer darauf hin, er verwende diese Fakten nicht und habe sie deshalb auch nicht behalten. Nur bei der Frage nach der Klassenstärke und nach einem speziellen Schüler mit einer Lernbehinderung wußten die meisten Experten die Antwort. Beides sind Fakten, die für die Unterrichtsgestaltung unmittelbar bedeutsam sind, während die demographischen Daten Sachverhalte betreffen, die sich nur indirekt auf den Unterricht auswirken.

Die Anwärter waren bemüht, keine der ihnen zur Verfügung gestellten Informationen zu vernachlässigen. Jedoch äußerten sie bei der Vorbereitung häufiger die Befürchtung, die Komplexität des Unterrichtes nicht bewältigen zu können, während die Experten mehr Sicherheit ausdrückten, mit der zu übernehmenden Klasse umgehen zu können. Berliner und Mitarbeiter folgern daraus, daß die Anfänger und Anwärter nach der Durcharbeitung der Informationen zwar mehr im Gedächtnis behielten als die Experten, aber weniger zwischen wichtigen und unwichtigen Informationen für ihre Aufgabe des Unterrichtens differenzieren konnten. Eine ähnliche Beobachtung war auch bei erfahrenen Ärzten gemacht worden (siehe Kap. 2.3).

Die Experten betonten auch die Notwendigkeit, sich durch eigene Erfahrung im Klassenzimmer ein persönliches Bild von den Schülern zu machen und sich deshalb nicht auf die schriftlichen Informationen zu verlassen. Anders als bei den Anfängern war dies aber nicht durch moralische Bedenken gegen die Übernahme von fremden Urteilen begründet. Die Experten sprachen von dem 'Gefühl', das sie für die Schüler und die Situation entwickeln müßten. Diese Kommentare drücken den Ereignis- und Handlungsbezug der Begriffe über Schüler aus. Der semantische Gehalt der Begriffe ist an einen unterrichtlichen Kontext gebunden. Der Kontext muß als konkrete Situation erst noch einmal erlebt werden, bevor z. B. die Charakterisierung 'schüchterner Schüler' überhaupt einen Sinn macht.

Daß die vorgegebenen Informationen über fremde Schüler nicht sehr nützlich sind, wenn man sie nicht selbst persönlich in konkreten Situationen erlebt hat, formulierten die Probanden in einem weiteren Laborexperiment, in dem sie den Unterricht in einer für sie fremden Klasse übernehmen sollten (Berliner, Stein, Sabers, Clarridge, Cushing & Pinnegar 1988). Die erfahrenen Lehrer monierten, daß sie die konkrete Klasse kennen müßten, um sich angemessen vorbereiten zu können, und daß ihr Können von ihrer Erfahrung mit der Klasse abhinge. Die hier untersuchten Lehrer hatten also selbst die Überzeugung, daß ihr allgemeines Wissen und Können erst durch das Erleben der neuen Situation konkretisiert werden muß. "Teachers, like other experts, excel mainly in their own rather narrowly constricted, contextually bound domain" (Berliner 1990, 7).

c) Unterschiede in der kategorialen Wahrnehmung: Experten sehen andere Zusammenhänge als Anfänger

Die kategoriale Wahrnehmung der auf den Dias gesehenen Ereignisse war bei Experten, Anfängern und Anwärtern unterschiedlich. Der Unterschied in der kognitiven Gliederung besteht nicht nur in anderen Bezeichnungen für gleiche Sachverhalte (wie es bei 'Schüler sprechen miteinander' vs. 'Gruppenarbeit' der Fall ist). Vielmehr beinhalten Unterschiede in der kognitiven Gliederung auch den Einbezug anderer Situationselemente. Die 'kategorialen Schnitte' durch die Bilder bzw. schriftlichen Informationen werden von den Experten anders gezogen als von den anderen Probanden (z. B. Elemente der Raumausstattung bei den Anwärtern gegenüber Schülerarbeit bei den Experten).

Die Experten hatten eine klare Vorstellung von ihrer Aufgabe bei der Übernahme der Klasse. Sie sahen die Notwendigkeit der Etablierung bestimmter Verhaltensmuster und konzentrierten sich auf die Analyse des bisher unterrichteten Fachinhaltes. Insoweit sahen sie die vor ihnen liegenden Probleme anders als die Probanden der Vergleichsgruppen. Dies deutet auf qualitativ anderes Wissen über die Notwendigkeiten der Klassenführung und der Stoffvermittlung hin. Dieses Wissen umfaßt außerdem mehr Teilziele und Schritte, die zur Erfüllung der Aufgabe des Unterrichtens erforderlich sind.

d) Ergebnisse anderer Untersuchungen

Unterschiede in der kognitiven Gliederung des Gesehenen bei Experten und Anfängern haben auch andere Untersuchungen gezeigt. Doyle (1977) beobachtete 58 Lehreranfänger in ihrer Entwicklung zu erfolgreichen und weniger erfolgreichen Lehrern. Bezüglich der erfolgreichen Lehrer kam er zu dem Ergebnis, daß sie Begriffe über ihre Schüler entwickelten, die es ihnen erlaubten, die Schüler danach zu unterscheiden, ob sie möglicherweise den Unterrichtsfluß unterbrechen könnten und welche Fertigkeiten sie bezüglich des Stoffes hatten."They (die erfolgreichen Lehrer, R.B.) seemed to know that the movement of some students around the room to secure supplies or sharpen pencils could be ignored whereas the movement of other students required careful monitoring. Similarly, successful teachers learned to judge content in terms of how students would react to it and how difficult it would be to implement in the classroom, in contrast to those who retained purely academic criteria for content adequacy. In sum, successful student teachers transformed the complexity of the environment into a conceptual system that enabled them to interpret discrete events and anticipate the direction and flow of classroom activity. In addition, they learned to make rapid judgments about the meaning and consequences of events and to act decisively" (Doyle 1977, 54).

Ähnliche Ergebnisse berichtet auch Calderhead (1981, 1983) vom Vergleich erfahrener Lehrer mit Anfängern. Er gab unerfahrenen und erfahrenen Lehrern Beschreibungen von Situationen im Klassenzimmer, z.B. von der Störung einer Stillarbeitsphase durch einen Schüler. Er fragte dann die Lehrer, welche weiteren Informationen sie benötigten, um die Situation beurteilen zu können und Entscheidungen über Maßnahmen zu treffen. Die berufserfahrenen Lehrer fragten nach dem Typ des Schülers, von dem die Störung ausgehe, ob es der Klassenclown sei, ob der Schüler mit der Aufgabe nicht zurechtkomme etc., während die unerfahrenen Lehrer z. B. angaben, daß sie ihre Intervention von dem Grad der Lautstärke abhängig machen würden. Ihnen standen weniger

Differenzierungen zwischen Schülertypen zur Verfügung, die funktional mit der Auswahl einer Maßnahme zur Aufrechterhaltung von Ruhe verbunden sind. Wiederum zeigt sich eine Parallele zu der funktionalen und problembezogenen Organisation des Wissens von Experten beim Problemlösen.

Morine & Vallance (1975) befragten Lehrer, die als unterschiedlich effektiv eingestuft worden waren, nach dem Unterricht anhand einer Videoaufzeichnung des Unterrichtsablaufes zu ihren Überlegungen. Die weniger erfolgreichen Lehrer nannten mehr(!) Aspekte, die ihren Entscheidungen zugrundelagen, als die erfolgreichen Lehrer; ein Befund, der ebenfalls auf die Fähigkeit der Experten hindeutet, zwischen wichtigen und unwichtigen Aspekten einer Problemsituation zu unterscheiden. Peterson & Comeaux (1987) führten 10 erfahrenen Oberstufenlehrern und 10 Lehrerstudenten Filmausschnitte von (fremden) Unterrichtsszenen vor und befragten sie anschließend nach ihren Erinnerungen. Sie fanden den aus den Schachstudien bereits bekannten Effekt einer besseren Erinnerung bei den erfahrenen Lehrern. Allerdings waren die erfahrenen Lehrer auch in der Sprachfähigkeit (verbal ability) den Anfängern überlegen, und es ist nicht auszuschließen, daß dieser Unterschied die verbale Reproduktion der gesehenen Filmszenen mitbeeinflußt hat. In einem zweiten Untersuchungsschritt wurden die Filmszenen dann erneut vorgeführt und es wurde gefragt, ob man mögliche Eingriffspunkte gesehen habe, bei denen ein anderes Lehrerverhalten auch zu anderen Folgen geführt hätte (die Filmausschnitte zeigten Problemszenen). Die Antworten wurden bezüglich ihres Allgemeinheitsgrades ausgewertet, d. h., es wurde unterschieden zwischen Antworten, die einfach ein alternatives Lehrerverhalten vorschlugen (z. B. "Ich hätte die Papiere später ausgeteilt") und solchen, die eine didaktische Idee oder einen allgemeineren Ursache-Wirkungszusammenhang bei Unterrichtsereignissen ansprachen (z. B. "Er hätte diesen Test als Lerngelegenheit nutzen können"). Die Autoren versuchten damit, die Unterscheidung von Chi, Feltovich & Glaser (1981) zwischen der Oberfläche von Problemen und der zugrundeliegenden kausalen Problemstruktur nachzubilden. Anders als bei den Physikexperimenten gab es jedoch keinen Unterschied zwischen Experten und Anfängern in der Menge der Bezüge auf konkrete Verhaltensweisen und Details aus den Filmszenen. Allerdings nannten die erfahrenen Lehrer zusätzlich mehr von solchen allgemeineren Ideen; sie lösten sich also stärker von den Details der einzelnen Ereignisse in den Filmen, indem sie sie als Instanzen ihrer allgemeinen Konzepte erkannten. Insoweit stimmen ihre Ergebnisse mit den Befunden bei den Physikern überein.

4.2 Unterrichten aus der Perspektive der Expertenforschung: Der Ansatz von Leinhardt & Greeno

Leinhardt und ihren Kollegen geht es um eine empirisch begründete Rekonstruktion der Anforderungen an Lehrer im Unterricht - gewonnen aus der vergleichenden Betrachtung von Experten-Lehrern (siehe dazu unten) und Anfängern. Die theoretischen Annahmen und erste Ergebnisse werden von Leinhardt & Greeno (1986) dargestellt. Die Autoren sehen ihre Analyse des 'cognitive skill of teaching' als Übertragung der Problemlöseforschung, zu der Greeno wichtige Beiträge geleistet hat, auf die Unterrichtsforschung. Ihre Untersuchungen wurden in Pittsburgh am LRCD (Learning Research and Development Center) durchgeführt. Dort wurden auch die meisten der in Kapitel 2 beschriebenen Expertenstudien erstellt.

Während Berliner (1987 a,b) die experimentellen Anordnungen und die theoretischen Begriffe der Expertenforschung unbesehen zu übertragen versucht, arbeiten Leinhardt & Greeno auch an der Entwicklung eigener theoretischer Begriffe für die Analyse des Könnens und Wissens von Lehrern. Allerdings werden die Unterschiede zwischen der Situation von Lehrern und den Problemstellungen in der Expertenforschung (sensu Glaser, vgl. Kap. 2) nicht diskutiert.

Faktisch (möglicherweise unbemerkt?) zwingt ihr Untersuchungsgegenstand 'Lehrer' die Autoren zu einer Theorie-Erweiterung. Sie kommen nicht mehr nur mit Konstrukten über 'Wissen' aus, sondern müssen auch die Begriffe der 'Kompetenz' und der 'Handlungsroutinen' verwenden. Sie führen außerdem ein Konstrukt für die Verhaltenserwartungen im Unterricht ein, in dem 'Wissen' nicht nur als individueller Kognitionsinhalt, sondern auch als sozial geteiltes Interpretationsmuster verstanden wird. Allerdings haben die Autoren auch manche Verkürzungen der Expertenforschung übernommen. So erscheinen alle Probleme des Unterrichtes eindeutig lösbar - vorausgesetzt der Experte verfüge nur über das nötige Wissen und Können. Im folgenden sollen ihre theoretischen Annahmen vorgestellt werden. Anschließend werden einige empirische Ergebnisse und die erwähnte Erweiterung des Wissensbildes behandelt.

a) Drei theoretische Annahmen

Ganz im Sinne des Expertenansatzes kontrastieren die Autoren die Problemsituation, der der Experte gegenübersteht, mit einer Analyse des Handelns und Denkens des Experten. Sie beginnen deshalb mit einer Beschreibung der Situation, mit der sich der Lehrer beim Durchführen von Unterricht auseinandersetzen muß: Der Lehrer steht 20-30 Schülern gegenüber, die in der Regel sehr unterschiedliche Fähigkeiten, Interessen und Vorkenntnisse in den Unterricht mitbringen. Einerseits ist eine flexible Anpassung an die Schüler erforderlich, andererseits ist es notwendig, den jeweils gefaßten Plan des Unterrichtes so zu verfolgen, daß tatsächlich der Stoff in der zur Verfügung stehenden Zeit dargeboten, erklärt, geübt und überprüft werden kann. Nicht nur die Menge der zur Verfügung stehenden Zeit, sondern auch der Zeitpunkt einer Stunde im Schuljahr (in der relativen Lage zu Prüfungen und Ferien) ist wichtig. Außerdem bestimmt die Logik des jeweiligen Curriculums die fachbezogenen Möglichkeiten und Notwendigkeiten des Handelns. Die Schüler haben Schulkarrieren hinter sich, in deren Verlauf sie bereits Verhaltensmuster und Erwartungen über den Unterrichtsablauf entwickelt haben.

Nach Ansicht von Leinhardt & Greeno (1986) gleicht die Aufgabe des Lehrers in folgender Hinsicht den Aufgaben, die in der Expertenforschung untersucht werden:
- die Ziele und die Lösungsschritte (problem solving operators) sind nicht vollständig definiert,
- während der Bearbeitung der Aufgabe ergeben sich weitere Informationen, die zu berücksichtigen sind,
- die Anforderungssituation (task environment) ändert sich in einer Weise, die für den Lehrer nicht immer kontrollierbar ist.

Wie wird diese Situation bewältigt? Die Autoren entwickeln dazu drei theoretische Annahmen.

Die erste lautet: Der Experten-Lehrer verfügt über einen geeigneten Handlungsplan (nicht zu verwechseln mit dem Unterrichtsplan). Das unterrichtliche Handeln von Lehrern ist eine Abfolge von zielgerichteten Handlungen und Teilhandlungen, die durch Handlungspläne organisiert werden. Ein Handlungsplan besteht aus einer hierarchischen Struktur von ineinander rekursiv verschachtelten Plänen unterschiedlichen Allgemeinheitsgrades. Allgemeinere Pläne betreffen z. B. das Überprüfen von Hausaufgaben oder die Einführung eines neuen mathematischen Begriffs. Speziellere Pläne betreffen z. B. das Einsammeln von Heften oder das Sammeln von Beispielen für die Einführung eines neuen Begriffs. Solche Pläne umfassen Ziele, Unterziele, Bedingungen und Aktivitäten.

Leinhardt & Greeno (1986) verwenden Darstellungstechniken, die Sacerdoti (1977) für komplexes, zielgerichtetes Handeln entwickelt hat. Sacerdoti hebt hervor: Die Handlungspläne sind zwar hierarchisch gegliedert, eine Handlung besteht also aus Teilhandlungen; aber die Pläne sind nicht vollständig entwickelt, d. h. die Abfolge einzelner Operationen wird erst lokal, abhängig von den vorgefundenen Bedingungen bestimmt. Sacerdoti (1977, 105) bezeichnet seine Theorie der Verhaltenspläne als eine rechnergestützte Explikation der Ideen von Miller, Galanter & Pribram (1973). Leinhardt und Greeno (1986) haben dann die Grundidee der hierarchisch-sequentiellen Struktur von Handlungsplänen und der iterativen Abarbeitung von Teilplänen in problemlösetheoretische Begriffe übertragen. Ihre Darstellung ähnelt der Weiterentwicklung des Test-Operate-Test-Exit-Konzeptes (TOTE-Einheit) durch Hacker (1973) und Volpert (1974) für die Arbeitspsychologie.

Die Handlungspläne sehen Leinhardt & Greeno als Schemata kognitiv repräsentiert, die sowohl prozedurales (auf Prozesse bezogenes) wie auch deklaratives (auf Sachverhalte und Zusammenhänge bezogenes) Wissen umfassen. Das Handlungs-Schema enthält eine Handlung, mögliche Konsequenzen (eine oder mehrere) und notwendige Bedingungen. Abbildung 4.1 auf der nächsten Seite zeigt ein Beispiel.

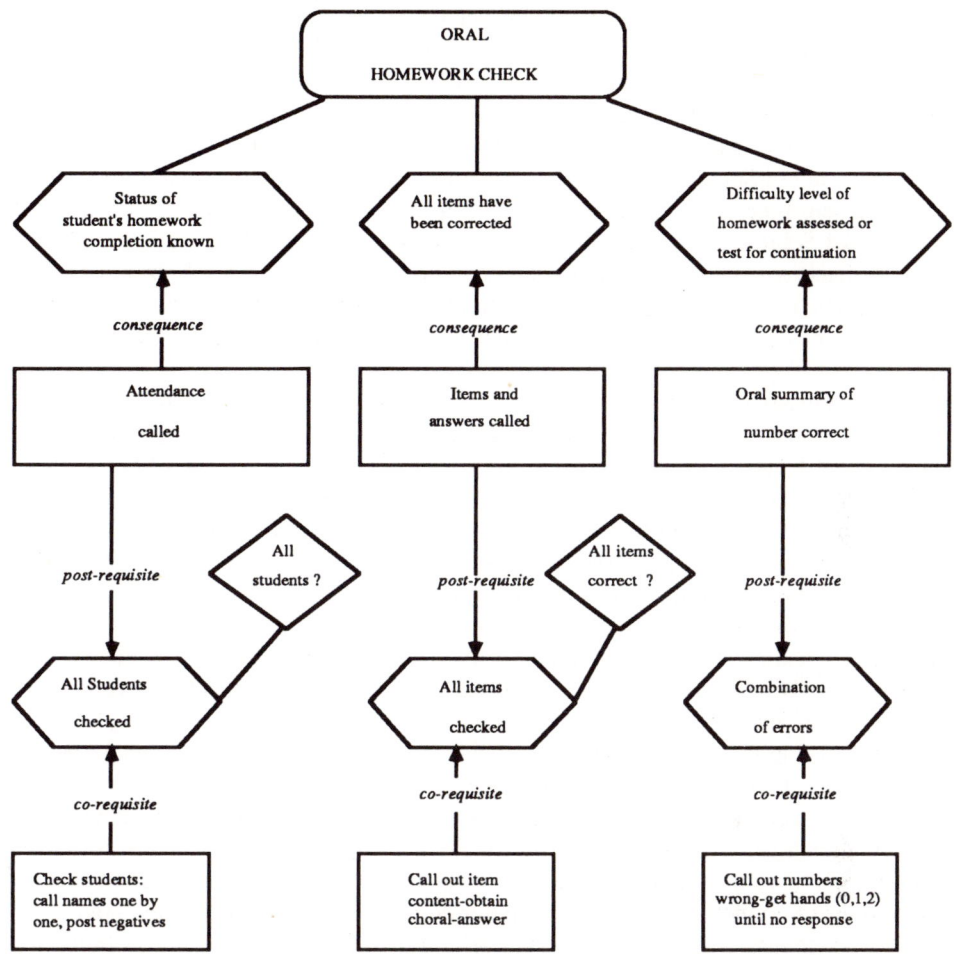

Abbildung 4.1: Handlungsplan für die mündliche Überprüfung der Hausaufgabe, aus Leinhardt & Greeno (1986, 78).

Es geht um das Handlungsschema für die mündliche Überprüfung der Hausaufgabe. Die Abbildung zeigt, daß das gleiche globale Ziel auf unterschiedlichen Wegen erreicht werden kann. Jeder dieser Wege bewirkt verschiedene Schülerverhaltensweisen, die wiederum neue Bedingungen für die Verfolgung des Zieles (Hausaufgaben zu überprüfen) schaffen. Aus diesen Bedingungen ergeben sich neue Unterziele, z. B. alle Schüler einzeln aufrufen oder alle Aufgaben kennen und Schüler, die sich melden, fragen. Ein anderes Beispiel: Um etwas Neues im Unterricht einzuführen, will ein Lehrer sicherstellen, daß die Schüler sich die bereits gelernten Definitionen vergegenwärtigen. Er

61

kann sie dazu selbst anführen oder einen Schüler wiederholen lassen. Wiederholt er sie selbst, so behält er den Ablauf selbst in der Hand. Allerdings muß auch die Bedingung ('corequisite') 'Schüler sind aufmerksam' erfüllt sein. Selbst etwas zu sagen, hält den Unterricht in Gang und geht in der Regel schneller, als wenn ein Schüler die Definition nennt. Andererseits könnte die Einbeziehung eines Schülers bewirken, daß dieser und ggf. auch andere Schüler aufmerksamer werden als vorher. Diese Situation ist ein Beispiel für den dynamischen Charakter des Unterrichtens. Der Lehrer kann nicht sicher sein, ob der Schüler tatsächlich etwas weiß und muß dann je nach Ereignis verschiedene neue Teilziele setzen. Außerdem verdeutlicht das Beispiel, daß eine Vielzahl von Zielen und Teilzielen möglich ist, zwischen denen ein Lehrer Schwerpunkte zu setzen hat. Die Ziele sind z. T. inkompatibel, sie können deshalb nur zeitlich nacheinander verfolgt werden.

Die zweite theoretische Annahme betrifft die lokale Entfaltung von Schemata. Betrachtet man die möglichen Ereignisse, Ziele und situativen Bedingungen des Lehrerhandelns im Klassenzimmer auf diese Weise im Detail, dann ist - vom Standpunkt des Beobachters aus - eine große Komplexität der Situation zu erkennen. Jedoch ist unwahrscheinlich, daß für alle diese Verzweigungen fertige Schemata bestehen und Entscheidungen zwischen Alternativen bewußt abgewogen werden. Auch empirische Befunde sprechen dagegen, worauf in Kap. 8 noch genauer eingegangen wird.

Wie wird die kognitive Bewältigung der Komplexität erklärt? Leinhardt & Greeno (1986) sehen die Antwort in der unterschiedlichen Detailliertheit der Schemata für Handlungen. Die Details werden - jeweils erst adhoc - im einzelnen erinnert. Erfahrene Lehrer haben kurz vor dem Unterricht nur eine grobe Vorstellung über den Unterrichtsablauf und die zu behandelnden Unterrichtsinhalte. Leinhardt & Greeno bezeichnen diese Vorstellung zum Ablauf als 'agenda'. Die agenda wird dann vor Ort und zum jeweiligen Zeitpunkt detaillierter entfaltet, sie enthält viele Leerstellen und auch Punkte, an denen noch Entscheidungen über das weitere Vorgehen möglich sind. Zum gegebenen Zeitpunkt werden dann Schemata über Unterrichtsaktivitäten und individuelle Verhaltensmuster erinnert, die in der agenda nur durch Stichworte repräsentiert sind.

Die Schemata für das Unterrichtshandeln brauchen auch aus einem anderen Grund nicht detailliert zu sein: Da die Schüler z. T. auch selber wissen, wie der Unterricht abläuft, muß der Lehrer gar nicht alle Schritte des Unterrichtsablaufs im Kopf haben.

Die dritte theoretische Annahme betrifft also die sozial eingeübten Verhaltensmuster von Lehrern und Schülern, die als 'activity structures' bezeichnet werden. Zum Beispiel kann der Ablauf einer Kopfrechenübung zu Anfang einer jeden Mathematikstunde ein solches Verhaltensmuster sein. Der Lehrer ruft zwei Zahlen und die Schüler wissen, in welcher Reihenfolge sie antworten sollen. Auch das Austeilen von Unterrichtsmaterialien oder der Ablauf von Unterrichtsgesprächen folgt derartigen stabilen Mustern, sofern es gelungen ist, diese in einer Klasse erst einmal einzuüben.

b) Die empirischen Untersuchungen

Als Experten wurden Lehrer mit Hilfe der in den USA üblichen landesweit einge-setzten standardisierten Schulleistungstests identifiziert. Es gab ein zweistufiges Aus-wahlkriterium: Im ersten Schritt wurde der Lernzuwachs der Schüler in allen einbezo-genen Grundschulklassen (1.-5. Schuljahr) über 5 Jahre hinweg erhoben. Daraus wurden die Klassen ausgewählt, die zu den 15% mit dem größten Lernzuwachs gehörten. Aus dieser Gruppe wurde die Teilmenge der obersten 20% in der Rangreihe der mittleren Schülerleistungen gebildet. Nach dem zweistufigen Kriterium blieben 15 Klassen übrig. Von den Lehrern dieser Klassen erklärten sich 8 zur Teilnahme an der Untersuchung bereit. Die Kontrastgruppe der Anfänger bestand aus den 4 besten Lehramtsstudenten eines Kurses kurz vor ihrer Abschlußprüfung; das Studium schloß bereits Unterrichts-praxis ein. Die Lehrer wurden in einem Zeitraum von 3 1/2 Monaten beobachtet. Dabei wurden Beobachtungen notiert, Videoaufzeichnungen vorgenommen, Lehrer anhand der Videoaufzeichnungen nach dem Unterricht zu ihren Überlegungen und Zielen befragt (stimulated recall) und Interviews mit den Lehrern über ihr mathematisches Wissen und das der Schüler durchgeführt. Die Ergebnisse dieser Untersuchung und weiterer Daten-erhebungen zu anderen Teilfragestellungen sind an verschiedenen Stellen dargestellt, al-lerdings - leider - in unterschiedlicher Ausführlichkeit bezüglich der Untersuchungsver-fahren und Probanden (Leinhardt & Greeno 1986: Die Anforderung des Unterrichtens und das Rahmenmodell; Leinhardt, Weidman & Hammond 1987: Die Entwicklung von Routinen; Leinhardt & Smith 1985, Stein, Baxter & Leinhardt 1990: Die mathema-tischen Kenntnisse der Lehrer; Leinhardt 1986: Die Stoffentwicklung im Unterricht). Das Schwergewicht der Forschungsberichte liegt auf der detaillierten Beschreibung von Unterrichtsabläufen, bzw. des im Unterricht entwickelten Wissens (z. B. in der Darstel-lung als semantisches Netzwerk). Dabei handelt es sich jeweils um Falldarstellungen, anhand derer die theoretischen Annahmen illustriert werden.

Einige Ergebnisse: Die Stabilität des Unterrichtsablaufes bei den Experten. Bei den Unterrichtsbeobachtungen wurden u. a. Art und Dauer der unterrichtsmethodischen Phasen (activity structures) erfaßt. Die 4 Anfänger benötigten inter- und intraindividuell höchst unterschiedlich viel Zeit für die gleiche Art von Aktivitäten. Die unterrichtsme-thodisch unterschiedlichen 'activity structures' der Experten waren demgegenüber über die verschiedenen Stunden hinweg sehr stabil. Auch die Art der Realisation einer Unter-richtsmethode war bei den Experten stabiler und damit gleichförmiger.

Verfügbarkeit sozial geteilter Verhaltensmuster. Da die erfahrenen Lehrer ein stabi-les System von sozialen Verhaltensmustern zur Verfügung hatten, konnten sie ihre be-wußte Aufmerksamkeit auf die dynamischen Aspekte des Stoffes konzentrieren und/ oder auf die Informationen, die die Schüler betreffen. Diese Verhaltensmuster müssen von den Lehrern zu Anfang der Schulzeit bzw. bei Übernahme einer Klasse eingeführt werden. In einer Studie zum Lehrerverhalten in den ersten Schultagen zeigen Leinhardt, Weidman & Hammond (1987), daß Experten-Lehrer schnell mit ihren Schülern solche Verhaltensmuster einüben. Auch die als Experten identifizierten Lehrer in der oben

63

(Kap. 4.1) vorgestellten Studie von Berliner (1987b) haben sich genau darauf vorbereitet, als sie eine neue Klasse übernehmen sollten.

Flüssigkeit des Ablaufs und stabile/flexible Zielverfolgung. Die vergleichende Detailanalyse der Überlegungen und Entscheidungen von Experten und Anfängern wurde jeweils anhand einzelner (in den verschiedenen Studien aber unterschiedlicher) Fälle vorgenommen. Gestützt auf die Unterrichtsbeobachtungen und die Lehrerbefragungen nach dem Unterricht wurde eine Art Baumdiagramm von ineinander geschachtelten Zielen, Handlungen etc. aufgestellt (siehe Abbildung 4.2 auf der folgenden Seite).

Das Diagramm betrifft die Phase, in der es um das Ziel 'Darstellung eines Algorithmus' geht. Dies geschieht über die folgenden Teilziele: 1. Wiederholung der dafür notwendigen Begriffe (des Vokabulars), 2. Nennung der Regel (z. B. zur Multiplikation von Brüchen), 3. Vorführung des Algorithmus (Leinhardt & Greeno 1986, 88). Für das erste Teilziel wurde ein schwacher Schüler (Cammy) nach der Definition gefragt. Die Frage bestärkte den Schüler darin, daß seine Antworten von Wichtigkeit seien und erfüllte zugleich eine diagnostische Funktion für den Lehrer. Der Lehrer nannte dann folgendes Prinzip: Wenn ein schwacher Schüler die geforderte Begriffsdefinition noch weiß, kann man schneller vorangehen. Der schwache Schüler Cammy wußte die Antwort nicht - dies führte zu dem im folgenden parallel verfolgten Ziel, diesen Schüler in der betreffenden Stunde noch häufiger aufzurufen. Als auch bessere Schüler die Definition nicht wußten, wurde der beste Schüler gefragt und die Definition noch einmal gemeinsam (im Chor) aufgesagt. Gegenüber der Zielvorstellung des Lehrers hatte sich nun eine zeitliche Verzögerung ergeben, die dazu führte, das Ziel der aktiven Einbeziehung der Schüler zurückzustellen. Nun ging es eher darum, schneller voranzukommen. Deshalb wurden die Schüler aufgefordert, die zu lernende Regel im Chor von einer vorbereiteten Tafel abzulesen. (Offensichtlich war das Klassenzimmer mit einer amerikanischen Version von Pestalozzis Unterrichtstafeln ausgestattet.) Danach wurde die Unterrichtsform gewechselt, und neue Aufgaben wurden zu der eben gelesenen Regel gestellt. Eine Gruppe von Schülern bearbeitete die Aufgaben an der Tafel, andere an den Tischen. Der Lehrer ging in der Klasse umher und konnte dadurch den sitzenden Schülern mehr Aufmerksamkeit widmen. Dies erfüllte das Ziel des Übens und zugleich der allgemeinen Aktivierung aller Schüler. Gleichzeitig erreichte der Lehrer auf diese Weise einen Überblick über den Lernstand der Schüler.

Experten und Anfänger unterschieden sich darin, wie sie mit ihren Zielen im Unterricht umgehen. Die Experten teilten das Gesamtziel (Einführung eines algebraischen Algorithmus) in drei Teilziele auf, deren Erfüllung voneinander abhing. Die Anfänger übersahen dagegen die Notwendigkeit, bestimmte Teilziele (z. B. Wiederholung) vorab zu verfolgen. Außerdem zeigten sich die Experten bei der Verfolgung der Ziele flexibler. Je nach Umständen stellten sie bestimmte Teilziele zugunsten des Gesamtzieles zurück. Die Autoren bezeichnen dies als 'opportunistic planning' (ein Begriff von Hayes-Roth & Hayes-Roth 1979). Das hier Gemeinte läßt sich auch gut mit dem Begriff des 'stabil-flexiblen Handelns' von Volpert (1974) umreißen. Aus Interviewdaten ergab sich, daß der Lehrer neben diesen Teilzielen folgende Rahmenbedingungen erfüllen

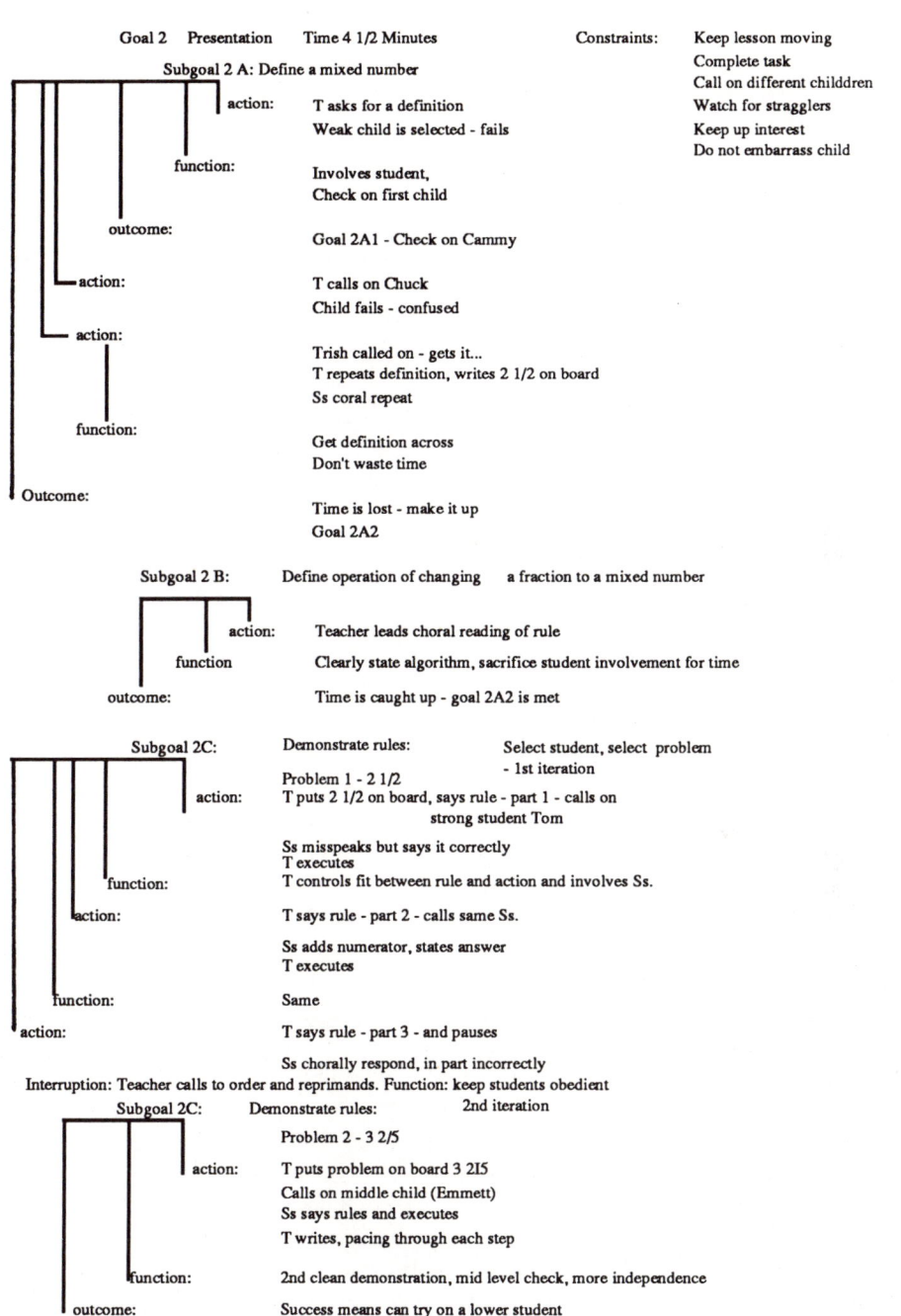

Goal 2   Presentation   Time 4 1/2 Minutes   Constraints: Keep lesson moving
                                                                          Complete task
      Subgoal 2 A: Define a mixed number   Call on different childdren
                  action: T asks for a definition   Watch for stragglers
                              Weak child is selected - fails   Keep up interest
                                                                          Do not embarrass child
            function:
                              Involves student,
                              Check on first child
      outcome:
                              Goal 2A1 - Check on Cammy

      action: T calls on Chuck
                              Child fails - confused
      action:
                              Trish called on - gets it...
                              T repeats definition, writes 2 1/2 on board
                              Ss coral repeat
            function:
                              Get definition across
                              Don't waste time
Outcome:
                              Time is lost - make it up
                              Goal 2A2

      Subgoal 2 B: Define operation of changing   a fraction to a mixed number

                  action: Teacher leads choral reading of rule
            function   Clearly state algorithm, sacrifice student involvement for time
      outcome: Time is caught up - goal 2A2 is met

      Subgoal 2C: Demonstrate rules: Select student, select problem
                                              - 1st iteration
                              Problem 1 - 2 1/2
                  action: T puts 2 1/2 on board, says rule - part 1 - calls on
                                              strong student Tom
                              Ss misspeaks but says it correctly
                              T executes
            function: T controls fit between rule and action and involves Ss.
      action: T says rule - part 2 - calls same Ss.

                              Ss adds numerator, states answer
                              T executes
      function: Same
action: T says rule - part 3 - and pauses

                              Ss chorally respond, in part incorrectly
Interruption: Teacher calls to order and reprimands. Function: keep students obedient
      Subgoal 2C: Demonstrate rules: 2nd iteration
                              Problem 2 - 3 2/5

                  action: T puts problem on board 3 2I5
                              Calls on middle child (Emmett)
                              Ss says rules and executes
                              T writes, pacing through each step

            function: 2nd clean demonstration, mid level check, more independence
      outcome: Success means can try on a lower student

Abb. 4.2: Struktur einer Unterrichtsepisode (gekürzt aus Leinhardt & Greeno 1986,89)

65

wollte: den Unterricht in Gang halten, viele unterschiedliche Schüler aufrufen, die Schüler nicht in Verlegenheit bringen, Aufmerksamkeit und Mitarbeit aufrechterhalten, sowie Nachzügler entdecken und ihnen helfen. Bei den Anfängern ging die Einführung des neuen Stoffes im Vergleich dazu mit vielen Stockungen einher. Bei der Hausaufgabenkontrolle stellte ein Anfänger eine ungeeignete Frage: "Wer hat nicht die Hausaufgabe?" Die Experten-Lehrer fragten dagegen so, daß alle Schüler reagieren mußten. Bei einem der beobachteten Lehrer mußten die Schüler ohne Hausaufgaben ihren Namen an die Tafel schreiben, die Schüler mit erledigten Hausaufgaben sich melden. Danach wurden die Lösungen der Aufgaben nacheinander abgefragt, und alle Schüler mußten darauf laut antworten. Hier wußte der Experte, welche Form der Frage geeigneter ist, dem Anfänger fehlte die entsprechende Kenntnis. Aber nicht alle Stockungen des Unterrichtsablaufs waren auf Kenntnismängel zurückzuführen. So unterschied sich bei den hier beobachteten Lehrern z. B. die Art der Hausaufgabenstellung: die Experten gaben nur Hausaufgaben zur Übung bereits behandelten Materials, die Anfänger auch solche Aufgaben, die den nicht abgeschlossenen Unterrichtsstoff fortführten. Auch die Anfänger-Lehrer wußten, daß dies ungeeignet war, sahen aber keine Möglichkeit, den Stoff sonst zu Ende zu bringen. Dies ist ein gutes Beispiel dafür, wie der kontinuierliche Druck des fortlaufenden Unterrichts auch eigenständige Probleme und damit ganz eigene Anforderungen an den Anfänger erzeugte. Die schwierigeren Hausaufgaben waren ein Ergebnis der Zeitprobleme, und sie produzierten in der nächsten Stunde neue Schwierigkeiten, indem sie wiederum ausführlichere Hausaufgabenbesprechungen erforderten und erneuten Zeitverlust bei den Anfängern verursachten. Es fehlte den Anfängern nicht nur an Kenntnissen, sondern auch an Können. Leinhardt & Greeno beobachten auch bei den Anfängern viele der methodischen Elemente, die die Experten verwenden. Aber die Form ihrer Umsetzung variiert ständig, und sie 'können' sie nicht so flüssig. Außerdem waren ihre Ziele nicht klar und sie wurden häufig zugunsten anderer Ziele aufgegeben. "Thus, she (die Anfängerin, R. B.) seemed to lack both major goals for presentation as well as automaticity of action" (1986, 92).

Vollständigkeit und innere Logik des Unterrichtsplanes. Die voranstehenden Beobachtungen bezogen sich auf die organisatorische Flüssigkeit des Unterrichtsablaufes. Flüssigkeit ist eine Voraussetzung dafür, daß die Inhalte des Unterrichts in einer kohärenten Weise entwickelt werden können (siehe dazu Kap. 5). Auch dabei finden sich Unterschiede zwischen Anfängern und Experten. Die Unterschiede in der Kohärenz der Stoffdarbietung haben - neben anderem - ihre Ursache in der Qualität der inhaltlichen Vorstellungen der Lehrer über den Stoff und seine Erarbeitung. Leinhardt (1986) untersuchte die 'agenda' (die Vorstellung über den Ablauf des Unterrichts) der Lehrer, indem sie kurz vor dem Unterricht fragte: "Was werden Sie heute im Unterricht machen?" Die Antworten waren immer stichwortartig (mehr Zeit stand auch gar nicht zur Verfügung). Unter dieser Bedingung konnten die erfahrenen Lehrer (im Mittel) doppelt soviel angeben. Die Experten-Lehrer nannten mehr Schüleraktivitäten mit dem Stoff als ihre unerfahrenen Kollegen. (Dieses Ergebnis läßt sich nicht mit einer generell höheren Auskunftsbereitschaft bei Experten erklären. In den nachträglichen Unterrichtsinterviews antworteten die Experten nicht ausführlicher.)

Die Antworten wurden außerdem daraufhin untersucht, ob die einzelnen Schritte durch stoff- oder schülerbezogene Prinzipien verbunden waren, ob sie also einer Logik folgten. Leinhardt fand in den agendas der Experten eine solche Logik, die der Planung und dem Unterricht Kohärenz verlieh. Ein schülerbezogenes Prinzip besteht z. B. darin, vom Leichteren zum Schwereren überzugehen, Beispiel für die stoffbezogene Logik einer Unterrichtsstunde dagegen könnte sein, den sachlichen Zusammenhängen des Unterrichtsinhaltes zu folgen. Die fachbezogene Logik betrifft außerdem den Zusammenhang zwischen den Unterrichtsstunden zu einem Themenbereich. Die agendas der Experten in Leinhardts Untersuchung enthielten immer Verweise auf die vorhergehende Stunde. Sie faßt zusammen: "Expert agendas are richer in detail, in connectedness, and in constraints (tests for continuing, logic for flow, and student actions). The experts' explicit and available plans are more powerful than the novices'. Novices may very well have much more elaborate plans than the ones they at first tell us about, but they are not very accessible in the moments just prior to teaching or seemingly while teaching" (Leinhardt 1986, 19). Innerhalb der agenda identifizierten Leinhardt & Putnam (1986) noch fachinhaltsspezifische Vorstellungen darüber, wie ein bestimmter Inhalt zu lehren sei. Sie bezeichnen solche Vorstellungen als 'curriculum scripts'. Diese umfassen u. a. geeignete Beispiele, typische Verständnisschwierigkeiten und bedeutsame Beziehungen zu anderen Teilgebieten des Stoffes. Die Einführung der Bruchrechnung kann z. B. durch die Darstellung eines 'Tortenmodells' geschehen. Es gibt nun Schüleraktivitäten mit den Torten (zeichnen, halbieren, vierteln, anschneiden etc.), die für dieses Thema und diesen didaktischen Zugang typisch sind. Die aktuelle agenda eines Lehrers besteht aus Unterrichtsphasen, die wiederum derartige 'curriculum scripts' enthalten. Die Autoren sprechen von 'script' (sensu Schank & Abelson 1977), weil es hier um Aktivitäten von Lehrern und Schülern im Unterricht geht. Bei der Befragung vor dem Unterricht fanden Leinhardt & Putnam (1986) in den agendas der von ihnen untersuchten Lehrer solche 'curriculum scripts' erwähnt, aber sie wurden bei der Befragung nicht expliziert. Erst im Unterricht wurden sie dann entfaltet. Die theoretische Idee dabei: Die 'curriculum scripts' werden vor dem Unterricht nicht ausführlich geplant. Es sind zeitlich und sachlich relativ komplexe Ereignisfolgen von Aktivitäten mit dem Unterrichtsstoff. Die 'curriculum scripts' haben Bezeichnungen und werden durch diese Bezeichnungen in der agenda repräsentiert. Zu gegebener Zeit, nämlich im Unterricht, wird dann das ganze Skript erinnert, und es strukturiert die Situationsinterpretation und das Handeln des Lehrers (vgl. auch Putnam & Leinhardt 1986).

Zusammenfassung und Schlußfolgerungen

Die Untersuchungen von Berliner und Mitarbeitern zielen auf eine unmittelbare Übertragung der Expertenstudien im Bereich von Schach und Physik. Die Wahrnehmung von Unterrichtssituationen wurde mit Hilfe der Erinnerung an Dias mit Unterrichtsszenen erhoben. Dabei zeigten sich zwischen Experten und Anfängern deutliche qualitative Unterschiede in der kategorialen Wahrnehmung der Unterrichtsereignisse. Die Sicht der Experten war geprägt durch Konzepte über typische Unterrichtsereignisse und durch einen Begriff von der ganzen Klasse, während die Anfänger eher die einzelnen Schüler unabhängig voneinander im Blick hatten. Die Experten verfügten dabei über allgemeinere Begriffe als die Anfänger. Hinweise auf umfassendere Bedeutungseinheiten (chunking) bei erfahrenen Lehrern finden sich auch in Berichten anderer Autoren.

Das Wissensbild bei Berliner und Mitarbeitern

Berliner (1987b) vermutet das Wissen der Experten als bestehend aus 'Schemata' oder 'Prototypen' über typische Ereignisse des Unterrichts. Es ist nicht überraschend, daß dieses Wissen über Ereignisse bei der Betrachtung von Unterrichtsszenen strukturierend wirkt. Bemerkenswert ist jedoch die These einer Wirkung des Wissens über Unterrichtsereignisse auf die kognitive Gliederung von Informationen über Schüler. Die Begriffe zur Schülertypisierung der Experten enthalten Informationen über typische Ereignissequenzen und Handlungssequenzen im Umgang mit diesen Schülern im Unterricht. Sie bestehen nicht nur aus Personenattributen, wie es zu Beginn der Forschung zu impliziten Schülertheorien von Lehrern vermutet wurde. Vielmehr umfassen sie den Kontext und die Ereignisse, in denen die Schülereigenschaften für die Aufgabe des Lehrers relevant sind. Darauf deutet auch das Bedürfnis der Experten-Lehrer hin, ein 'Gefühl' für die Klasse zu bekommen.

Es ist erforderlich, zwei Bedeutungen von Kontextabhängigkeit des Expertenwissens zu unterscheiden, die bei Berliner nicht begrifflich getrennt werden. Zum einen ist das Wissen der Lehrer in dem Sinne situationsabhängig, daß es offensichtlich um bestimmte Aktivitätsszenarien - wie ich es im folgenden nennen will - des Unterrichts herum organisiert ist. Nicht Schülertypen an sich, sondern Bilder von Schülern in bestimmten Arbeitssituationen bestimmen die Interpretation vorgegebener Schülerdaten oder die Wahrnehmung der vorgelegten Dias aus dem Unterricht. Die kategoriale Wahrnehmung umfaßt Ereignisse und damit nicht nur die handelnden Personen, sondern auch die Situationen, in denen sie sich bewegen. In diesem ersten Sinn soll im folgenden von Situationsbezug gesprochen werden. Zum anderen ist das Wissen erfahrungsabhängig, d. h. Informationen über Schüler gewinnen erst an Bedeutung, wenn man die Schüler persönlich im Unterrichtskontext erlebt hat. Auch das Wissen über mögliche Handlungsweisen ist an das eigene Erleben des jeweiligen Kontextes geknüpft. Die untersuchten Lehrer drückten ihr Gefühl dafür aus, daß man erst den Kontext selbst erlebt haben muß, um beurteilen zu können, was von dem eigenen Wissen über geeignete Maßnahmen sich anwenden läßt und was nicht. Dies sei im folgenden als <u>Erfahrungsabhängigkeit</u> des Wissens bezeichnet.

Berliner (1987b, 75) sieht die größere Verknüpfung von Informationen und die Reichhaltigkeit als das Spezifische des Expertenwissens. Er nimmt außerdem - in Anlehnung an Glasers Beobachtungen bei Physik-Experten - an, die Begriffe der Experten für die gesehenen Unterrichtsereignisse auf den Dias seien abstrakter. Die These von der größeren Abstraktheit des Wissens steht jedoch in Widerspruch zu der Beobachtung einer stärkeren Kontextabhängigkeit des Wissens. 'Abstrakt' bedeutet hier m. E. vor allem einen inhaltlichen Unterschied zwischen dem, was die Experten, und dem, was die Anfänger sehen. Auch das Ergebnis der zweiten Untersuchung (Verarbeitung schriftlicher Informationen zur Unterrichtsvorbereitung) spricht für einen inhaltlichen Unterschied in dem professionellen Wissen, der sich in unterschiedlichen Auffassungen der Lehrer-Aufgabe ('Schülern gerecht werden' bei den Anwärtern vs. 'Unterricht organisieren' bei den Experten) niederschlägt.

Aber was bedeutet Verknüpfung? Und wie verträgt sich die Beobachtung der Situationsabhängigkeit und der Erfahrungsabhängigkeit des Expertenwissens mit der These von der Abstraktheit desselben? Das Wissen der erfahrenen Lehrer ist offensichtlich in einem anderen Sinne abstrakt als es die Begriffe einer Theorie der Physik sind, die man für die Aufgaben aus den Versuchsanordnungen von Glaser und Mitarbeitern benötigt. Hier handelt es sich um offene theoretische Fragen des Wissensbildes, auf die weiter unten (siehe Kap. 9) eingegangen wird.

Warum gehen Leinhardt & Greeno nicht auf die Problemwahrnehmung ein ?

Die Analyse von Leinhardt und Greeno (1986) hat eine Rekonstruktion der Anforderungen des Unterrichtens zum Ausgangspunkt. Ihre Darstellung des Expertenwissens eines Lehrers ist eher an der Logik der Notwendigkeiten der Unterrichtsführung als an einer empirischen Analyse der Wahrnehmungen des Lehrers orientiert. Gleichwohl ist es eine empirische Analyse, es werden die Absichten von erfahrenen Lehrern ebenso im Detail beschrieben wie ihr Unterrichtsaufbau. Dabei wird deutlich, daß vor allem die situationsangemessene, stabil-flexible Verfolgung eines elaborierten Repertoires von Zielen den Experten auszeichnet. Die hier beschriebene Flüssigkeit des Unterrichtshandelns und die Klarheit der Stoffdarbietung im Unterricht findet sich zwar bereits in Studien zum effektiven Lehrerhandeln der Lehr-Lernforschung (siehe dazu das folgende Kapitel); neu ist hier jedoch, daß Leinhardt und Kollegen solche Qualitäten des Lehrerhandelns als Ergebnis der Anwendung von Expertenwissen beschreiben.

In den Expertenstudien von Berliner und Mitarbeitern wird angenommen, die Anwendung von Wissen finde vor allem bei der Problemwahrnehmung und der Lösungsfindung statt. Demgegenüber gehen Leinhardt & Greeno gar nicht auf die Problemwahrnehmung der Lehrer ein. Dies verwundert in Anbetracht der theoretischen (und räumlichen) Nähe der Autoren zu den Ansätzen der Expertenforschung. Dort hat die Wahrnehmung des Problems und das Erkennen der wahren Verhältnisse hinter der Oberfläche der Phänomene eine besondere Rolle gespielt, z. B. wenn es um die Entdeckung der Prinzipien hinter der Textaufgabe oder der wahren Diagnose hinter dem Krankenbericht geht. Die Situation des Lehrers ist jedoch anders. Seine geistige Anforderung besteht darin, etwas zu erzeugen bzw. ein System zu steuern, dessen Teil er selbst ist. Nicht alle Aspekte dieser Konstruktionsaufgabe werden von Leinhardt & Greeno beschrieben. Aber ihre Analyse macht doch deutlich, woraus diese Steuerungs- und Entwicklungaufgabe besteht: Das aufeinander bezogene Handeln von Lehrer und Schülern ist zu initiieren und fortzuführen. Zwar gibt es dabei Ziele und Mittel wie auch beim Problemlösen vom Typ 'Schachspiel' oder 'Physikproblem'. Aber die geistige Anforderung besteht nicht - wenigstens nicht beim Experten - darin, eine neue, noch unbekannte Lösung zu suchen, um die Ziele zu erreichen. Es gibt gar keine eindeutige Lösung unter der Oberfläche der Phänomene, wie man dies bei einer Textaufgabe noch annehmen kann. Der Experte weiß und kann die Lösungen und doch müssen sie flexibel und situationsangemessen ausgewählt werden, muß eine grobe Zielfixierung beibehalten werden (z. B. im Unterricht ein bestimmtes Thema behandeln) und gleichzeitig müssen variable Teilziele dafür gesetzt werden. Damit erhalten konstruktive Aktivitäten ein viel größeres Gewicht als das Finden einer Lösung. Darauf wird in den Kapiteln 5 und 7 ausführlicher eingegangen.

Das Besondere des Expertenwissens gegenüber dem Wissen von Anfängern

In Übereinstimmung mit der Expertenforschung betonen Leinhardt & Greeno die Bedeutung der Inhalte des Expertenwissens. "We consider skill in teaching to rest on two fundamental systems of knowledge, lesson structure and subject matter" (Leinhardt & Greeno 1986, 75). Sie beobachten bei den Experten z. T. andere Vorgehensweisen im Unterricht, die auf anderes inhaltliches Wissen über geeignete Unterrichtsorganisation zurückzuführen sind. Allerdings zeigt auch das fachbezogene curriculare Wissen von Experten z. T. erhebliche Lücken (Leinhardt & Smith 1985, siehe dazu Kap. 6). Die Qualität des Wissens (über Unterrichtsmethoden, stoffbezogene Darstellungs- und Erarbeitungsweisen) zeigt sich in der Flüssigkeit des Unterrichts. Unterricht ist dann flüssig, wenn er den Schülerkenntnissen und Verhaltensweisen gut angepaßt ist und dabei zugleich der jeweiligen sachlich erforderlichen Logik des Inhaltes folgt.

Die Flüssigkeit des Unterrichts setzt auch persönliches Können voraus. Anfänger geben in Interviews z. T. an, wie sie im Unterricht vorgehen sollten; aber sie können es nicht. Mit Können ist die persönliche Verfügung über individuelle Routinen des Handelns gemeint. Mit 'Wissen' meinen Leinhardt & Greeno deshalb prozedurales und deklaratives Wissen und sie führen Können auf prozedurales Wissen zurück (siehe kritisch dazu Kap. 8).

70

Das Wissen des Lehrers sehen die Autoren in 'Schemata' und 'Skripts' organisiert, die dann während des Handelns zu aktuellen Handlungsplänen zusammengefügt werden.

Erweiterungen des Wissensbildes und offene Fragen

Eine Erweiterung betrifft den sozialen, interpersonell geteilten Charakter der Verhaltenserwartungen. Weil der erfahrene Lehrer weiß (sich darauf verlassen kann), daß in der Klasse solche Verhaltensmuster bestehen, braucht er sie nicht alle in dem Handlungsplan zu entwickeln. Es ist für den Lehrer nur noch notwendig, einen abstrakten Begriff für die Verhaltensmuster zu haben, der dann vor Ort entfaltet werden muß, wenn diese Verhaltensmuster einmal nicht mehr so wie erwartet ablaufen. In ethnomethodologisch orientierten Arbeiten zum Unterricht (Voigt 1984) und auch bei Leinhardt werden solche sozial eingeübten Verhaltensmuster als 'Routine' bezeichnet, z. B. ein feststehendes Muster der Abfrage von Hausaufgaben bei der Stundeneröffnung, das Schüler und Lehrer kennen. (Davon zu unterscheiden ist ein psychologischer Begriff von 'Routine' i. S. einer individuellen Beherrschung schneller, glatt ablaufender Handlungen (Bromme 1985b), aber dies wird - wie erwähnt - von Leinhardt & Greeno als prozedurales Wissen bezeichnet.)

Eine zweite Erweiterung betrifft die Betonung konstruktiver Aktivitäten des Experten, die die zu bearbeitenden Probleme erzeugen. Die zu bewältigenden Aufgaben des Lehrers sind zu einem großen Teil von seinen eigenen Handlungen abhängig. Die vorgefundenen Schülerkenntnisse, die Mitarbeit, der jeweilige Stoff, die zeitlichen Rahmenbedingungen etc. beeinflussen die Aktivitäten des Lehrers. Am Beispiel der Schwierigkeiten der Anfänger (z. B. den Konsequenzen schlecht gestellter Hausaufgaben) wurde deutlich, daß die zu bewältigenden Probleme wesentlich von dem bisherigen Handeln abhängen. Deshalb wird auch das Setzen von Zielen und Teilzielen in dieser Untersuchung viel mehr hervorgehoben als bei den in Kap. 2 beschriebenen Expertenstudien.

Die Analysen Leinhardts geben wenig Aufschluß über die genaue kategoriale Wahrnehmung der Unterrichtsereignisse im Klassenzimmer. Die Konstrukte 'Handlungsplan', 'Ziel' usw. sind nicht dergestalt zu verstehen, daß tatsächlich vor jeder Handlung Überlegungen angestellt und Alternativen abgewogen werden. Die Hierarchie von Zielen, Teilzielen, Bedingungen etc. erscheint sehr starr. Sie ist den Inkonsistenzen, den Verwerfungen, die menschliche kognitive Konstruktionen aufweisen, nicht angemessen. Oben wurde schon auf die Ähnlichkeit der Leinhardtschen Vorstellung mit dem Modell der hierarchisch sequentiellen Handlungsplanung hingewiesen. In der Diskussion um dieses Modell finden sich dann auch ähnliche Einwände wie sie hier zu Leinhardt & Greeno (1986) vorgetragen werden (Kaminski 1983a, Volpert 1984a). Das Prinzip der lokalen Entfaltung bestimmter Teilpläne ist deshalb hervorzuheben. So wäre zu erklären, wie es eine flexible Anpassung an neue Bedingungen des Handelns geben und dennoch der alte hierarchische Plan des Handelns bestehen bleiben kann. Dieser Einwand ist damit teilweise entkräftet. Es ist aber nicht ersichtlich, warum alle lokal entfaltbaren Pläne in einem Gesamtplan zusammengefaßt sein sollten. So ist es durchaus möglich, zeitlich parallel verschiedene Ziele zu verfolgen, die nicht als Oberziel/Subziel in eine Hierarchie zu bringen sind, wie es in dem Baumdiagramm-Schema (siehe oben Abb. 4.2) von Leinhardt & Greeno (1986) versucht wird.

5 Die Anforderungen des Unterrichtens und ihr Zusammenhang mit der kategorialen Wahrnehmung

Es ist in der pädagogischen Psychologie nicht selbstverständlich, die Tätigkeit des Lehrers als eine Arbeit zu betrachten, die durch bestimmte Anforderungen strukturiert wird. Als Anforderungen werden die äußeren Bedingungen für das Erreichen bestimmter beruflicher Ziele bezeichnet. Anforderungen bestimmen nicht deterministisch die Handlungen, die zu ihrer Bewältigung durchgeführt werden. Mit Anforderungen werden vielmehr die Notwendigkeiten des Handelns beschrieben, die sich aus der 'Natur' der jeweils zu bearbeitenden Sachverhalte ergeben.

Bei industriellen Arbeitstätigkeiten ist unmittelbar einsichtig, daß eine psychologische Analyse des Wissens und Handelns auch die Anforderungen einbeziehen muß. Je größer die Freiheiten der Arbeitsgestaltung aber sind, umso schwerer läßt sich bestimmen, worin die Anforderungen bestehen. Im ersten Abschnitt des Kapitels (5.1) wird das hier gewählte Vorgehen zur Rekonstruktion von Anforderungen an Lehrer erläutert. Danach (5.2) werden die Anforderungen an den Lehrer für einen Ausschnitt seines Berufs beschrieben. Es geht um die Frage, was ein Lehrer tun kann und muß, damit der Unterricht erfolgreich verläuft (d. h. damit die Schüler etwas verstehen und Interesse an der Sache behalten). Dabei werde ich mich auf den Bereich der Durchführung von Unterricht beschränken und andere Arbeitsbereiche, wie etwa Gespräche mit Eltern, Vorbereitung von Unterricht oder Betreuung einzelner Schüler ausklammern. Im dritten Kapitel wurde dargestellt, daß die Gegenüberstellung von Anforderungen und Strukturen des professionellen Wissens für den Expertenansatz charakteristisch ist. Im letzten Teil dieses Kapitels (5.3) wird eine solche Gegenüberstellung vorgenommen. Am Beispiel von Befunden zur Wahrnehmung der Schüler wird der Zusammenhang von Anforderungen und kategorialer Wahrnehmung (als einer Form der Anwendung professionellen Wissens) behandelt.

5.1 Kann man überhaupt Anforderungen des Unterrichtens beschreiben?

Die Anforderungen bei der Bedienung einer einfachen Maschine lassen sich vergleichsweise einfach angeben. Wie kann man aber von Anforderungen des Unterrichtens sprechen? Hängt es nicht von den Zielen, von der konkreten Situation im Klassenzimmer und von dem Können des Lehrers ab, welchen Anforderungen er sich gegenübersieht? Die konkreten Bedingungen der Arbeit und auch die Ziele werden außerdem von Lehrer zu Lehrer jeweils unterschiedlich gesehen. Gleiche Ereignisse im Unterricht können verschieden wahrgenommen und gewertet werden. Angesichts der Variabilität von Zielen, Bedingungen und Formen der Arbeit von Lehrern kann die Anforderung an einen Lehrer nur dann im Detail analysiert werden, wenn man sich auf einen umgrenzten Ausschnitt seiner Tätigkeit konzentriert. Unter diesen Umständen lassen sich einige allgemeine Elemente der Arbeitssituation beschreiben. Bei aller Unterschiedlichkeit von

Schulformen, Fächern, Jahrgängen gibt es doch auch gewisse Gemeinsamkeiten der Arbeitssituation von Lehrern. Dabei setze ich im folgenden die üblichen Bedingungen des Unterrichtens im allgemeinbildenden Schulwesen voraus: Leistungsheterogene Klassen, Unterricht im Klassenverband, Jahrgangsprinzip, Aufteilung des Unterrichtes nach Schulfächern und Verfügbarkeit vorgefertigter curricularer Materialien (Lehrbücher). Die Gleichförmigkeit einiger Verhaltensweisen von Lehrern und Schülern über viele Lehrer- und erst recht Schülergenerationen hinweg spricht dafür, daß es konstante Anforderungen an Lehrer gibt. Dazu zwei Beispiele:

Das unterrichtsmethodische Muster der Entwicklung des Stoffes im Unterrichtsgespräch durch kurze gezielte Fragen des Lehrers an alle Schüler hat sich über viele Jahrzehnte hinweg gehalten. Allen pädagogischen Empfehlungen zur Einführung von Formen des Unterrichtes mit stärkerer Beteiligung der Schüler oder mit mehr Individualisierung zum Trotz zeigen Untersuchungen in verschiedenen Ländern, daß dieses Muster einen Großteil der Unterrichtszeit ausfüllt (Hoetker & Ahlbrand 1969, Hage et al. 1985, Cuban 1984 a). Es wäre zu kurz gegriffen, wenn man die Resistenz von Lehrern gegenüber den wohlmeinenden pädagogischen Ratschlägen auf Änderung dieser Unterrichtsform nur auf Rezeptionsschwierigkeiten ihrerseits oder gar auf mangelnden Willen zur Veränderung unterrichtlicher Praxis zurückführen würde. Die Stabilität der Unterrichtsmethode ist vielmehr ein Hinweis auf die Stabilität der Bedingungen des Unterrichtens (Kallos & Lundgren 1975). Das Erarbeitungsmuster ist eine Antwort auf diese Bedingungen. Beim Unterricht im Klassenverband ist der Lehrer gezwungen, möglichst viele Schüler in möglichst kurzer Zeit zu aktivieren und ihre Beiträge in doppelter Weise auszunützen, nämlich als Indikatoren für den erreichten Stand des Verständnisses einerseits und als Beiträge zur Darstellung des Stoffes andererseits. Die kurzen Fragen mit rasch wechselnden Adressaten erfüllen beide Ziele. Außerdem werden die Schüler angesprochen, ohne zu sehr im Mittelpunkt der - oft emotional belastenden - Lehreraufmerksamkeit zu stehen (Stodolsky, Ferguson & Wimpelberg 1981). Die Erarbeitung des Stoffes durch kurze Fragen an Schüler erlaubt es ferner, eine gewisse Balance zwischen der Einhaltung des gesetzten Zeitraumes (in der Regel 45 Minuten) und einer relativen Offenheit des Ablaufes zu halten, weil auf diese Weise die Schüler und nicht der Lehrer einen Teil des Unterrichtsstoffes darstellen. Damit ist nicht gesagt, das Erarbeitungsmuster sei unter allen Bedingungen der beste Weg, um die genannten Ziele zu erfüllen. Die hier vorgelegte Darstellung der Anforderungen ist nicht normativ gemeint; es ist durchaus möglich, Unterricht auch anders durchzuführen.

Auch einige psychologische Merkmale des Lernprozesses und seiner Beeinflussung durch den Lehrprozeß sind über lange Zeiträume bei verschiedenen Lehrern gleich. So zeigt ein historischer Vergleich, daß z. B. einige Schülerfehler im Mathematikunterricht über 50 Jahre hinweg immer wieder auftreten (Hutcherson 1975). Platons Darstellung des berühmten Dialogs des Sokrates mit seinem Sklaven Menon enthält das nach wie vor aktuelle Problem, wie im Lernprozeß aus altem Wissen neues Wissen entstehen kann. Die pädagogischen Moden und auch die Ausdrucksformen grundlegender Probleme des Lehr-Lern-Prozesses in der Schule unterliegen einem historischen Wandel

74

und variieren auch zwischen Schulformen; aber es verbleiben dabei genug Konstanten, um von Anforderungen an Lehrer sprechen zu können.

Die empirisch gestützte Rekonstruktion der Anforderungen

Auf welche Weise kann man zu einer begründeten Beschreibung der Anforderungen an Lehrer kommen? Eine Antwort auf diese Frage besteht darin, empirische Ergebnisse der Lehr-Lern-Forschung, insbesondere der Lehrereffektivitätsforschung zugrunde zu legen. In diesem Forschungsansatz wird üblicherweise die Lernleistung der Schüler als Kriterium genommen, und es wird nach dem Beitrag der Lehreraktivitäten zum Zustandekommen von Lernzuwachs gefragt. Mein Vorschlag beinhaltet eine Beschränkung auf die Anforderungen, die sich aus der Zielsetzung der Vermittlung von Wissen und Können an die Schüler ergeben. Eine unmittelbare Auflistung von Ergebnissen der Lehr-Lern-Forschung und ihre Uminterpretation als Anforderungen ist allerdings nicht möglich. Die Befunde zu den meisten Variablen des Lehrerverhaltens sind durchaus widersprüchlich; vgl. dazu Dollase (1984), Oerter (1979), Rheinberg & Minsel (1986) für ausführliche Darstellungen der Probleme, die sich bei unmittelbaren Übertragungsversuchen stellen. Aber es gibt doch einige konsistente Befunde, die sich in vielen Untersuchungen gezeigt haben. Außerdem beinhaltet der Vorschlag auch, daß nicht nur die Ergebnisse, sondern auch die Schwierigkeiten dieses Forschungsprogrammes als Hinweise auf die Anforderungen des Lehrers berücksichtigt werden sollen. Deshalb wird die Anforderungsanalyse hier auch als theoretische Rekonstruktion bezeichnet, die nicht nur auf die Daten, sondern auch auf die (wechselvolle, d. h. eben nur partiell erfolgreiche) Geschichte der Lehrereffektivitätsforschung Bezug nimmt. Ein Beispiel: Die offensichtliche Abhängigkeit der Wirkung vieler Lehrerverhaltensvariablen von dem Unterrichtsfach (die zu Recht zur Kritik an der Suche nach allgemeinen, fachunspezifischen Lehrerverhaltensvariablen geführt hat, siehe dazu oben Kap. 1) ist ein Indiz dafür, daß eine Anforderung an Lehrer in der Anpassung bestimmter Unterrichtsmethoden an die Logik des jeweiligen Fachinhaltes besteht.

Die folgende Zusammenstellung von drei Anforderungsbereichen ist in diesem Sinne eine theoretische Rekonstruktion, basierend auf jüngeren Entwicklungen der Lehr-Lern-Forschung in der pädagogischen Psychologie. Diese Rekonstruktion stellt zugleich den Versuch einer Synthese verschiedener Traditionen der Lehr-Lern-Forschung dar. In der Darstellung zur Klassenorganisation wird auf Traditionen der ökologischen Psychologie zurückgegriffen. Diese läßt aber die Frage des Inhaltes der Kommunikation in dem 'behavior-setting' des Unterrichtes weitgehend offen. Hier ist ein Rückgriff auf kognitionspsychologische Ansätze erforderlich. Dabei sind wiederum zwei Entwicklungsstränge zu verknüpfen (siehe dazu Romberg & Carpenter 1986). Der Zeitaspekt ist eine Neu-Interpretation des Lehrzeit-Lernzeit-Ansatzes (Ben-Peretz & Bromme 1990). Es würde den Rahmen dieses Buches sprengen, die verschiedenen thematischen Traditionen darzustellen.

5.2 Die Anforderung des Unterrichtens: Aktivitätsstruktur – Stoff – Zeit

Drei Grundanforderungen werden im folgenden unterschieden: a) Die Organisation und Aufrechterhaltung einer Struktur von Lehrer- und Schüleraktivitäten, b) die Entwicklung des fachbezogenen Wissens und c) die Aufteilung von Unterrichtszeit und die Steuerung des Unterrichtstempos. Alle gemeinsam lassen sich dahingehend zusammenfassen, daß es darum geht, für die Schüler eine Lernumgebung und Lerngelegenheiten zu schaffen. Die drei Anforderungsbereiche sind in der pädagogischen Psychologie unterschiedlich intensiv empirisch erforscht.

a) Die Organisation und Aufrechterhaltung einer Struktur von Lehrer- und Schüler-Aktivitäten

Am besten untersucht sind die Notwendigkeiten der Organisation des Unterrichtsablaufes. Die Formen und Bedingungen der Flüssigkeit des Unterrichtsablaufes wurden ausführlich von Kounin (1976) beschrieben, der 80 Lehrer der ersten und zweiten Grundschulklasse untersucht hat. Es ging ihm um die Frage, warum bei manchen Lehrern wenig und bei anderen mehr Disziplinprobleme auftreten. Der Vergleich zeigte: Effektive Organisation des Unterrichtsablaufes ist dann gewährleistet, wenn dem Lehrer ein situationsangemessener und schwungvoller Wechsel zwischen verschiedenen Unterrichtsphasen und Formen der Arbeit gelingt ('Smoothness & Momentum'). Bei den erfolgreichen Lehrern fand sich auch 'Allgegenwärtigkeit', d. h. sie verteilten ihre Aufmerksamkeit und die Einbeziehung von Schülern so, daß Störungen frühzeitig erkannt und damit unterbunden werden konnten ('Withitness & Overlapping'). Sehr wichtig ist es, den richtigen Schüler anzusprechen und Fehlverhalten nicht zu dramatisieren. Auf diese Weise vermittelt der Lehrer den Schülern, daß er weiß, was im Klassenzimmer geschieht und daß er zwischen Wesentlichem und Unwesentlichem zu unterscheiden vermag (Diederich 1988). Außerdem hebt Kounin (1976) die Aktivierung von Schülergruppen, die Abwechslung der Anforderungen an die Schüler und die Bedeutung eines angemessenen Anspruchsniveaus hervor. Die meisten der Befunde von Kounin sind auch in anderen Untersuchungen bestätigt worden (Brophy & Evertson 1976, Rheinberg & Hoss 1979, Reiß 1982). Die Steuerung des Unterrichtsablaufes und die Verhinderung von Störungen gelingen besonders dann erfolgreich, wenn sie nebenbei erfolgen. Ob ein Lehrer verhindert, daß die Störungen, die von einem Schüler ausgehen, auf die Mitschüler übergreifen (ripple-effect), hängt nicht so sehr davon ab, welche speziellen Reaktionsweisen auf Störungen zur Verfügung stehen. Wichtig ist vielmehr eine Gestaltung des Unterrichtsablaufes, die für Störungen von vornherein wenig Raum läßt. Kounins (1976) Analysen haben nicht nur interessante empirische Befunde erbracht, sondern auch eine neue Sichtweise der Anforderungen an Lehrer. Alle Äußerungen des Lehrers, aber auch die beobachtbaren Handlungen oder die Arbeitsmaterialien, die zu einem bestimmten Zeitpunkt in den Unterricht eingebracht werden, können als Signale betrachtet werden, die den Schülern verdeutlichen, welcher Schritt in der strukturierten Folge von Unterrichtsereignissen als nächster geschieht und was dabei von ihnen erwartet wird. Die Organisation des Unterrichtsablaufes, so läßt sich zusammenfassen, geschieht also durch die Erzeugung eines kontinuierlichen Systems von Signalen an die Schüler darüber, welche Arten von Aktivitäten von ihnen zum jeweiligen Zeitpunkt verlangt werden. Welche Äußerungen oder Materialien wirksame Signale sind, ist situationsabhängig und muß durch Antizipation möglicher Schülerverhaltensweisen jeweils aktuell beurteilt werden. In der späteren Forschung im Anschluß an Kounin wurde noch stärker der Eigendynamik der Unterrichtsereignisse Rechnung getragen (Doyle 1986). Ein kleines Beispiel für diese Eigendynamik ist die Strategie von Schülern, durch gezielte Rückfragen und halbfertige Antworten offene Lehrerfragen in geschlossene Problemstellungen zu verwandeln. Die Signale des Lehrers bewirken also nicht notwendig entsprechendes Unterrichtsverhalten der Schüler, sie müssen erst von den Schülern verstanden und umgesetzt werden. Dadurch beeinflussen die Schüler wiederum den Lehrer. Es geht also bei der Organisation des Unterrichtes in erster Linie um die gemeinsame Etablierung von akzeptierten Regeln und Verhaltenserwartungen und nicht um die Steuerung des Schülerhandelns durch den Lehrer.

Doyle (1986, 423) faßt in seiner umfangreichen Übersicht die empirischen Ergebnisse zur Unterrichtsführung zusammen: "Classroom management is fundamentally a process of solving the problem of order in classroom rather than the problems of misbehavior or student engagement. ... At its foundation, then, the teacher's management task is primarily one of establishing and maintaining work systems for classroom groups rather than spotting and punishing misbehavior, remediating behavioral disorders, or maximizing the engagement of individual students." (Hervorhebung im Original)

b) Die Entwicklung des Stoffes im Unterricht

Die Anforderungen an den Lehrer bei der Vermittlung des Fachinhaltes sind in besonderem Maße von den jeweiligen Inhalten, dem Lernstand, dem Jahrgang und dem Schultyp abhängig. Die Forschungsresultate erlauben nicht die Schlußfolgerung, es sei immer besser, eher schwierige als leichte Fragen zu stellen oder eher Verständnis- als reine Wissensfragen zu formulieren. Dennoch lassen sich in der empirischen Forschung zum Zusammenhang von Lehrerverhalten und Lernzuwachs bei Schülern einige Muster erkennen. Ein Beispiel dafür ist das Konstrukt 'Strukturierung des Unterrichtes' (durch den Lehrer). Übersichten zu Beginn der Unterrichtsstunde über den zu unterrichtenden Unterrichtsinhalt, die Hervorhebung wichtiger Ergebnisse, die abschließende Zusammenfassung, das Herstellen von Zusammenhängen zwischen der laufenden und den vorhergehenden Stunden kovariieren in vielen Studien mit dem gemessenen Lernerfolg von Schülern (Baumert, Roeder, Sang & Schmitz 1986, Brophy & Good 1986, Good & Grouws 1977). Die Klarheit der Fragen von Lehrern und ihrer Stoffdarstellung gehört zu den wenigen Unterrichtsvariablen, deren Zusammenhang mit der Lernleistung der

Schüler empirisch gut gesichert ist. Die Diskussion um eine angemessene Operationalisierung dieser Variable zeigt jedoch, daß Klarheit nicht ein reines Merkmal der Lehrersprache ist (z. B. Vermeidung von Fremdwörtern). Klare Stoffdarstellungen können auch nicht nur als maximale Übereinstimmung mit dem vorgegebenen Curriculum aufgefaßt werden. Zu Beginn der Forschung wurden u. a. diese beiden Operationalisierungen vorgeschlagen. Welche Art der Darstellungen eines Lehrers als klar zu bezeichnen ist, hängt vielmehr von dem jeweiligen Lernstand und der Lerngeschichte der Schüler ab (McCaleb & White 1980). Fragt man Schüler und Lehrer nach ihren Erfahrungen mit Lehrern, deren Unterricht klar ist, dann gehört dazu die Auswahl geeigneter Beispiele, das Eingehen auf Schülerschwierigkeiten, die Anordnung des Stoffes und Qualitäten der Sprache des Lehrers (Bush, Kennedy & Cruickshank 1977). Die Klarheit des Lehrers kovariiert auch mit den Vorkenntnissen der Schüler (Weinert, Schrader & Helmke 1990). Um klaren Unterricht zu machen, ist es also erforderlich, die Darbietung und Erarbeitung des Stoffes auf die Lerngeschichte der Schüler sowie auf die Bedingungen des Unterrichtes im Klassenverband zu beziehen und dabei zugleich die Logik der Stoffentwicklung zu erhalten. (Dies hatte auch Leinhardt bei den Experten-Lehrern beobachtet.)

'Lerngeschichte der Schüler' und 'Unterricht im Klassenverband' betreffen allerdings nicht nur die Variable Klarheit, sondern darüberhinaus die Anforderungen der Stoffentwicklung insgesamt.

Zur Lerngeschichte: Schüler sind nicht passive Rezipienten des neuen Wissens. Lernen und Behalten macht die aktive Auseinandersetzung mit dem Stoff und die Verbindung des bereits Gelernten mit dem neu zu Lernenden notwendig. Dieser Sachverhalt ist bereits von Ausubel, Bruner, Piaget und Vygotski herausgestellt worden (vgl. Skowronek 1970). Die Schüler können den Stoff nur verstehen und behalten, wenn sie ihn sich durch eigene Aktivität aneignen und in ihre Vorkenntnisse integrieren. In jüngerer Zeit sind die Vorkenntnisse (also das bereits Gelernte) und die naiven Vorstellungen über den Unterrichtsstoff in der Biologie (Brumby 1982), der Physik (Erichson 1979) sowie der Mathematik (Schoenfeld 1985) ausführlich untersucht worden. Schüler bringen demnach in den Unterricht teilweise elaborierte Vorstellungen zu den Themen des Schulstoffes mit. Die Vorkenntnisse und Voreinstellungen der Schüler zu dem jeweiligen Unterrichtsinhalt ermöglichen es, daß der Schüler einen Sinn in dem sieht, was ihm dargeboten wird. Deshalb erfordert die Anpassung der Schwierigkeit des Stoffes an die Schüler ein Verstehen des subjektiven Sinnes, den ein Thema für die Schüler hat. Die Schwierigkeit eines Stoffes ist nicht nur eine eindimensionale Variable (wie sie in dem testtheoretischen Begriff der Aufgabenschwierigkeit als relative Lösungshäufigkeit verstanden wird). Im Unterricht realisiert sich die Schwierigkeit als ein komplexes Verhältnis von schulischen Vorkenntnissen und Alltagswissen zu dem neuen Wissen. Die qualitativen Beziehungen zwischen den verschiedenen Bedeutungsbereichen müssen deshalb von dem Lehrer erkannt und mit dem neuen Stoff in Beziehung gesetzt werden. Es handelt sich hier nicht um die Umformulierung einer normativen Forderung (z. B. des pädagogischen Ideals der Schülerorientierung). Vielmehr wird eine Konsequenz aus den

78

empirischen Befunden zum Denken und Lernen von Schülern gezogen. In diesem Sinne kann man auch von einer Anforderung sprechen, die sich aus der 'Natur' des Schülerlernens ergibt.

<u>Unterricht im Klassenverband</u>: Es ist jedoch oft nicht möglich, individuell auf die Vorkenntnisse der Schüler einzugehen. Unterricht findet üblicherweise im Klassenverband statt. Ebenso wie die Vorkenntnisse der Schüler ist dies nicht nur eine Komplikation, sondern zugleich eine Möglichkeit des Unterrichtens. So werden durch Schüler mit unterschiedlichem Erkenntnisstand auch unterschiedliche Aspekte formuliert. Die Schülerbeiträge sind nicht nur Ausdruck des individuellen Lernens, sondern zugleich auch Teil der Darstellung des Stoffes. Sie können die gewünschte curriculare Bedeutung enthalten oder sie geben Anlaß, um über häufige Fehler und Mißverständnisse zu sprechen. Anpassung des Stoffes an die Schüler geschieht also auch in der Steuerung und Hervorhebung der Schülerbeiträge bezüglich ihrer Bedeutung für die Darstellung des Stoffes (vgl. Bromme & Steinbring 1990 für ein empirisches Beispiel dafür, wie solche Unterschiede zwischen Schülerbeiträgen von einem Experten-Lehrer genutzt werden).

Die Anforderung der Entwicklung des Stoffes im Unterricht besteht aber nicht nur in verbaler Darstellung, sei es durch Lehrer oder Schüler. Der Fachinhalt ist gar nicht einfach vom Lehrer an die Schüler 'weiterzugeben'. Er muß vielmehr im Unterricht neu konstruiert werden. Damit ist die Notwendigkeit gemeint, einen zusammenhängenden Sinn zwischen den einzelnen Elementen des Unterrichtes herzustellen. So wird es ermöglicht, auch mit einem teilweisen Verständnis des Stoffes dem Unterricht zu folgen. Dieses Dilemma ist in der Psychologie als Lernparadox beschrieben. Es geht um die Frage, wie neues Wissen bzw. Können auf der Basis des bereits bekannten Wissens und Könnens erworben werden kann (vgl. Bereiter 1985). Wie kann man z. B. eine mathematische Regel anwenden, ohne sie verstanden zu haben, wie kann man sie verstehen, ohne sie vorher angewendet zu haben? Dies ist keine rein theoretische, nur in der Begriffsbildung der psychologischen Forschung begründete Aporie. Sowohl die in der pädagogischen Psychologie intensiv untersuchte Frage des Verhältnisses von entdeckendem zu rezeptivem Lernen, als auch die Frage nach dem Verhältnis von Übung zu Einsicht beim Lernen sind praktischer Ausdruck dieses Problems. In diesem Sinne ist gemeint, daß das Wissen vom Lehrer nicht einfach weitergegeben werden kann, sondern im Unterricht durch den Lehrer ein eigener Kontext geschaffen werden muß, in dem die einzelnen Elemente des Stoffes Sinn bekommen. Deshalb werden hier die fachinhaltsbezogenen Anforderungen an den Lehrer als Stoffentwicklung bezeichnet.

Der Lehrer muß die zu unterrichtende Bedeutung im Unterricht neu konstruieren, er kann sie nicht einfach nur 'weitersagen'; so müssen etwa in der Schulmathematik viele mathematische Zusammenhänge implizit bleiben. Ein Beispiel: Ein Lehrer kann in der Sekundarstufe I nicht alle Axiome explizit nennen, die für den Beweis des Satzes notwendig sind, daß sich die Mittelsenkrechten eines Dreiecks in einem Punkt schneiden. Manches muß implizit bleiben, sei es, weil es zu voraussetzungsvoll wäre, sei es, weil es den Rahmen des weiteren Unterrichtes sprengen würde. Der Lehrer muß stattdessen pragmatische Gründe dafür geben, warum ein bestimmter Sachverhalt sinnvoll ist. Das

Dilemma, das sich bei der Einführung des neuen Wissens stellt, fordert von dem Lehrer die Ausübung von Überzeugung, man könnte auch sagen: Autorität (Polanyi 1985, 58-59). Der Lehrer muß glaubwürdig machen, daß es sinnvoll ist, bestimmte Elemente des Stoffes zu lernen, auch dann, wenn deren Sinn sich erst im nachhinein erschließt (Cuban 1984 b, Seeger 1990, Steinbring 1985). Diese Anforderung wird im Schulalltag oft unangemessen bewältigt, indem z. B. Lehrer den Sinn einzelner Elemente des zu lernenden Stoffes nur extern, etwa durch Noten oder Prüfungen, begründen (Chevallard 1985). Dennoch liegt hier eine sich aus der 'Natur des Lernens' ergebende Anforderung an den Lehrer vor, die nicht nur das professionelle Wissen, sondern die ganze Persönlichkeit des Lehrers fordert. Auch empirische Ergebnisse, die eine Kovariation zwischen dem Enthusiasmus des Lehrers für den Unterrichtsstoff und dem Lernerfolg (besonders bei älteren Schülern) zeigen, deuten auf diesen Zusammenhang hin (Brophy & Good 1986, 362).

c) Die Organisation der Unterrichtszeit

Die Organisation des Arbeitsablaufes und die gemeinsame Erarbeitung des zu lernenden Wissens sind als Prozeß zu betrachten, d. h. sie erstrecken sich über Zeit. Dieser grundlegende Sachverhalt wird leicht übersehen. Erst die Modelle schulischen Lernens, die das Verhältnis von notwendiger zu aufgewendeter Zeit zur Bestimmung der Lernleistung von Schülern verwendet haben (Carroll 1963, 1985, Harnischfeger & Wiley 1977), haben die Zeit als Variable des Unterrichtens in den Blickpunkt gerückt. Eine Vielzahl empirischer Untersuchungen zeigte den Zusammenhang von Nutzung der Unterrichtszeit und Lernerfolg (Denham & Liebermann 1980, Fisher & Berliner 1985). Die Variable Zeit der Unterrichtsforschung wurde jedoch nur als eine meßtechnisch geeignete Größe zur Bestimmung der Quantität des Unterrichtes verwendet. Dabei blieb unbeachtet, daß Zeit auch Gegenstand der Tätigkeit von Lehrern ist (Ben-Peretz & Bromme 1990, Hömberg 1982). Die zur Verfügung stehende Zeit ist für den Lehrer eine Rahmenbedingung des Unterrichtens. Außerdem lassen sich viele Aufgaben des Lehrers im Unterricht als Verteilung von Zeit und als Rhythmisierung von Ereignissequenzen charakterisieren. Zeit ist Rahmen und Variable des Unterrichtes zugleich. Der Ablauf des Schuljahres, Ferientermine, Prüfungen, Schulfeste sowie das Jahrgangsprinzip und die entsprechende zeitliche Anordnung des Curriculums im Lehrplan erzeugen einen bestimmten Rhythmus und sind zugleich Grenzen der Unterrichtsgestaltung durch den Lehrer. In diesem Sinne ist die Zeit ein Rahmen. Eine Anforderung besteht darin, alle Tätigkeiten in dem Rahmen abzuwickeln. Anders lassen sich Übergänge zwischen Klassen und Schulformen nicht sichern. So wird denn auch Zeitdruck beim Durchgang durch das Curriculum in Befragungen von Lehrern als wichtiger Faktor bei der Unterrichtsplanung genannt (Bromme & Hömberg 1981).

Die zur Verfügung stehende Zeit wird vom Lehrer auf verschiedene Unterrichtsformen, auf verschiedene Aspekte des Fachinhaltes und auch auf verschiedene Schüler verteilt. Arlin (1979) und Hömberg (1982) bezeichnen dies als 'time management' in Analogie zu dem Begriff des 'classroom-management'. Viele der oben angeführten Variablen der Organisation des Unterrichtsablaufes betreffen Zeitaufteilung und Rhythmik, z. B. die Begriffe des Schwunges, der Allgegenwärtigkeit oder der weichen Übergänge. Kounin (1976) bezeichnet das zu späte Eingreifen des Lehrers bei fehlender Schülermitarbeit als 'Zeitfehler'. Da die Fachinhalte relativ festgelegt sind, besteht die fachbezogene Gestaltungsfreiheit des Lehrers im wesentlichen in der Möglichkeit, die zeitliche Abfolge und die Dauer, mit der bestimmte Stoffe im Unterricht behandelt werden, zu variieren. Dauer und Zeitpunkt von Schülerbeiträgen sind auch viel leichter zu beeinflussen als ihr Inhalt. Man kann - etwas pointiert - viele Schülerfehler im Unterrichtsgespräch als richtige Äußerungen zum falschen Zeitpunkt bezeichnen. Indem der Lehrer festlegt, wann auf welchen Aspekt der zu vermittelnden Bedeutung eingegangen wird, kann er aus heterogenen Schülerbeiträgen eine in sich konsistente Darstellung des Stoffes erzeugen.

d) Der Lehrer als Teil und als Organisator eines Systems

Die voranstehenden Bereiche von Anforderungen (Aktivitätsstruktur, Stoffentwicklung, Zeit) wurden aus analytischen Gründen getrennt. Die Anforderungen werden dann am besten bewältigt, wenn der Lehrer im Handeln eine Einheit zwischen organisatorischer und inhaltlicher Gestaltung des Unterrichtsprozesses erzielen kann und wenn diese Einheit auf die zeitlichen Rahmenbedingungen in einer geeigneten Rhythmik abgestimmt ist. Die Anforderung besteht also darin, dem gesamten Unterrichtsablauf eine soziale, zeitliche und inhaltliche Struktur zu verleihen. In der Untersuchung Leinhardts (1986) (siehe Kap. 4) war diese Struktur (bzw. Gestalt) als die fachliche und pädagogische 'Logik' des Unterrichtsprozesses beschrieben worden. Der Lehrer muß einen Bedeutungszusammenhang (Sinn) zwischen den Elementen und Ereignissen des Unterrichtsflusses selbst erkennen und zugleich den Schülern deutlich machen. In dem Maße, wie unzusammenhängende Beiträge im Unterricht auftreten, reduziert sich der Lernerfolg der Schüler.

Die Gestaltung des Unterrichtsablaufes sowie die Anpassung des Fachinhaltes an den Kontext des Unterrichtes muß von dem Lehrer nicht täglich neu vorgenommen werden. Oben wurde schon auf die Bedeutung von sozial eingeübten Verhaltensmustern im Unterricht hingewiesen. Die Schüler haben (außer in der ersten Klasse) bereits Erfahrungen mit dem üblichen Ablauf von Unterricht gemacht. Auch die Aufgaben, das Lehrmaterial und sogar die Schularchitektur lassen nur bestimmte Verhaltensweisen zu (Diederich 1982). (Dieser Gedanke ist auch in dem Begriff des Signalsystems von Kounin (1976) enthalten, der ausdrücklich nicht auf die expliziten Aufträge des Lehrers beschränkt ist.) Lehrer und Schüler sind in diesem Sinne Teil eines von ihnen vorgefundenen sozialen Systems. Die Gestaltung des Unterrichtsablaufes erfordert deshalb nicht eine völlige Neukonstruktion, sondern nur das immer neue Zusammensetzen von bereits bekannten Elementen. Aus diesem Grund findet sich - zumindest bei erfolgreichen Lehrern - eine zeitliche Stabilität der Verhaltensweisen und auch der Interpretationsmuster von Lehrern und Schülern.

Worin besteht angesichts dieser Stabilität dann noch das täglich Neue in den Anforderungen an Lehrer? Inwiefern weist das wiederholte Entwickeln einer rhythmischen Gestalt des inhaltlichen und organisatorischen Unterrichtsablaufes noch einen Schwierigkeitsgrad auf, der das Können und Wissen eines Experten erfordert? Eine Antwort auf diese Frage besteht in dem Hinweis auf das 'Eigenleben' der Elemente des Unterrichtsablaufes, die von dem Lehrer nur beeinflußt, aber nicht kontrolliert werden können. Im gemeinsamen System 'Klassenzimmer' interpretieren die Personen die Ereignisse auf der Grundlage ihres individuellen Wissens und ihrer Erfahrungen als Lehrer und Schüler; Lehrer- und Schüler-Interpretationen bestimmter Äußerungen und Handlungen können sich aber unterscheiden, etwa wenn Schüler Wissensfragen des Lehrers als eine Aufforderung zum Raten gewünschter Stichworte interpretieren. Derartige Interpretationsunterschiede und die daraus resultierenden Verständigungsschwierigkeiten sind vor allem in der ethnomethodologischen Tradition der Unterrichtsforschung belegt worden (z. B. Bauersfeld 1982, Mehan 1974). Die empirischen Befunde (siehe oben) zu den oftmals eigenwilligen, aber durchaus systematischen Schülerinterpretationen des Schulstoffes belegen eine subjektive Sinn-Konstruktion, die sich von der 'offiziellen' Bedeutung des intendierten Curriculums unterscheidet.

Der Lehrer kann also den Unterrichtsprozeß nur in einer stochastischen, nicht in einer deterministischen Weise beeinflussen. Außerdem sind seine Handlungen ein Teil des Systems 'Unterricht'. Dadurch hat er einen besonderen Status: Er ist einerseits selber Teil des Systems 'Unterricht', andererseits muß er es zu überwachen und zu steuern versuchen. Eine solche Situation ist auch bei anderen Experten zu beobachten, z. B. bei Leitern eines Wirtschaftsunternehmens, bei Bürgermeistern und bis zu einem gewissen Grade auch bei Ärzten. Die Expertenforschung (siehe Kap. 2) trägt dieser Doppelrolle aber nicht Rechnung. Dort steht der Experte dem Problem gegenüber und versucht ein System zu steuern, dessen Teil er selbst nicht ist.

Die Zusammenstellung der Anforderungen an Lehrer soll mit einem Hinweis darauf abgeschlossen werden, was hier nicht als Anforderung bezeichnet war: Schüler Unterrichtsstoff zu lehren. Nun ist der Begriff des Lehrens doppeldeutig, d. h. er bezeichnet sowohl den Effekt der Vermittlung von etwas als auch die Tätigkeit selbst (ähnlich wie die Begriffe 'verkaufen', 'überzeugen', aber anders als 'suchen'; hier lautet der Begriff für das Ergebnis 'finden'). Lehren kann also als Ergebnis und als Tätigkeit des Lehrers aufgefaßt werden (Fenstermacher 1985). Die obige Zusammenstellung der Anforderungen bezieht sich nur auf den zweiten Aspekt, nämlich Lehren als Tätigkeit der Durchführung und Gestaltung von Unterricht. Das Lehrerhandeln im Unterricht beeinflußt unmittelbar die sichtbaren Verhaltensweisen und die Überlegungen der Schüler im Unterricht. Es übt aber nur einen indirekten Effekt auf die Lernleistung und das Verstehen von Schülern aus. In den Unterrichtsmodellen von Carroll (1963) und von Harnischfeger & Wiley (1977) wird deshalb die Aufgabe des Lehrers nicht mehr als Lehren, sondern als das

Zur-Verfügung-Stellen von Lerngelegenheiten interpretiert. Damit wird theoretisch (und in der Lehr-Lernzeit-Forschung auch empirisch) der Begrenztheit der Wirkung des Lehrers für das Lernen der Schüler Rechnung getragen (Dollase 1984). Gleichzeitig bleibt jedoch erklärbar, was Lehrer stattdessen tun, nämlich Lerngelegenheiten schaffen. Auf der Grundlage der voranstehenden Rekonstruktion von Anforderungen läßt sich dies nun wie folgt konkretisieren: Lerngelegenheiten werden durch Erzeugung der zeitlichen und inhaltlichen Gestalt des Unterrichtsablaufes geschaffen.

Der Unterschied von Lehren (als Ergebnis) und Lehren (als Tätigkeit des Organisierens von Lerngelegenheiten) ist in der Lehr-Lern-Forschung zum Lehrerverhalten allgemein akzeptiert. Die Konsequenzen dieses Unterschiedes für das theoretische Verständnis des professionellen Wissens von Lehrern sind in der Lehr-Lernforschung aber noch nicht diskutiert worden. Solche Konsequenzen werden im Anschluß an die folgenden empirischen Befunde behandelt werden.

5.3 Zum Zusammenhang von Anforderungen und kategorialer Wahrnehmung: Was wissen Lehrer über das Verständnis ihrer Schüler während des Unterrichtes?

In der pädagogischen Psychologie ist die normative Vorstellung weit verbreitet, der Unterricht müsse möglichst individuell an die Kenntnisse und Fähigkeiten einzelner Schüler angepaßt werden (Corno & Snow 1986), und daher sollten die Schwierigkeiten der Schüler während des Unterrichts möglichst genau wahrgenommen werden. Die kategoriale Wahrnehmung des Verstehens von Schülern ist ein gutes Beispiel für die Anwendung professionellen Wissens. Die bislang vorliegenden Studien zeigen ein eher negatives Bild. Danach erkennen Lehrer wenig von dem Verstehen ihrer Schüler während des Unterrichtens (Jecker, Mackoby & Breitrose 1965, Brophy & Good 1974), sie verfügen anscheinend nicht über die Konzepte, die ihnen die Wahrnehmung kritischer Ereignisse des individuellen Verstehens erlauben. Shroyer (1981) hat Lehrer bei gemeinsamer Betrachtung von Videoaufzeichnungen nach dem Unterricht befragt; sie sollten sich an Momente erinnern, in denen Schüler besondere Schwierigkeiten hatten oder in denen sie unerwartete Lernfortschritte zeigten. Weiterhin fragte sie, was sich die Lehrer im Unterricht dazu überlegt hatten; sie beobachtete parallel dazu den Unterricht und fand, daß nur 3% der von ihr beobachteten Schwierigkeiten und Lernfortschritte der Schüler auch von den Lehrern wahrgenommen wurden.

Den obengenannten Untersuchungen liegt jedoch – implizit – ein unrealistisches Bild von den Anforderungen an Lehrer während des Unterrichtes zugrunde, das wiederum zu einer Unterschätzung des professionellen Wissens von Lehrern geführt hat. Hinweise dafür haben mehrere Studien mit Mathematiklehrern erbracht.

Ich habe gefragt, an welche Verständnisprobleme und Verständnisfortschritte einzelner Schüler sich Mathematiklehrer erinnern (Bromme 1987 b). Das Interview wurde anhand kurzer Aufzeichnungen der mathematischen Aufgaben des Unterrichtes durchgeführt. Videoaufzeichnungen wurden bewußt nicht eingesetzt, um ein nachträgliches Beobachten der Schüler auszuschließen. Interviews von 19 Mathematiklehrern der Klassen 5-7, die sich auf je eine Unterrichtsstunde bezogen, wurden inhaltsanalytisch ausgewertet. Dabei wurde untersucht, ob sich die Lehrer an Lernfortschritte oder Verständnisprobleme erinnerten und wer der Akteur in solchen Momenten war: die ganze Klasse, einzelne namentlich benannte Schüler oder Teilgruppen der Klasse. Insgesamt wurden bei den Problemen 69 Fälle genannt, davon entfielen 56% auf namentlich benannte Schüler, 28% auf die ganze Klasse und 16% auf Schülergruppen. Bei den Lernfortschritten waren es 83 Fälle, die sich zu 64% auf einzelne Schüler, zu 23% auf die ganze Klasse und zu 13% auf Schülergruppen aufteilten. Pro Stunde nannten die Lehrer also durchschnittlich nur 2 Schüler namentlich bei einem Maximum von je 6 Schülern bei zwei Lehrern. Acht der neunzehn Lehrer erinnerten sich an gar keinen namentlich benannnten Schüler mit Verständnisproblemen im eben abgelaufenen Unterricht. Bei den Lernfortschritten waren die Unterschiede zwischen den Lehrern geringer, es wurden im Durchschnitt 3 Schüler namentlich benannt.

Vom individuellen Verstehen des Stoffes wurde also wenig wahrgenommen. Die befragten Lehrer haben statt dessen die Klasse als Einheit beobachtet. Nimmt man die Erwähnung von Gruppen (deren Mitglieder nicht namentlich benannt wurden) und der ganzen Klasse zusammen, so macht dies knapp die Hälfte aller Erinnerungen aus. Für den Akteur 'Klasse' finden sich auch bei allen Lehrern Beobachtungen, während, wie bemerkt, fast die Hälfte der Lehrer gar keinen individuellen Schüler mit Verständnisproblemen nannte. Daraus kann geschlossen werden, daß für sie die ganze Klasse und der Unterrichtsfluß im Mittelpunkt der Wahrnehmungen im Unterricht und entsprechend auch der Erinnerungen stand. Dafür spricht auch die Struktur der Ereignisbeschreibungen durch die Lehrer. Bei der Kodierung wurde zwischen dem Akteur (Schüler oder ganze Klasse, wie eben beschrieben), der Aktivität, bei der Verstehensfortschritte bzw. Probleme auftraten (z. B. beim Berechnen der Aufgabe), und den vermuteten Ursachen (z. B. Aufmerksamkeit) unterschieden. Insgesamt wurden 27 (22) Fälle des Verstehens (Problems) genannt, in denen nur der Akteur und die vermutete Ursache erinnert wurden, ohne Angabe eines Ereignisses, an dem das Verstehen überhaupt festgemacht werden konnte. In diesen Fällen war als Akteur dann fast immer ein namentlich benannter Schüler erwähnt, der als problematisch galt. Wurden dagegen konkrete, beobachtbare Ereignisse erinnert, bei denen der Lehrer Verstehen oder Verständisprobleme wahrgenommen hatte, dann wurde als Akteur die ganze Klasse oder eine Schülergruppe genannt.

Die Anzahl der erinnerten Schülerprobleme und Lernfortschritte war also insgesamt überraschend gering. Das Ergebnis ist – auf den ersten Blick – ähnlich negativ wie bei der erwähnten Untersuchung von Shroyer (1981). Nur wenige Episoden im Unterrichtsprozeß, die Probleme und Verständnisfortschritte enthielten, wurden erinnert. Aber es waren die Episoden, in denen jeweils neue Schritte im Durchgang durch das Curriculum eingeleitet wurden. Aus der Sicht der Lehrer handelte es sich um die Schlüsselepisoden. Schülerbeiträge wurden dann erinnert, wenn sie von strategischem Wert für den

Ablauf des inhaltlichen Dialogs waren, z. B. "Keiner konnte eine Antwort auf meine Frage geben, da kam Alexander mit einer guten Idee". Mit strategischem Wert ist gemeint, daß sie in dem Moment im Unterricht auftraten, in dem es aus der Sicht der Lehrer 'hakte' (dieses Bild gebrauchte eine Lehrerin) oder wo der eigentliche Übergang vom alten zum neuen Wissen erfolgen sollte.

Nicht die Diagnose individueller Schülerfehler, sondern die Gestalt des ganzen Unterrichtsflusses stand im Mittelpunkt der Erinnerung und, so ist zu vermuten, auch der kategorialen Wahrnehmung der Lehrer im Unterricht. Das handelnde Subjekt der Lernaktivitäten war nicht der individuelle Lerner, sondern eine abstrakte, aber psychologisch reale Einheit, die ich als 'Kollektiver Schüler' (collective student) bezeichne (Bromme 1987). Eine solche Deutung unserer Befunde wird auch durch eine Studie von Putnam (1987) unterstützt. Er hat untersucht, wie Schüler bezüglich ihres Verstehens von Lehrern beobachtet werden und ob der Stoff dabei an ihren Lernstand angepaßt wird. Für die Entwicklung eines intelligenten tutoriellen Systems wollte er das Wissen von erfahrenen Lehrern über Schülerfehler untersuchen. Es handelte sich dabei um ein Laborexperiment, bei dem nur jeweils ein Schüler unterrichtet wurde. Insofern waren geradezu ideale Bedingungen für eine genaue Beobachtung und Interpretation der Schülerschwierigkeiten durch die untersuchten Lehrer gegeben. Doch selbst unter diesen Bedingungen konzentrierten sich die Lehrer offensichtlich auf etwas anderes, nämlich auf das 'Curriculum Script', also die fachbezogenen Aktivitätsszenarien, die die Gestalt des Unterrichtsflusses bilden.

Die Untersuchung bestand aus zwei Teilen: Vier Lehrer der zweiten Klasse und zwei Lehrer der ersten Klasse (mit wenigstens zehn Jahren Berufstätigkeit) unterrichteten jeweils einen Schüler in Addition mit Zehnerübertrag. Der Unterricht dauerte jeweils 30 Minuten, das Unterrichtsziel war vorgegeben. In einer zweiten Untersuchungsphase wurde das Lernen und das Auftreten von Schülerfehlern mit einem Computerprogramm simuliert. Auf dem Bildschirm erschienen systematische Fehler (falsche Hilfsstrategien bei Fehlern, sogenannte 'bugging procedures', vgl. Brown & Burton 1978), die bei empirischen Untersuchungen zu Schülerfehlern gefunden wurden. Die Lehrer erhielten verschiedene Fördermaßnahmen zur Auswahl. Die Maßnahmen entstammten der empirischen Forschung über Förderstrategien bei Additionsproblemen. Anhand einer Videoaufzeichnung des Unterrichts und des Computerprotokolls der Simulationsstudie wurde eine nachträgliche Befragung zu den Überlegungen und dem Bild des Lehrers von den Schülerfehlern durchgeführt. Ergebnisse des ersten Teils mit Schülern: Wenn die Lehrer mit einem Fehler konfrontiert waren, so versuchten sie, diesen Fehler möglichst schnell zu überwinden. Sie reagierten fast auf jeden Fehler der Schüler sofort, indem sie ihn entweder korrigierten, auf den Fehler nur hinwiesen, die erforderliche Regel vorführten oder das Problem noch einmal durchsprachen, damit der Schüler den Fehler einsah. Bei 58% der aufgetretenen Fehler versuchten die Lehrer, direkt eine richtige Aufgabenlösung zu erreichen. In rund 40% der Fälle vermittelten sie (teilweise zusätzlich) noch eine Regel oder einen Begriff zur Korrektur des Schülerfehlers. Nur in wenigen Fällen (7%) war in den Reaktionen auf Schülerfehler der Versuch erkennbar, die

Schwierigkeiten des Schülers besser zu verstehen; die Schüler wurden dann z. B. gefragt, was sie sich bei ihrer Vorgehensweise gedacht hatten, oder es wurde ihnen gestattet, das Problem noch einmal durchzurechnen, um von selbst den eigenen Irrtum zu bemerken. Ein ähnliches Ergebnis zeigte die Simulationsstudie. Hier wäre es möglich gewesen, beim Auftreten eines Fehlers durch die Vorgabe weiterer analoger Aufgaben die Natur der jeweiligen Schülerstrategie ('bugging procedures') zu identifizieren. Stattdessen wurde unmittelbar mit einem Unterrichtsschritt reagiert. Erst danach wurden ähnliche Aufgaben gestellt, um festzustellen, ob sich der eben aufgetretene Fehler nicht mehr wiederholte. War dies dennoch der Fall, setzten die Lehrer solange andere Unterrichtsmaßnahmen ein, bis der Fehler nicht mehr auftrat. In keinem Fall wurden nach einem Fehler weitere Aufgaben gestellt, um die Art der Schwierigkeit näher kennenzulernen. Dennoch wäre die Schlußfolgerung verfehlt, die Lehrer hätten nicht auf die Schüler geachtet. Die Vorgabe einer neuen Aufgabe oder die Erläuterung hatte jeweils eine doppelte Funktion. Sie war der nächste unterrichtliche Schritt für den Schüler und gleichzeitig Indikator für den Lehrer, in welchem Tempo fortzufahren sei.

Die Lehrer adaptierten den Stoff an die Schüler durch eine Staffelung der Aufgabenabfolge. Bestimmte Aufgabeneigenschaften (z. B. Zehnerübertrag) sowie Schreibweisen (z. B. Summanden untereinander oder nebeneinander) machten nach Auffassung der Lehrer die unterschiedliche Schwierigkeit der Aufgaben aus. Sie verwendeten bei verschiedenen Schülern immer die gleiche Abfolge von Aufgaben. Obwohl die beobachtbaren Schwierigkeiten der Schüler qualitativ verschieden waren (auch das Simulationsexperiment war so angelegt), folgten die Lehrer einer festen Abfolge im Stoff, die Putnam (1987) mit dem bereits oben erwähnten Begriff des Curriculum-Scripts bezeichnet. Soweit in den Interviews Äußerungen zu den Schülerschwierigkeiten auftraten, wurden sie in Begriffen der geforderten Aufgabenlösung, nicht in Begriffen der Fehlerstrategien geäußert. Die Anpassung an die speziellen Schülerschwierigkeiten, die sich in den Fehlern äußerten, zeigte sich vor allem in dem Tempo, d. h. in dem Verbleiben bei Aufgaben eines bestimmten Typs und in der Variation der Fragen und Erläuterungen. Putnam schlägt vor, begrifflich zwischen Makro- und Mikro-Anpassungen des Curriculum-Scripts zu unterscheiden. Makro-Anpassungen bestehen in Änderungen der vorgesehenen Abfolge der Themen und Aufgaben; sie treten sehr selten auf. Mikro-Anpassungen sind die eben beschriebenen Reaktionen auf Schülerfehler durch Änderung des Tempos, durch zusätzliche Fragen oder durch weitergehende Erläuterungen. Dabei wird die geplante Abfolge des zu unterrichtenden Stoffes beibehalten, denn sie ist im Curriculum-Script festgelegt. Die Abfolge ist wiederum an einer impliziten psychologischen Konzeption dessen, was eine Aufgabe schwierig macht, orientiert, sie ist also nicht allein durch die Logik des mathematischen Inhaltes begründet (siehe dazu auch Kap. 6).

Aus dem offensichtlichen Fehlen diagnostischer Bemühungen ist nicht zu schließen, die beteiligten Lehrer hätten keine impliziten diagnostischen Hypothesen über die Fehler der Schüler gebildet. So kann man argumentieren, eine Erläuterung anläßlich eines Schülerfehlers setze auch eine Hypothese über die Art des Defizits voraus. Da aber fast keine Aktivitäten zur weiteren Klärung des Schülerfehlers beobachtbar sind, ist die

Schlußfolgerung von Putnam plausibel: Entweder waren die Ursachen des Schülerfehlers für die Lehrer unmittelbar evident oder unwichtig (1987, 28); beide Erklärungen schließen sich nicht aus. Offensichtlich fand sich bei den hier untersuchten Lehrern das schnelle, intuitive Sehen dessen, was an der jeweiligen Schülerlösung falsch war. Eine ausführlichere Diagnose ist für die Anregung weiterer Schülerschritte nicht nötig. Die Ergebnisse von Putnam (1987) sind bemerkenswert, weil die künstliche Situation des Unterrichtens eines einzelnen Schülers sehr gute Möglichkeiten für eine individuelle Diagnose der Schülerfehler und die Entwicklung eines umfassenden Verständnisses geboten hätte. Sie sprechen dafür, daß Lehrer die Verständnisprobleme und Fortschritte ihrer Schüler vor dem Hintergrund einer intendierten Aktivitätsstruktur im Umgang mit den fachlichen Aufgaben beurteilen. Die verbreitete Redeweise von Lehrern, derzufolge 'die Klasse' heute gut gearbeitet habe, oder viel größere Schwierigkeiten mit der Bruchrechnung als andere habe, ist nicht nur eine sprachliche Vereinfachung, sondern deutet ebenfalls darauf hin, daß ganze Klassen kategoriale Einheiten der Wahrnehmung von Lehrern sind (vgl. auch Rutter et al. (1980) mit einem ähnlichen Befund).

Wir fanden Hinweise auf ein interindividuell übereinstimmendes Bezugssystem, in dem Unterschiede zwischen Klassen abbildbar sind (Bromme & Dobslaw 1987). Mathematiklehrer beurteilten auf einer Skala unmittelbar nach einer Unterrichtsstunde das Verstehen und die Mitarbeit jedes Schülers. Weiterhin wurde die Mitarbeitsrate im Unterricht erfaßt und die Leistungen vor und nach der Unterrichtseinheit durch einen Test gemessen. Die Beurteilungen durch die Lehrer und die Beobachtungen wurden nach bzw. während vier Unterrichtsstunden durchgeführt. Bei der Auswertung fragten wir, ob Klassen, deren Mitarbeit vom Lehrer insgesamt relativ hoch eingeschätzt wird, auch in der Unterrichtsbeobachtung hohe Mitarbeitsraten aufwiesen; die Urteile der Lehrer wurden also so betrachtet, als hätten mehrere Beobachter das gleiche Instrument verwendet. Wenn die theoretische Annahme richtig ist, daß die Urteile über Verstehen und Mitarbeit im Zusammenhang mit den Anforderungen des Unterrichtens erfolgen, dann sollten die Schülerbeurteilungen nicht nur die Varianz innerhalb von Klassen abbilden, sondern auch mit den gemessenen Unterschieden zwischen den Klassen kovariieren. Dies war tatsächlich der Fall: Die beobachtete mittlere Mitarbeitsrate korrelierte - über die 19 untersuchten Lehrer - signifikant mit der mittleren Mitarbeitsbeurteilung durch die Lehrer, obwohl jeder Lehrer nur seine Klasse beurteilt hatte. Die Verstehensurteile korrelierten signifikant mit dem absoluten Leistungsstand (gemessen durch den Vortest), nicht aber mit dem Lernzuwachs. Die interindividuellen Ankerpunkte der Urteile und Interpretationen der Begriffe 'Mitarbeit' und 'Verstehen' ähnelten sich also.

Bedenkt man, daß die Klassen etwa aus 25-30 Schülern bestehen, dann ist plausibel, daß Lehrer nicht die Fehler ihrer Schüler diagnostizieren können, wie Ärzte Krankheiten diagnostizieren. Lehrer orientieren sich an Schülergruppen, nicht an einzelnen Schülern. Lundgreen (1972) hat indirekte Hinweise auf eine Orientierung von Lehrern an der 'steering group' (einer Gruppe aus dem unteren Begabungsdrittel der Schüler) bei den Entscheidungen über Tempo und Portionierung des Unterrichtsstoffes gefunden. Baumert, Schmitz, Sang & Roeder (1987) zeigen, daß es von verschiedenen Kontextfaktoren abhängt, an welcher Schülergruppe sich Lehrer orientieren. Die einzelnen Schüler werden für den Unterrichtsprozeß als Teil einer Gruppe wahrgenommen. Das schließt natürlich nicht den Erwerb von Wissen über den Schüler als Individuum aus, das für andere Aufgaben als die Durchführung von Unterricht gebraucht wird (z. B. zur Schülerbewertung).

Anforderungsanalyse als Heuristik bei der Suche nach den 'natürlichen' Kategorien des Expertenwissens

In der pädagogischen Psychologie findet sich gelegentlich ein Modell der Anforderungen an den Lehrer, nach dem der Unterricht dann erfolgreich ist, wenn er (pointiert gesagt) aus individuellen Förderkursen für jeden Schüler besteht (z. B. bei Romberg 1980). Entsprechend enttäuscht sind Untersucher dann, wenn sie wenig Wissen über individuelle Lernfortschritte finden. Das Phänomen der Orientierung an Schülergruppen wird bei einer solchen Auffassung von den Anforderungen des Unterrichtens nur als Folge einer vermuteten Beschränkung der kognitiven Kapazität des Lehrers gesehen (also als Folge eines Defizites oder einer gleichsam natürlichen Beschränkung), nicht aber als eine Strategie, mit der auch etwas für den Unterricht gewonnen werden kann. Die Gegenüberstellung von empirisch rekonstruierten Anforderungen an die Berufstätigkeit des Experten und Befunden zum professionellen Wissen kann also davor bewahren, bestimmte Inhalte (hier: Kategorien über Aktivitätsszenarien statt Wissen über einzelne Schüler) zu übersehen.

Die Anforderungsanalyse bietet auch eine Heuristik, um inkonsistente Befunde zu erklären, die überwiegend ohne Berücksichtigung der Anforderungen an Lehrer zustande gekommen sind. Dazu im folgenden ein Beispiel: Wie eingangs dargestellt (siehe Kap. 1), war die Forschung zur impliziten Persönlichkeitstheorie von Lehrern über Schüler bahnbrechend für die Entwicklung des Forschungsfeldes 'Lehrerkognitionen'. Im Laufe der Geschichte des Forschungsprogramms ergaben sich jedoch erhebliche Inkonsistenzen zwischen den Befunden verschiedener Autoren. Weiterhin wurden methodische Einwände vorgebracht, vgl. Gigerenzer & Strube (1978), Huber & Mandl (1979) für methodische Kritiken an Studien, in denen faktorenanalytisch Lehrerbilder von Schülertypen ermittelt wurden. Wahrscheinlich ist die These, es gäbe in der Sicht von Lehrern einige wenige stabile Schülertypen, nicht aufrechtzuerhalten (Oldenbürger 1987). Je nach der Situation, in der sich ein Lehrer den zu beurteilenden Schüler vorstellte, variierten die relevanten Personenmerkmale (Bender 1984, van Buer, Achtenhagen, Sembil & Oldenbürger 1986, Hofer 1986 b, Rischmüller 1982). Hofer (1986 a, Kap. 6) sieht die empirisch gefundenen Muster von perzipierten Schülertypen und individualisierendem Lehrerverhalten gegenüber diesen Schülern in Zusammenhang mit dem Ziel der Lehrer, den Unterricht im Fluß zu halten (Hofer 1986 a, 165). Morine-Dershimer (1979) hat solche Veränderungen untersucht. Sie gab 10 Lehrern die Namen ihrer Schüler auf Karten vor, ließ diese frei sortieren und die Gruppen benennen. Die Erhebung wurde im

Laufe des Schuljahres wiederholt. Dabei zeigte sich eine Veränderung der Gruppenbildung: Wurden die Schüler zu Anfang des Jahres noch nach persönlichen Eigenarten gruppiert, so standen zur Mitte des Schuljahres dagegen eher Aspekte ihrer Leistung im Vordergrund.

Die von den Probanden in Untersuchungen zur impliziten Persönlichkeitstheorie zu beurteilende Einheit ist die Person des individuellen Schülers (z. B. müssen die Eigenschaften eines 'schlechten Schülers' beurteilt werden). Dem lag die Vorannahme zugrunde, der 'schlechte Schüler' sei eine natürliche Kategorie des Lehrers. Die subjektiv perzipierten Eigenschaften des schlechten Schülers und seine Ähnlichkeit mit anderen Schülertypen werden dann empirisch ermittelt. Die obige Rekonstruktion der Anforderungen des Unterrichtens stellt die Vorannahme, der 'schlechte Schüler' sei eine natürliche Kategorie des Lehrers, jedoch in Frage; möglicherweise sind die Vorstellungen von Lehrern darüber, was ein guter oder ein schlechter Schüler ist, sehr situationsabhängig. Das Bild des Schülers könnte also davon abhängen, in welche Situation, in welchen typischen Fall des Unterrichtsablaufes er gerade 'verwickelt' ist.

Zusammenfassung und Schlußfolgerungen

Ein Grundgedanke des Expertenansatzes besteht darin, das Wissen des Experten im Zusammenhang mit den beruflichen Anforderungen zu analysieren. In diesem Kapitel wird deshalb eine Rekonstruktion dieser Anforderungen vorgenommen. Dazu wird das Kernstück der Lehrertätigkeit ausgewählt, nämlich die Gestaltung von Unterricht im Klassenverband. Andere Anforderungen (z. B. die Leistungsbeurteilung) werden nicht behandelt. Mit 'Anforderungen' werden die sachlich gegebenen Möglichkeiten und Notwendigkeiten des Unterrichtshandelns von Lehrern bezeichnet. Obwohl Lehrer unterschiedliche Ziele verfolgen und Unterrichtssituationen auch sehr verschieden interpretieren, kann man doch konstante Bedingungen des Unterrichtens beschreiben, die sich aus der Schulorganisation, den übergreifenden Zielen der Institution Schule und aus der psychologischen 'Natur' von Lehr-Lernprozessen ergeben. Es wird vorgeschlagen, auf die Ergebnisse und auf die theoretischen Schwierigkeiten der Lehr-Lern-Forschung (zu Bedingungen und Formen erfolgreichen Lehrens) zurückzugreifen, um die Anforderungen an Lehrer zu rekonstruieren. Drei Bereiche werden analytisch unterschieden: Die Organisation und Aufrechterhaltung von Schüleraktivitäten (also die sogenannte Klassenführung), die Entwicklung des Stoffes im Unterricht und die Einteilung von Unterrichtszeit, einschließlich der Rhythmisierung von Unterrichtsabläufen. Alle Bereiche werden unter Rückgriff auf empirische Befunde der Lehr-Lern-Forschung erläutert.

Die Anforderung der Klassenführung ist von Kounin (1976) ausführlich analysiert worden. Er konnte zeigen, daß die Unterrichtssteuerung am besten dann erfolgt, wenn sie nebenbei geschieht. Wichtig ist eine Gestaltung des Unterrichtsablaufes, die Störungen wenig Raum läßt. Die Anforderung der Stoffentwicklung besteht in einer möglichst klaren und schülerangepaßten Stoffdarbietung und der Anregung eigenständiger Aktivitäten der Schüler. Die Schüleranpassung betrifft u. a. die Berücksichtigung der Lerngeschichte der Schüler und ihrer subjektiven Interpretation der Fachinhalte. Das Unterrichten im leistungsheterogenen Klassenverband schafft dabei besondere Schwierigkeiten, aber auch Möglichkeiten, die sich im Einzelunterricht nicht ergeben. Verschiedene Bedeutungsaspekte können von Schülern unterschiedlicher Leistungsstärke zeitlich parallel in den Unterricht eingebracht werden. Der Lehrer muß diese Bedeutungsaspekte dann wieder zusammenfügen, um den Schülern einen zusammenhängenden 'Sinn' des zu lernenden Stoffes zu vermitteln. Die zur Verfügung stehende Unterrichtszeit ist Rahmenbedingung des Unterrichtes und muß vom Lehrer angemessen aufgeteilt werden. Die Steuerung des Unterrichtstempos und die Gestaltung der Rhythmik (Wechsel der Arbeitsformen und -inhalte) der Unterrichtsereignisse sind eine - in der Unterrichtsforschung lange vernachlässigte - Anforderung an den Lehrer. Die verschiedenen Anforderungsbereiche wurden hierbei zwar analytisch getrennt, sie lassen sich aber nur als Einheit erfolgreich bewältigen. So erfolgt die organisatorische Klassenführung z. B. dann am besten, wenn die Schüler auch bezüglich des Stoffes wissen, was sie eigentlich tun und was sie lernen sollen. Zusammenfassend läßt sich feststellen: Die Anforderung an den Lehrer besteht darin, dem gesamten Unterrichtsablauf eine soziale, zeitliche und inhaltliche Struktur zu verleihen.

Die Schüleraktivitäten haben eine Eigendynamik, sie sind vom Lehrer nur zu beeinflussen, nicht zu steuern. Die subjektiven Interpretationen der Beteiligten verändern den Unterrichtsprozeß, sie verändern die intendierten Wirkungen von Maßnahmen. Der Lehrer ist dabei ein Teil des Systems 'Unterricht', das er selbst in Gang setzt. Er kann den Unterrichtsprozeß nur beeinflussen, aber nicht deterministisch steuern. Dieses Merkmal der Anforderung an einen Lehrer findet sich auch in anderen Berufen (z. B. bei Managern oder Ärzten); es wird aber in der Expertenforschung (siehe Kap. 2) bislang zu wenig beachtet.

Im Alltagsverständnis und in normativen Vorstellungen über die Tätigkeit von Lehrern wird ihre berufliche Anforderung häufig durch das intendierte Ergebnis 'Lernen der Schüler' beschrieben. Tatsächlich hat der Lehrer aber nur einen indirekten Einfluß auf das Lernen der Schüler. Lehrer stellen Lerngelegenheiten bereit, bzw. sie entwickeln den Stoff gemeinsam mit den Schülern, indem sie eine Struktur von Unterrichtsaktivitäten organisieren. Die beruflichen Anforderungen wurden deshalb als Unterrichtsgestaltung, nicht als Förderung individueller Lernprozesse rekonstruiert. Die Unterscheidung ist wichtig, weil sich die kategoriale Wahrnehmung von Schülern auf deren Rolle bei der Unterrichtsgestaltung, nicht aber auf individuelle Lernprozesse bezieht. Dies zeigen mehrere empirische Studien zur Lehrerwahrnehmung des Schülerverstehens. Zwei Kategorien des professionellen Wissens wurden in diesem Kapitel näher beschrieben: Konzepte über den 'kollektiven Schüler', d. h. über Schülergruppen als Kategorien für die handelnden Subjekte des Unterrichtes, und Konzepte von Aktivitätsszenarien als Kategorien für die Ereignisse des Unterrichtes. Die Aktivitätsszenarien sind dabei stark durch den Fachinhalt geprägt, aus dem sich ihre Logik und ihr innerer Zusammenhalt ergibt. Die Befunde werden durch die voranstehende Rekonstruktion der Anforderungen an Lehrer gestützt. Scheinbare Defizite von Lehrern in der Wahrnehmung von und im Umgang mit ihren Schülern erscheinen dadurch in einem anderen Licht. Betrachtet man das Wissen der Lehrer über ihre Schüler vor dem Hintergrund 'Lehren als Organisation von Lerngelegenheiten', dann erscheint die kategoriale Wahrnehmung der Schüler während des Unterrichts nicht mehr so defizitär.

6 Psychologische Analysen des curricularen Fachwissens von Lehrern: Der Unterrichtsstoff und seine Beziehung zum pädagogischen Wissen

Die Entwicklung des Fachinhaltes bildet den Kern der Anforderungen des Unterichtens. Sie erfordert auch von dem erfahrenen Lehrer die meiste Aufmerksamkeit. Das curriculare Fachwissen ist ein Gegenstand der beruflichen Arbeit von Lehrern, zugleich ist es als eine Voraussetzung der Berufstätigkeit ein wichtiger und umfangreicher Teil ihres professionellen Wissens. Deshalb steht es im Mittelpunkt des nun folgenden Kapitels, in dem die Inhaltsbereiche des professionellen Wissens geschildert werden. Im ersten Abschnitt (6.1) werden empirische Befunde zur Beziehung von curricularen Fachkenntnissen und Unterrichtserfolg von Lehrern dargestellt. In den dazu vorliegenden Studien fehlt es an einer theoretischen Durchdringung der Struktur und der Inhalte des Fachwissens. In den folgenden Abschnitten wird gezeigt, wie vielschichtig das ist, was sich hinter der Variable 'curriculares Wissen' verbirgt. Vor allem die 'Philosophie über den Schulstoff' ist für das Unterrichtshandeln bedeutsam (6.3). Es handelt sich dabei um Wertauffassungen über die zu vermittelnden Unterrichtsinhalte. Sie sind für die Psychologie des Expertenwissens interessant, weil sie eine Gewichtung von Handlungszielen und zu bearbeitenden Problemen unterstützen. Eine qualitative Besonderheit des professionellen Wissens von Lehrern besteht in der Integration von Konzepten verschiedener disziplinärer Herkunft und in dem Situationsbezug der Konzepte. Anhand einiger empirischer Untersuchungen wird der Unterschied des professionellen Wissens gegenüber den theoretischen Kenntnissen, die ein Lehrer im Zuge seiner Ausbildung erwirbt, behandelt (6.4).

6.1 Curriculares Fachwissen und Unterrichtserfolg

In den 70er Jahren erschienen einige verblüffende empirische Untersuchungen. Ihnen zufolge gab es keinen meßbaren Zusammenhang zwischen dem Ausmaß der curricular fachbezogenen Kenntnisse von Lehrern und dem Unterrichtserfolg (Gage & Berliner 1977, 646-47). Da der Expertenansatz gerade das Wissen als Bedingung der beruflichen Leistung untersucht, würden diese Befunde, wären sie verallgemeinerbar, die Übertragung des Expertenansatzes auf Lehrer in Frage stellen. Es scheint unmittelbar evident zu sein, daß Lehrer über das notwendige Fachwissen verfügen müssen, um erfolgreich Unterricht durchführen zu können. Daraus ist aber nicht auf einen direkten Zusammenhang zwischen dem Umfang des Fachwissens und dem Unterrichtserfolg der Lehrer zu schließen. Eisenberg (1977) testete die Algebrakenntnisse von 28 Lehrern und suchte nach Zusammenhängen mit dem Kenntniszuwachs ihrer Schüler. Zwar trugen Schülervariablen, wie z. B. die Sprachfähigkeit und die Kenntnisse der Schüler vor der Unterrichtseinheit, zur Varianzaufklärung der Kriteriumsleistung bei, nicht aber die Kenntnisse der Lehrer. Er bestätigte damit ähnliche Ergebnisse von Begle (1972). Beide Autoren folgern, daß ein relativ geringer Wissensbestand ausreicht, um Schüler zu unterrichten. Druva & Anderson (1983) haben in einer Meta-Analyse von 65 Studien zum naturwissenschaftlichen bzw. naturkundlichen Unterricht die empirisch gefundene Beziehung zwischen Lehrervariablen (Alter, Umfang der naturwissenschaftlichen Ausbildung) einerseits und Lehrer-Unterrichtsverhalten sowie Schülerverhalten und -leistungen andererseits zusammengestellt. Die Anzahl der im Studium belegten Kurse in Naturwissenschaft (als ein Kenntnismaß) klärte etwa 10 % der Varianz der kognitiven Schülerleistungen auf. Vergleichbare Zusammenhänge fanden sich mit der Qualität des Unterrichtsverhaltens, z. B. dem Stellen komplexer Fragen. Der - absolut gesehen - kleine Varianzanteil wird von verschiedenen Autoren hervorgehoben und als bedenklich bezeichnet (Romberg 1988). Im Gegensatz zu dieser Schlußfolgerung ist jedoch festzuhalten, daß dieser indirekte Indikator der akademischen Kenntnisse sogar ein guter Prädiktor für Schülerleistungen ist. Denn einzelne Variablen der Lehr-Lern-Forschung, seien es Unterrichtsvariablen oder sogenannte Hintergrundvariablen der Lehrer oder Schüler, können immer nur jeweils einen - absolut gesehen - kleinen Anteil der Varianz aufklären (außer 'Schülervorkenntnisse'). Insofern ist hier eher das Gewicht der fachbezogenen Ausbildung - gegenüber anderen Hintergrundvariablen, die in diese Analyse einbezogen wurden - hervorzuheben. Dennoch bleibt es unbefriedigend, wenn nur der quantitative Umfang der schulstoffbezogenen Ausbildung der Lehrer und die Leistungen der Schüler in Beziehung gesetzt werden.

Ein korrelativer Zusammenhang zwischen dem Ausmaß der naturwissenschaftlichen Ausbildung eines Lehrers und dem Unterrichtsverhalten sowie der Unterrichtseffektivität ist nicht kausal zu interpretieren, weil der eigentliche Vermittlungsprozeß zwischen diesen beiden Variablen gar nicht thematisiert wird. Die Untersuchungen über die Effektivität von Variablen der 'Instruktionsqualität' lassen einen Zusammenhang zwischen Fachkenntnissen und Unterrichtsablauf erwarten. Ein Beispiel zur Variable 'Klarheit' (siehe dazu Kap. 5.2): Die curricularen Fachkenntnisse eines Lehrers tragen dazu bei, daß er wichtige Zusammenhänge und Sachverhalte im Curriculum hervorheben kann. Fachliche Kenntnis beeinflußt die Qualität von Erläuterungen (Roehler et al. 1987), und sie beeinflußt die Fähigkeit von Lehrern, Beiträge von Schülern, die nicht genau auf der von ihnen intendierten Bedeutungsebene liegen, in den Unterricht einzubinden (Hashweh 1986).

Die Auswirkungen beschränkter fachlicher Kenntnisse analysierten Stein, Baxter & Leinhardt (1990) in einer Fallstudie. Sie befragten einen Mathematiklehrer ausführlich zu seinen mathematischen Kenntnissen und fachdidaktischen Auffassungen über den Funktionsbegriff. Anschließend beobachteten sie den Unterricht und suchten auf Videoaufzeichnungen nach Episoden, in denen ein Zusammenhang zwischen Fachwissen und Unterricht erkennbar war. Die Vorstellung des Lehrers beschränkte sich auf die Interpretation von Funktion als einer Rechenvorschrift, die es ermöglicht, aus zwei Werten einen dritten zu erzeugen. Er berücksichtigte nicht die Deutung von Funktionen als Abbildung von Mengen aufeinander und auch nicht die Möglichkeit, daß dabei jeweils ein Element mehreren korrespondierenden Elementen zugeordnet sein kann. Die eingeschränkte Auffassung vom Funktionsbegriff führte nicht zu Unterrichtsaussagen, die im strengen Sinne falsch waren. Aber sie führten zu den folgenden drei Schwächen der Stoffentwicklung im Unterricht: 1. Überbetonung spezieller Fälle: Die vom Lehrer gegebene Erklärung von Funktion war nur richtig, solange es sich um eineindeutige Beziehungen zwischen den Elementen beider Mengen handelte; 2. Mangelnde Ausnutzung von Lehrgelegenheiten: Das Zeichnen von Funktionsgraphen wurde nicht mehr auf die Definition von Funktionen zurückbezogen und erschien den Schülern deshalb als etwas ganz Neues; und 3. Fehlende Vorbereitung eines erweiterten Begriffsverständnisses: Die Beispiele waren so gewählt, daß zwar die Aufgaben dieser Klassenstufe damit zu lösen waren, aber ein allgemeineres Verständnis des Funktionsbegriffes eher behindert wurde.

Carlsen (1987) hat den Zusammenhang von stoffbezogenen Fachkenntnissen und der Fragetechnik von Lehrern untersucht. Er fragte vier Lehramtsanwärter nach ihren Kenntnissen mit Hilfe von Interviews und durch Sortierverfahren mit vorgegebenen Karten zum Fachinhalt. Unterrichtsbeobachtungen (9.-12. Klasse) und Analysen der Unterrichtstranskripte zeigen Zusammenhänge zwischen den intraindividuellen Unterschieden im Umfang der Fachkenntnisse und der Fragetechnik im Unterricht. In Unterrichtseinheiten zu Themen, von denen die Lehrer relativ wenig wußten, stellten sie mehr direkte Fragen. Die Fragen hatten einen einfacheren Inhalt ('low cognitive level'). Bei Unterrichtsthemen, in denen sich die Lehrer besser auskannten, sprachen die Schüler mehr, sie meldeten sich häufiger spontan, und ihre Beiträge waren länger. Die Lehrer teilten den Schülern sowohl durch die Art ihrer Fragen als auch durch das gezeigte Interesse an dem Fachinhalt (die Variable 'Enthusiasmus') implizit ihre Verhaltenserwartungen mit. Dobey & Schafer (1984) beobachteten ähnliche negative Zusammenhänge zwischen dem Ausmaß der curricularen Fachkenntnisse von Grundschullehrern und dem Grad ihrer direkten Steuerung des Unterrichtes. Offensichtlich haben nur Lehrer mit guten Fachkenntnissen ausreichendes Selbstvertrauen, um den Unterrichtsverlauf auch dann noch steuern zu können, wenn die Schüler neue Wege der Erarbeitung des Stoffes gehen.

Leinhardt & Smith (1985) befragten Experten-Lehrer (das Auswahlverfahren für Experten in dieser Studie ist in Kap. 4 beschrieben) zu ihren fachlichen Kenntnissen über Division (mit Interviews und Sortieraufgaben) und beobachteten anschließend den Unterricht. Die Lehrer wußten unterschiedlich viel über Eigenschaften von Brüchen. Durch eine strikte Beschränkung auf algorithmische Aspekte des Bruchrechnens konnten die Lehrer, die weniger begriffliche Kenntnisse hatten, dennoch den Unterricht zu diesem Thema durchführen. Im Unterricht wurden auch interindividuelle Unterschiede in der Verfügbarkeit verschiedener Darstellungsformen für Brüche (z. B. als Flächenanteile, auf dem Zahlenstrahl) beobachtet. Auch die Lehrer mit den begrifflichen Kenntnismängeln gehörten zu der Expertengruppe, hatten also über Jahre mit ihren Klassen gute Lernergebnisse erzielt. Die Autoren vermuten einen Ausgleich zwischen Kenntnismängeln auf fachlichem Gebiet und dem größeren Wissen über Techniken der Organisation des Unterrichtsablaufes (jedoch nur in bestimmten Grenzen). Die Kenntnislücken waren sehr bereichsspezifisch. "The initial hope was that we could see clear breaks between levels of knowledge across topics; instead we found discrete topic knowledge differentiation" (Leinhardt & Smith 1985, 251). Auch damit kann erklärt werden, wieso Lehrer, die bei der Befragung zum Bruchbegriff schlecht abschneiden, Klassen haben, die bei den globalen Leistungstests gute Werte aufweisen.

Nicht nur die bloßen Kenntnisse des Lehrers über den Schulstoff, sondern auch seine bewertenden Auffassungen über die Lehr- und Lernbarkeit der Unterrichtsinhalte und ihre Beziehung zu anderen Schulfächern und zur Lebenspraxis haben Bedeutung für das Unterrichtshandeln. So fand Peskin (1965, zit. nach Noler, Archambault & Greene 1977, 2) einen positiven Zusammenhang zwischen hohem fachlichem Verständnis der Lehrer und dem Leistungstestergebnis der Schüler bei mittlerer positiver Einstellung der Lehrer gegenüber dem Unterrichtsfach, nicht aber bei negativer Einstellung. Noler et al. (1977) konnten einen Zusammenhang zwischen fachbezogenen Einstellungen der Lehrer und dem Leistungszuwachs der Schüler feststellen. Auf die Einstellungen zum Fachinhalt wird im Abschnitt 6.3 zur 'Philosophie der Schulmathematik' noch ausführlicher eingegangen.

Die – teilweise enttäuschenden – Ergebnisse der Studien zum Zusammenhang von curricularem Fachwissen und Unterrichtserfolg sind eher dazu geeignet, auf die Komplexität dessen hinzuweisen, was alles zum professionellen Wissen des Lehrers gehört, als daß sie den Grundgedanken des Expertenansatzes über den Zusammenhang von professionellem Wissen und erfolgreicher Berufsarbeit bei Lehrern in Frage stellen könnten. Der Zusammenhang von Fachkenntnissen des Lehrers und den Lernleistungen der Schüler ist sehr komplex. Eine Vielzahl von Variablen 'bricht' die Wirkung von Fachkenntnissen des Lehrers auf die Lernleistungen der Schüler. Hierzu gibt es eine interessante Parallele in der Geschichte der pädagogischen Psychologie. Rosenthal & Jacobson (1971) beschrieben mit dem Pygmalion-Effekt ebenfalls einen Zusammenhang zwischen einer kognitiven Lehrervariablen (der Erwartung über Schülerleistungen) und einer Produktvariablen (den tatsächlichen Schülerleistungen in Tests). Erst durch nachfolgende Untersuchungen (Brophy & Good 1974) wurde deutlich, wie Lehrererwartungen kommuniziert werden und wie sie mit dem Schülerverhalten, den Schülerkognitionen und schließlich auch den Schülerleistungen zusammenhängen. Die weitere Untersuchung des bis dahin mysteriösen Pygmalion-Effektes präzisierte dann auch Rosenthals Beobachtung, und es wurde deutlicher, unter welchen Bedingungen sie zutraf und unter welchen nicht.

6.2 Ein Vorschlag zur Topologie[1] des professionellen Lehrerwissens

Eine Voraussetzung der Aufklärung des Zusammenhanges von Lehrer-Fachkenntnissen und Schülerleistungen ist die begrifflich-theoretische Aufgliederung des fachbezogenen professionellen Wissens. Das professionelle Wissen scheint auf den ersten Blick durch 'Fachinhalt' und 'Pädagogik' sowie 'Fachdidaktik' ausreichend beschrieben zu sein. Diese Bereiche sind jedoch weiter aufzuschlüsseln, wenn man die besonderen Merkmale beruflichen Wissens als Voraussetzung des Handelns verstehen will. Als ein erster Schritt dazu wird im folgenden eine begriffliche Aufgliederung entwickelt.

Shulman (1986) hat – im Zusammenhang mit einer Untersuchungsserie zu fachdidaktischen Lehrerkognitionen – eine Klassifikation von Inhaltsbereichen vorgelegt. Sie umfaßt: 'content knowledge' (das disziplinäre Wissen über den Fachinhalt), 'curricular knowledge' (das Wissen über Unterrichtsmedien und den Schulstoff, der im Lehrplan steht), 'pedagogical knowledge' (das fachunspezifische Wissen z. B. über Klassenführung und den Umgang mit Disziplinproblemen) und 'pedagogical content knowledge' (das Wissen über die didaktische Aufbereitung des Fachinhaltes). Shulmans' Ordnungsbegriffe, insbesondere der des 'pedagogical content knowledge', haben sich für die Lehrerkognitionsforschung als sehr anregend erwiesen. Im englischsprachigen Raum sind in jüngster Zeit viele empirische Analysen des 'pedagogical content knowledge' vorgelegt worden. Um qualitative Merkmale professionellen Wissens beschreiben zu können, müssen sie jedoch weiter differenziert werden. Im folgenden wird deshalb sein Vorschlag aufgegriffen, aber um den Begriff der 'Philosophie des Fachinhaltes' und um die deutliche Trennung zwischen dem Wissen der Fachdisziplin und dem Wissen des Schulfaches erweitert. Aus Gründen der Anschaulichkeit werden die Inhaltsbereiche anhand eines Schulfaches (der Mathematik) erläutert. Die folgende Darstellung ist wiederum (vgl. Kap. 5) auf das Wissen beschränkt, das für die Gestaltung von Unterricht notwendig ist.

-- Fachliches Wissen über Mathematik als Disziplin. Der Lehrer lernt es in seinem Fachstudium, und es umfaßt u. a. mathematische Aussagen, Regeln und mathematische Denkweisen und Techniken.

-- Schulmathematisches Wissen. Die Unterrichtsinhalte sind nicht einfach die propädeutischen Anfangsgründe der Wissenschaften. So wie die Lerninhalte des Deutschunterrichtes nicht nur 'einfache' Germanistik sind, sondern einen eigenen Kanon von Wissen darstellen, so sind auch die Lerninhalte des Mathematikunterrichtes nicht nur Vereinfachungen fachmathematischer Zusammenhänge. Die Schulfächer haben ein 'Eigenleben' mit einer eigenen Logik, d. h., die Bedeutung der unterrichteten Begriffe ist nicht allein aus der Logik der wissenschaftlichen

---

[1] Topologie, d.h. die Lehre von den Eigenschaften geometrischer Gebilde, die bei Verzerrung invariant bleiben, wurde als Metapher für diesen Gliederungsversuch gewählt, weil sie die hier verfolgte Intention unterstreicht, die Grundelemente des professionellen Wissens und ihre Beziehung zu umreißen, die dann aber noch interindividuell sehr verschieden auftreten können.

Fachdisziplinen zu erklären. In der Schülersprache: Mathematik und 'Mathe', Theologie und 'Reli' sind nicht dasselbe. Vielmehr fließen auch Zielvorstellungen über Schule (z. B. Allgemeinbildungskonzeptionen) in die fachlichen Bedeutungen ein. Für die psychologische ist das wichtig, weil es sich bei diesen Bedeutungsaspekten teilweise um implizites Wissen handelt.

-- Philosophie der Schulmathematik. Damit bezeichne ich die Auffassungen darüber, wofür der Fachinhalt nützlich ist und in welcher Beziehung die Mathematik zu anderen Bereichen menschlichen Lebens und Wissens steht. Die Philosophie des Schulfaches ist auch impliziter Unterrichtsinhalt. Schüler lernen z. B., ob der Lehrer der Auffassung anhängt, das 'Wesentliche' an der Mathematik sei das Operieren mit einer klaren, vorab definierten Sprache, ohne daß es auf den referentiellen Bezug der verwendeten Zeichen ankäme, oder ob eher die Auffassung vorherrscht, Mathematik sei ein Werkzeug zur Beschreibung einer, wie auch immer verstandenen, Wirklichkeit. Mit dem Begriff der 'Philosophie' für diesen Teil des Lehrerwissens wird hervorgehoben, daß damit eine bewertende Perspektive auf den Inhalt des Unterrichtes gemeint ist. Es geht nicht nur um eine subjektive Bevorzugung dieses oder jenes Ausschnittes aus dem Curriculum (siehe unten 6.3).

-- Pädagogisches Wissen. Damit ist der Bereich des Wissens gemeint, der relativ unabhängig von den Fächern gültig ist. Dazu gehört z. B., wie man die für den Unterrichtsablauf notwendigen Verhaltensmuster in einer Klasse einführt. Es betrifft auch den Umgang mit erziehungsschwierigen Kindern oder die Bedeutung des Elternhauses für die Erklärung und Beeinflussung von Schülerverhalten. Auch das pädagogische Ethos von Lehrern über die gerechte Behandlung von Schülern ist Teil des pädagogischen Wissens. Man könnte den Bereich des pädagogischen Wissens ähnlich untergliedern wie die Bereiche des stoffbezogenen Fachwissens, also zwischen dem Wissen über Fakten und Techniken und der 'pädagogischen Philosophie' des Lehrers unterscheiden. Auf das pädagogische Wissen soll jedoch hier nicht ausführlicher eingegangen werden. Selbstverständlich ist es für die berufliche Tätigkeit des Lehrers sehr bedeutsam; aber die Inhalte und die Strukturen des pädagogischen Wissens sind vergleichsweise intensiv empirisch untersucht, und es gibt zahlreiche theoretische Gliederungsversuche.

-- Fachspezifisch-pädagogisches Wissen. Die sachlich-logische Struktur des Stoffes ermöglicht für sich genommen noch keine Unterrichtsentscheidungen. Unterrichtsbeobachtungen zeigen selbst bei gleichem Stoff und Lehrbuch noch große interindividuelle Variationen des gewählten didaktischen Zugangs (Leinhardt & Smith 1985). Um geeignete Formen der Darstellung des Stoffes zu finden, um die zeitliche Abfolge der Behandlung von Themen zu bestimmen und um zu gewichten, welche Stoffe intensiver behandelt werden, ist fachspezifisch-pädagogisches Wissen notwendig (Chevallard 1985, Kap. 5 & 6). Dieser Bereich hat einen besonderen Charakter. Es ist integriertes Wissen, in dem psychologisch-pädagogische Kenntnisse sowie eigene Erfahrungen des Lehrers auf das mathematische Wissen bezogen werden. Die Integration zeigt sich z. B. in der Umformung der logischen Struktur des Fachinhaltes in eine zeitliche Abfolge. Sie besteht weiterhin darin, daß die Strukturierung und Gewichtung von Begriffen und Regeln geändert wird; was vom Standpunkt mathematischer Theorie aus einen zentralen Platz einnimmt, erhält aus der unterrichtlichen Perspektive ein geringeres Gewicht (siehe unten 6.4).

6.3 Die 'Philosophie der Schulmathematik' von Lehrern: Ein Beispiel für einen normativen Inhaltsbereich des professionellen Wissens von Experten

Die Expertenstudien in verschiedenen Berufsfeldern haben die Bedeutung der Gewichtung von zu bearbeitenden Problemen und der Bewertung von Zielen und Teilzielen bei der Problembearbeitung gezeigt. Dafür ist professionelles Wissen notwendig, das auch normative Komponenten enthält, z. B. Wertvorstellungen über anstrebenswerte Ziele oder darüber, welche Nebeneffekte von Handlungen tolerierbar sind. Deshalb soll auf solche normativen Vorstellungen etwas ausführlicher eingegangen werden. In der Lehrerkognitionsforschung wird die Bedeutung von normativen Vorstellungen (Menschenbildern) und von Zielen für das Unterrichtshandeln hervorgehoben (Hofer 1986 a, Kap. 2, Clark & Peterson 1986). Die meisten empirischen Arbeiten dazu sind jedoch nur den allgemeinen, auf den Schüler bezogenen Ziel- und Wertvorstellungen gewidmet. Erst in jüngerer Zeit werden fachbezogene Überzeugungen und ihr Einfluß auf das unterrichtliche Handeln intensiver untersucht. (Englisch: Grossman 1987; Naturwissenschaften: Hollon & Anderson 1987; Mathematik: Heymann 1982, Pfeiffer 1981, Tietze 1986, McGalliard 1983, Cooney 1985, Kesler 1985, Thompson 1984; Fächervergleich: Yaacobi & Sharan 1985). Die Autoren heben fast durchgängig starke Übereinstimmungen zwischen den stoffbezogenen Überzeugungen und der Unterrichtsgestaltung hervor. Schmidt & Buchman (1983) fanden z. B. bei Grundschullehrern einen Einfluß der stoffbezogenen Wertüberzeugungen auf die Menge der Zeit, die den verschiedenen Fachgebieten im Unterricht gewidmet wurde. Allerdings finden sich auch Hinweise darauf, daß es einigen Lehrern an methodischen Kenntnissen zur Umsetzung der fachbezogenen Überzeugungen im Unterricht fehlte.

Ein gutes Beispiel für Untersuchungen zur Philosophie der Schulmathematik ist die Studie von Thompson (1984). Die Autorin verglich Auffassungen in einer Fallstudie von drei Mathematiklehrerinnen. Die Lehrerin J betrachtete Mathematik als logisches System, das unabhängig von der eigenen Aneignung existiert. Sie faßte ihre Aufgabe als die klare und konsistente Präsentation von Fachinhalten auf. Von Schülern erwartete die Lehrerin, daß sie vor allem den Zusammenhang von bislang gelerntem und neuem Stoff lernen. Die Lehrerin K hatte dagegen eine eher prozeßorientierte Auffassung von Mathematik. Entsprechend war ihre Unterrichtsgestaltung darauf ausgerichtet, das selbständige Entdecken von Schülern zu entwickeln. Ein anderes Prinzip war, die Ideen der Schüler aufmerksam aufzunehmen und zu verstehen. Thompson (1984) fand auch Diskrepanzen zwischen den Überzeugungen und dem Unterrichtsverhalten. So betonte die

Lehrerin J die Bedeutung der Mathematik für das Lösen praktischer Probleme. Sie hatte jedoch Schwierigkeiten, dafür praktische Beispiele im Unterricht anzuführen.

Cooney (1985) und Marks (1987) untersuchten in Fallstudien je einen Lehrer bezüglich seiner Konzeption von problemlösendem Unterricht. Beide Lehrer nannten 'mathematisches Problemlösen' als wichtiges Unterrichtsziel. Es zeigten sich aber sehr unterschiedliche Auffassungen davon, was man als Problemlösen in der Mathematik bezeichnen und wie man es als Lehrer fördern kann. So fand sich in Cooneys Studie die Auffassung, Problemlösen und die dazugehörigen Heuristiken (wie sie etwa Polya beschrieben hat) seien ein zusätzliches Thema des Unterrichtes, das explizit mit eigenen Übungsaufgaben gelehrt werden sollte. Der Lehrer in der Studie von Marks (1987) vertrat die Auffassung, problemlösendes Denken werde eher implizit anhand der Bewältigung verschiedener mathematischer Aufgaben vermittelt. Er betonte in Interviews die Bedeutung von Heuristiken, vermittelte diese aber nicht direkt, sondern nur durch ihre kontinuierliche Verwendung im Unterricht.

Wir haben den Mathematikunterricht zum Thema 'Stochastik' von zwei Lehrern verglichen, bei denen der Unterricht offensichtlich unterschiedlich 'glatt' ablief (Bromme & Steinbring 1990). Eine Gruppe von 19 Lehrern wurde über mehrere Unterrichtsstunden hinweg beobachtet und ihr Verhalten mit Skalen zur Unterrichtsqualität (Klassenführung, Klarheit der Stoffdarstellung etc.) beurteilt. Damit wurden die beiden Lehrer identifiziert und es ging nun darum, diese Unterschiede der Instruktionsqualität näher aufzuklären. Dafür wurden Unterrichtstranskripte von je zwei aufeinanderfolgenden Stunden beider Lehrer kodiert. Die Kodierung galt vornehmlich der Frage, welche Aspekte mathematischer Bedeutung von den Lehrern im Unterricht thematisiert wurden: die symbolisch-formale Seite, die Anwendungsbezüge des formalen Kalküls oder die Beziehung von formalem Kalkül und Gegenstand, auf den er angewandt wird. Beide Lehrer waren mit Schüleräußerungen konfrontiert, in denen in inkonsistenter Weise mal die eine, mal die andere Seite mathematischer Bedeutung thematisiert wurde. Die Lehrer unterschieden sich deutlich darin, wie sie mit den Schülerbeiträgen umgingen und die thematischen Angebote der Schüler zur Stoffentwicklung nutzten. Bei dem Lehrer, dessen Unterricht 'glatter' lief, fand sich ein gleichmäßigerer Wechsel zwischen den Aspekten mathematischer Bedeutung und mehr explizite Beziehungen zwischen den Bedeutungsebenen. Dies legt die Annahme nahe, daß normative Auffassungen über das schulmathematische Wissen (d. h., was bei einem mathematischen Gegenstand das eigentlich Wissenswerte ist) das Lehrerverhalten beeinflußte. Allerdings war nicht klar zu unterscheiden, ob die einseitige Bevorzugung bestimmter Seiten der mathematischen Bedeutung die Folge einer bewußten Entscheidung des Lehrers oder eher von Mängeln des fachlichen Verständnisses war.

In den vorliegenden empirischen Untersuchungen zum fachlichen Wissen von Lehrern überschneidet sich teilweise, was oben mit dem fachspezifisch-pädagogischen Wissen und mit der 'Philosophie des Schulstoffes' begrifflich unterschieden wurde. Eine strikte Trennung ist vielleicht auch unangemessen. Bestimmte Varianten der Philosophie des Schulstoffes erfordern auch ein tieferes mathematisches Verständnis (disziplinäres Wissen) und mehr und anderes fachspezifisch-pädagogisches Wissen. Die 'Philosophie der Schulmathematik' hat einen normativen Gehalt, d. h., sie enthält bestimmte Bewertungen, welches die zentralen Begriffe und Prozeduren sind, die man im Unterricht vermitteln sollte und was mathematisches Denken charakterisiert. Aber die Wertvorstellungen sind eng an das fachspezifisch-pädagogische und das disziplinäre Faktenwissen gebunden und sie sind häufig implizit. Man kann ohne weiteres einer bestimmten Schule (i. S. einer Lehrmeinung) angehören, ohne sich darüber bewußt zu sein, daß in dem fachbezogenen Wissen auch Wertsetzungen enthalten sind. Eine psychologische Theorie professionellen Wissens muß berücksichtigen, daß die normativen Elemente darin gleichsam eingewoben sind und gemeinsam mit dem rein sachbezogenen Wissen eine Perspektive des Experten auf sein Arbeitsfeld ermöglichen (mehr dazu in Kap. 8.2).

6.4 Ein Beispiel für die kognitive Integration von Wissen aus verschiedenen Disziplinen bei Experten

Fachspezifisch-pädagogisches Wissen

Das professionelle Wissen von Lehrern ist nicht einfach eine Addition verschiedener Bereiche. Vielmehr entsteht im Laufe der praktischen Ausbildung und der beruflichen Erfahrung eine Integration, und sie werden auf die praktischen Erfahrungen bezogen. Die Verschmelzung von Kenntnissen verschiedener Herkunft ist das Besondere des professionellen Wissens von Lehrern gegenüber dem kodifizierten Wissen der Fachdisziplinen, in denen sie ausgebildet sind. Die professionsbezogene Integration von Wissen aus unterschiedlichen Wissenschaften findet sich auch bei Experten in anderen Berufen. Experten sehen z. B. bei einem physikalischen Problem sofort die physikalischen Größen in einer algebraischen Form, die eine Problembearbeitung ermöglicht (Kap. 2.2). In den Ärztestudien war gezeigt worden, wie mit zunehmender Berufserfahrung die biologischen und physiologischen Kenntnisse mit dem medizinischen Wissen verschmelzen (Kap. 2.3). Die im Studium erworbenen physiologischen und biologischen Kenntnisse enthalten eine neue, auf das medizinische Problem und den diagnostischen Kontext ausgerichtete Bedeutung. Ähnlich ist es bei Lehrern; in der Topologie des Lehrerwissens war der Begriff des fachspezifisch-pädagogischen Wissens als ein Beispiel für eine Integration des Wissens aus verschiedenen Disziplinen angeführt worden.

Bei Mathematiklehrern ist das fachspezifisch-pädagogogische Wissen zu einem großen Teil mit mathematischen Aufgaben verbunden. Es ist gleichsam in den mathematischen Aufgaben 'kristallisiert', wie Untersuchungen zum Denken bei der alltäglichen Unterrichtsvorbereitung zeigten. Berufserfahrene Mathematiklehrer konzentrieren sich bei der Unterrichtsplanung weitgehend auf die Auswahl und Abfolge mathematischer Aufgaben. Sowohl in Protokollen 'Lauten Denkens' (Bromme 1981) als auch in

Interviews mit Mathematiklehrern (Bromme & Hömberg 1981) ergaben sich kaum Hinweise auf didaktische Erwägungen, die der Aufgabenauswahl vorausliefen. Dennoch werden pädagogische und psychologische Fragen der Unterrichtsgestaltung von den Lehrern bei der Planung mitbedacht: Sie werden in die Entscheidung über Aufgaben einbezogen. Indem Aufgaben bezüglich ihrer Schwierigkeit, ihres Wertes für die Schülermotivation oder zur Illustration schwieriger Sachverhalte, zur Übung etc. ausgewählt werden, wird die Logik des Fachinhaltes mit der von dem Lehrer vermuteten Logik des Unterrichtsablaufes und des Schülerlernens in Verbindung gebracht (vgl. auch Tietze (1986), Wengert (1989) für ähnliche Ergebnisse). In den mathematischen Aufgaben sehen die erfahrenen Lehrer die pädagogisch-psychologischen Faktoren des Unterrichts so, wie die Ärzte in den biologischen Daten ihrer Patienten bereits die medizinische Problematik sehen. Die mathematischen Aufgaben enthalten in vergleichbarer Weise sowohl den Stoff des Unterrichtes als auch eine allgemeine Prozeßvorstellung über seine unterrichtliche Behandlung. Die mathematischen Aufgaben enthalten damit bereits den fachlichen Kern der Aktivitätsszenarien, die die kategoriale Wahrnehmung des Unterrichtsprozesses durch Lehrer strukturieren (vgl. Kap. 5).

Die Verbindung von fachlichem mit pädagogisch-psychologischem Wissen wird von Experten auch gar nicht als Integration bemerkt. In den Expertenstudien, die oben beschrieben wurden, waren es die Experten, die keine bewußte Übersetzung der verschiedenen Wissensbereiche untereinander mehr leisten mußten. Ein Beispiel dafür ist die (sachlich unzutreffende) Annahme von Fachlehrern, der Stoff (die Mathematik) determiniere bereits vollständig die Abfolge, die Anordnung und die Gewichtung der Unterrichtsthemen. Das darin einfließende pädagogisch-psychologische Wissen bleibt sozusagen unbemerkt. Lehrern, die sich eher als Mathematiker denn als Pädagoge verstehen, erscheinen ihre Unterrichtsentscheidungen 'aus dem Stoff' begründet, wie Sträßer (1985) bei der Befragung von Berufsschullehrern fand. Gudmundsdottir & Shulman (1986) beschreiben in Fallstudien mit amerikanischen Lehrern die Verbindung von fachlichen Auffassungen über Sozialkunde und englischer Literatur – als Unterrichtsgegenstand – mit Vorstellungen darüber, wie man diesen speziellen Unterrichtsinhalt unterrichten muß. Sie berichten über die implizite Integration unterrichtsmethodischer und inhaltlicher Vorstellungen bei den untersuchten Lehrern. Die befragten erfahrenen Lehrer nennen keine allgemeinen methodischen Konzepte, die auf verschiedene Stoffe angewandt werden, sondern die Didaktik bestimmter Stoffe scheint den Lehrern unmittelbar aus dem Stoff selbst hervorzugehen bzw. begründet zu sein.

Unterschiede zwischen professionellem Wissen und den Wissenschaftsdisziplinen des Lehrerberufes

Eine inhaltliche Beschreibung des Wissens bedarf der taxonomischen Gliederung. Es ist naheliegend, sich dabei an den Herkunftsdisziplinen zu orientieren, die den Gegenstand beschreiben, auf den sich das Wissen bezieht, also z. B. zwischen dem pädagogischen, dem mathematischen und dem fachdidaktischen Wissen zu unterscheiden. Ähnlich war auch in den oben erwähnten Expertenstudien der anderen Berufsfelder vorgegangen worden, etwa bei der Unterscheidung von mathematischem und physikalischem Wissen. Jedoch ist eine solche Unterscheidung nicht ausreichend. Die Expertenforschung benötigt auch Ordnungsbegriffe für Wissen, das 'quer' zur disziplinären Trennung der Fachwissenschaften (z. B. Pädagogik und Mathematik) des Experten-Arbeitsfeldes liegt. Der Begriff des fachspezifisch-pädagogischen Wissens ist hier als ein solcher 'Querbegriff' eingeführt worden.

Die Integration von fachspezifischem und pädagogisch-psychologischem Wissen muß der Lehrer nicht allein leisten. Zur Lehrerausbildung gehören Disziplinen, die auf eine solche Verbindung zielen, z. B. die Fachdidaktiken und die Allgemeine Didaktik. Dennoch bleibt für den Lehrer die Notwendigkeit einer persönlichen Erarbeitung des zu unterrichtenden Stoffes. Seine allgemeinen Kenntnisse müssen an die ihm vorliegenden Bedingungen des Unterrichtes angepaßt werden. Die Fachdidaktik liefert zwar Hilfen für den Unterricht. Insofern trägt sie dazu bei, Unterrichtsinhalte unter Bezug auf die Anforderung des Unterrichtens zu sehen. Aber auch fachdidaktische Hilfen bedürfen einer Anpassung an die jeweilige Klasse und ihre Lerngeschichte. So enthalten viele Lehrbücher des Mathematikunterrichtes fachdidaktische Hilfen, die ihrerseits recht schwierige Gegenstände des Unterrichtes sind, z.B. das Operatormodell der Bruchrechnung oder die Begründung der negativen Zahlen durch Pfeilmodelle. Die fachdidaktisch begründeten Unterrichtsinhalte müssen wiederum vom Lehrer mit seinem pädagogischen und psychologischen Wissen über die Schüler in Einklang gebracht werden.

Im folgenden seien einige empirische Befunde zu der Annahme angeführt, das professionelle Wissen des Lehrers sei eine ganz besondere, von den Lehrern selbst entwickelte Mischung curricular-fachlichen und pädagogisch-psychologischen Wissens mit ihren eigenen Erfahrungen über Unterrichtssituationen.

Bawden, Buike & Duffy (1979) befragten ca. 800 GrundschullehrerInnen nach ihren Ansätzen für den Erstleseunterricht. Die Ansätze wurden mit fünf in der Literatur zum Erstleseunterricht vertretenen theoretischen Positionen verglichen. Es zeigte sich keine Übereinstimmung. Vielmehr hatten sich bei den Lehrern gröbere Auffassungen zum Erstleseunterricht herausgebildet, die als inhaltsorientiert vs. schülerorientiert charakterisiert wurden. Lehrer mit größerer Berufserfahrung bevorzugten eine inhaltsorientierte Auffassung. Außerdem untersuchten Bawden et al. (1979) den Zusammenhang von Leselernauffassungen und Unterrichtsverhalten der Lehrer. Zwar äußerten die befragten Lehrer bei der Frage nach den Gründen von Unterrichtsentscheidungen Überlegungen, die den erwähnten Auffassungen über Leseunterricht zuzuordnen waren. Aber darüber hinaus nannten sie auch andere Aspekte, die sich auf den Unterricht bezogen, z. B. die Notwendigkeit, einen einzelnen Schüler zu unterstützen oder die Organisation der Arbeit in der Klasse (die im folgenden Zitat als 'non-reading conceptions' bezeichnet werden). Die Autoren stellten zusammenfassend fest: "Rather, the relationship between a teacher's reading beliefs and instructional decision making appears to be fluid; a teacher's conception of reading is a 'free-floating' element which has little meaning until it is filtered through the teacher's non-reading conceptions and applied to a specific teaching context" (Bawden et al. 1979, 14). Auch bei Biologie-Lehrern konnte gezeigt werden, daß sich ihre Auffassungen über Unterricht von wissenschaftlichen Theorien unterscheiden (Hollon & Anderson 1987).

Die Unterrichtsanforderungen erzwingen also eine Modifikation der früher gelernten wissenschaftlichen Theorien über den Inhalt und seine Vermittlung. Dies ist jedoch nicht als eine bloße Vereinfachung des ehemals differenzierten Wissens der Disziplinen zu sehen, sondern auch als Anreicherung um situationsbezogene Informationen. Empirische Belege dafür finden sich in Studien, in denen untersucht wird, ob Lehrer sich auf psychologische Theorien stützen bzw. ob sie Sachverhalte berücksichtigen, die sich in psychologischen Untersuchungen als bedeutsam für Lernprozesse erwiesen hatten. Es geht also nicht um die Frage, ob die untersuchten Lehrer solche Befunde rezipiert haben; dies kann durchaus dahingestellt bleiben. Es geht nur darum, ob sie im Ergebnis so denken und handeln, wie es nach psychologischen Befunden zum Schülerlernen den Untersuchern sinnvoll erscheint. So überprüfen einige der von Shulmans (1986) Begriff des 'pedagogic of content knowledge' angeregten empirischen Untersuchungen, ob sich neuere fachdidaktische und entwicklungspsychologische Konzepte über Lernstrategien bei Lehrern finden (Shefelbine & Shiel 1987, Clift, Ghatala & Naus 1987). Sie zeigen zur Enttäuschung der Autoren, daß die untersuchten Lehrer sich nicht auf psychologische Theorien stützen, sondern anderes, eher erfahrungsbezogenes Wissen verwenden. Man muß diese Ergebnisse gelegentlich gegen die Interpretation ihrer Autoren lesen, um zu bemerken, daß die untersuchten Lehrer nicht einfach nur ein Defizit an fachdidaktischem und psychologischem Wissen haben.

Die folgende Untersuchung ist ein Beispiel dafür: Carpenter, Fennema, Peterson & Carey (1988) haben das fachspezifisch-pädagogische Wissen über Schülerfehler in der Arithmetik analysiert. Als Grundlage dienten entwicklungspsychologische Befunde zu Additionsstrategien von Kindern im ersten Schuljahr. Je nach Formulierung der Aufgabe und nach Altersstufe lassen sich verschiedene Techniken des Abzählens sichtbarer Elemente (Finger) beobachten (Carpenter & Moser 1984). Die Aufgabe (5+? = 13): 'Wieviele Murmeln braucht man noch, wenn man 5 Murmeln bereits hat und 13 haben will?' wird z. B. durch 3 Schritte gelöst: Abzählen von 5 Objekten, Weiterzählen von 5 auf 13 und anschließend Abzählen der hinzugefügten Finger. Später fällt dann der erste dieser Schritte weg. Nicht immer lassen sich Zahlen in einer Aufgabe unmittelbar durch Finger repräsentieren, etwa in der folgenden Subtraktionsaufgabe (?-5=8): 'Conny hatte einige Murmeln. Sie gibt 5 Murmeln an Jim. Nun hat sie 8 übrig. Wieviele hatte sie zu Anfang?' Diese Aufgabe ist schwieriger, weil man sie vor dem Abzählen umformen muß, denn der Startpunkt für das Zählen ist gerade die gesuchte Zahl. Die Kinder nutzen dann andere Strategien.

Die Autoren fragten vierzig berufserfahrene (im Mittel 11 Jahre) Grundschullehrer nach ihrer Kenntnis solcher Strategien und untersuchten den Zusammenhang zwischen Kenntnissen und Unterrichtsverhalten sowie dem Unterrichtserfolg. Dazu verwendeten sie eine Aufgabensammlung, in der die verschiedenen Aufgabentypen enthalten waren. Die Probanden sollten Aufgaben hinsichtlich ihrer Schwierigkeit für Schüler der ersten Klasse (allgemein, d. h. nicht ihrer Schüler) vergleichen. Die vermutete Aufgabenschwierigkeit wurde mit empirisch ermittelten Aufgabenschwierigkeiten (Carpenter & Moser 1984) verglichen. Für die meisten Aufgabentypen waren die Einschätzungen überwiegend korrekt. Die Lehrer konnten jedoch nur mit Mühe Gründe für ihre Einschätzungen angeben. Vor allem nannten sie gar nicht die Lösungsstrategien von Schülern, wie z. B. Abzählen an konkreten Gegenständen oder Rechenhilfen. Nur acht der vierzig Lehrer bezogen sich beim Beurteilen der Aufgabenschwierigkeit überhaupt auf Schülerstrategien. Achtzehn der befragten Lehrer erwähnten bei der oben genannten Subtraktionsaufgabe die Schwierigkeit, daß das Gesuchte am Anfang der Aufgabenbeschreibung stand, aber sie bezogen dies nicht auf die daraus resultierende Schwierigkeit, die Aufgaben durch Abzählen zu lösen. Die Probanden begründeten ihre Einschätzungen der Aufgabenschwierigkeit statt dessen mit der Problemformulierung oder dem Auftreten von Schlüsselworten, z. B: "Wenn in der Aufgabe steht 'Wieviel mehr Murmeln hat ...', dann denken die Kinder sofort an ein Additionsproblem". Die Lehrer vermuteten, daß Schüler danach suchen, ob es sich um ein Additions- oder ein Subtraktionsproblem handelt. Sie gruppierten die Aufgaben danach, ob die Problemformulierung der Textaufgaben diese Suche erleichtert oder erschwert.

Im nächsten Untersuchungsschritt ging es um Lösungsstrategien von Schülern. Es wurden Videoaufzeichnungen mit Kindern vorgeführt, die verschiedene Strategien beim Bearbeiten der Aufgaben verwendeten. Die Lehrer bekamen anschließend Aufgaben des gleichen Typs vorgelegt und sollten voraussagen, ob der/die beobachtete Schüler/in diese lösen würde und wie er/sie dabei vorgehen würde. Die Untersucher wollten damit u. a. herausfinden, ob die Lehrer erkennen, daß sich die genannte Subtraktions- und Additionsaufgabe für die Schüler gerade darin unterscheidet, daß einmal die direkte Repräsentation durch Finger möglich ist und einmal nicht. Als Ergebnis halten sie fest, daß die Lehrer die Strategie der Schüler zwar beschreiben konnten. Es handelte sich aber nicht um ein Wiedererkennen einer ihnen bereits bekannten Strategie. Die Lehrer verfügten offensichtlich nicht über einen Begriff von dieser Strategie, so daß sie auch Schwierigkeiten bei der Voraussage des Lösungsverhaltens bei den Aufgaben hatten, deren Bearbeitung sie nicht beobachten konnten.

Anschließend waren von den Probanden die Lösungsstrategien und der Lösungserfolg für 6 Aufgaben bei 6 zufällig ausgewählten Schülern der eigenen Klasse vorauszusagen und die vermutete Strategie zu beschreiben. Die Schüler wurden unabhängig von dem Lehrer getestet. Die Lehrer konnten im Mittel bei 27 von 36 Fällen den Lösungserfolg korrekt voraussagen und in fast der Hälfte der Fälle auch die Lösungsstrategie richtig prognostizieren. Bei der Strategievoraussage waren die Unterschiede zwischen den Lehrern viel größer als bei der Voraussage des Erfolges. Es gab jedoch keine signifikanten Zusammenhänge zwischen dem allgemeinen Wissen über Strategien (gemessen im zweiten Untersuchungsschritt) und der Prognosegüte bezüglich ihrer Schüler oder zwischen diesem Wissen und den Schülerleistungen bei den Aufgaben selbst.

Carpenter et al. (1988) zeigen sich enttäuscht über das Fehlen des 'pedagogical content knowledge'. Die Autoren vermissen bei den Lehrern das Wissen über individuelle Lösungsstrategien der Schüler bei den Aufgaben. Die Lehrer hätten sich bei der Beurteilung der Aufgabenschwierigkeit an oberflächlichen Aufgabenmerkmalen orientiert, statt an den Schülerstrategien beim Lösen.

Die Vorgehensweise der Lehrer deutet jedoch durchaus auf reiches Erfahrungswissen hin. So ist die Feststellung, um welchen Typ von Aufgabe es sich eigentlich handelt, die grundlegende Schwierigkeit für Schüler. Im Unterrichtskontext stehen Aufgaben in einem Zusammenhang mit den vorhergehenden Aufgaben. Der Schüler muß erkennen, ob er die alte Strategie beibehalten kann (z. B. Addieren, weil bislang Additionsaufgaben dran waren) oder ob eine neue Strategie erforderlich ist. Nesher & Teubal (1975) fanden, daß sich Schüler an Schlüsselwörtern im Aufgabentext orientieren, um die erforderlichen Operationen zu identifizieren. Die Festellung, welcher Teil der mathematischen Kenntnisse gerade gefordert ist, ist ein wichtiger Teil mathematischer Kompetenz (Greeno, Riley & Gelman 1984). Die Beurteilungen der Lehrer deuten also durchaus auf professionelles Wissen über diesen Sachverhalt hin. Es ist mathematisches Wissen (über Addition/Subtraktion), pädagogisch-psychologisches Wissen (über die Bedeutung des Erkennens des Aufgabentypus für das Problemlösen) und Erfahrungswissen (darüber, ob und wann bei ihren(!) Schülern solche Schwierigkeiten auftreten). Dieses Wissen ist realistischer als die Forscher-Beobachtungen über Additionsstrategien, weil die tatsächliche Schülerleistung in der Schulklasse nicht allein von der individuell verfügbaren Lernstrategie abhängt. Damit wird erklärlich, daß die Lehrer häufig den Erfolg prognostizierten, ohne die individuelle Lösungsstrategie ihrer Schüler angeben zu können. Das sichere Urteil einerseits und die Artikulationsschwierigkeiten bei der Begründung andererseits sprechen dafür, daß es sich hier um intuitives Erfahrungswissen handelt. Auch Leinhardt & Smith (1985, 252) fanden bei berufserfahrenen Lehrern, nicht aber bei Anfängern, Wissen über die Schwierigkeit mathematischer Aufgaben (vgl. dazu auch Schrader 1989).

Zusammenfassung und Schlußfolgerungen

Da es im Expertenansatz um Wissen als Grundlage des professionellen Handelns geht, scheint demgegenüber - auf den ersten Blick - der Wissensinhalt, den der Experte in Erfüllung seiner beruflichen Aufgabe weitergeben soll, nicht weiter von Interesse. Doch auch der Schulstoff beeinflußt das Denken und Handeln des Lehrers, er ist nicht nur neutraler Inhalt. Insofern muß der curriculare Fachinhalt bei einer psychologischen Analyse des Expertenwissens mitbehandelt werden.

Benötigen Lehrer mehr als nur Grundkenntnisse über den Stoff, den sie zu vermitteln haben? Während für Lehrer der Oberstufe niemand die Notwendigkeit umfassender Kenntnisse über das Stoffgebiet, das sie unterrichten, bezweifeln würde, ist die Bedeutung des curricularen Fachwissens für den Unterrichtserfolg von Lehrern jüngerer Schüler durchaus umstritten. In den 70er Jahren erschienen einige Arbeiten, denen zufolge Lehrer mit größeren curricularen Fachkenntnissen keine besseren Unterrichtserfolge erzielten. Die Untersuchungen hatten aber zwei Mängel: Sie verglichen curriculare Fakten-Kenntnisse (gemessen durch Tests oder durch die Zahl belegter Universitätskurse) unmittelbar mit der Lernleistung von Schülern. Der Zusammenhang von Fachkenntnissen und Unterrichtshandeln der Lehrer wurde dabei nicht analysiert. In nachfolgenden Arbeiten, in denen auch der Unterricht beobachtet wurde, zeigte sich u. a. ein Einfluß der curricularen Fachkenntnisse auf die Flexibilität von Lehrern im Umgang mit unerwarteten Anregungen ihrer Schüler. Außerdem gibt es offensichtlich in gewissen Grenzen die Möglichkeit der gegenseitigen Substitution curricularen und eher pädagogisch-methodischen Wissens. Sogar innerhalb ihres Schulfaches variieren die Kenntnisse von Lehrern sehr stark. Hierin besteht eine Parallele zu den Expertenuntersuchungen bei Ärzten, deren Kenntnisse ebenfalls je nach den zu diagnostizierenden Krankheiten stark differierten (siehe Kapitel 2.3).

Ein zweiter Mangel in den Untersuchungen ist die dürftige theoretische Konzeption von curricularem Fachwissen. Die bloße Kenntnis von Unterrichtsinhalten macht nur einen Teil des fachlichen Wissens aus. Sowohl die normativen Auffassungen über den Fachinhalt als auch das fachspezifisch-pädagogische Wissen über den Zusammenhang von curricularen Inhalten und Lehr-Lern-Prozessen müssen berücksichtigt werden. Die psychologische Analyse des professionellen Wissens bedarf deshalb der begrifflichen Ausdifferenzierung verschiedener Inhaltsbereiche. Am Beispiel des Mathematiklehrers werden fünf solcher Bereiche des Wissens, das für die Unterrichtsgestaltung gebraucht wird, unterschieden: Wissen über Mathematik als Disziplin, Wissen über Schulmathematik, die Philosophie der Schulmathematik, allgemeines pädagogisches und psychologisches Wissen und fachspezifisch-pädagogisches Wissen. Zwei der Inhaltsbereiche werden ausführlicher behandelt, da an ihrem Beispiel Merkmale deutlich werden, die sich auch bei anderen Berufsgruppen finden und die für eine psychologische Theorie des Expertenwissens bedeutsam sind.

Der eine Bereich umfaßt die wertenden Auffassungen über die Schulmathematik, etwa über den Wert bestimmter Begriffe und Techniken für das, was die Mathematik als Bildungsinhalt ausmacht. Mehrere empirische Untersuchungen zeigen einen großen Einfluß der Wert- und Zielvorstellungen über den Schulstoff auf den Unterrichtsprozeß. Sie werden hier als 'Philosophie der Schulmathematik' bezeichnet, um hervorzuheben, daß die normativen Elemente eng mit den fachlichen Fakten und Prozeduren verbunden sind. Es handelt sich also nicht um rein subjektive Überzeugungen. Im Wissensbild der Expertenstudien sensu Glaser und Mitarbeitern, die im zweiten Kapitel beschrieben wurden, kommen derartige normative Elemente nicht vor; das erfolgreiche Handeln der Experten scheint unmittelbar aus der korrekten Anwendung des korrekten Wissens hervorzugehen. Zwar dürfte unbestritten sein, daß professionelles Handeln auch normativen Prinzipien folgt und Wertentscheidungen erfordert. Weniger selbstverständlich ist aber, daß derartige Wertsysteme in dem jeweiligen Fachwissen gleichsam 'eingewoben' sind. Die enge Verbindung von normativen Elementen und sachbezogenem Wissen aber ist in einer psychologischen Theorie des professionellen Wissens zu berücksichtigen. Darauf wird in Kap. 8 ausführlicher eingegangen.

Der zweite ausführlicher behandelte Bereich des professionellen Wissens ist das fachspezifisch-pädagogische Wissen. Hier geht es um die Beziehung von curricularem Fachinhalt und Lehr-Lernprozeß. 'Fachspezifisch-pädagogisches Wissen' ist ein Ordnungsbegriff, der quer zur disziplinären Trennung der Fachwissenschaften des Experten-Arbeitsfeldes liegt. Das fachspezifisch-pädagogische Wissen kann von den Lehrern nur zum Teil als Fachdidaktik studiert werden, überwiegend muß es durch eigene Erfahrung entwickelt werden. Bei Mathematiklehrern kristallisiert sich das fachspezifisch-pädagogische Wissen vornehmlich in ihren Vorstellungen über mathematische Aufgaben und deren Eignung für den Unterricht heraus. Die Lehrer-Kategorien über Aktivitätsszenarien (siehe Kap. 4 & 5) sind ein anderes Beispiel. Es sind Kategorien, in denen Wissen verschiedener Herkunft (hier: Mathematik und Pädagogik) und eigene Erfahrungen verschmolzen wurden. Die Integration der Kenntnisse aus verschiedenen Wissenschaftsbereichen untereinander und mit Erfahrungen aus den Situationen der beruflichen Arbeit ist ein besonderes Merkmal des professionellen Wissens von Experten, das sich auch in anderen Berufen findet. Empirische Untersuchungen, die am Ende des Kapitels beschrieben wurden, belegen diese These für den Lehrerberuf; analoge Ergebnisse finden sich in einigen Ärztestudien (siehe Kap. 2).

7 Jenseits von Problem und Aufgabe: Welchen Typ von Anforderung haben Experten zu bewältigen?

Historische Veränderungen der Problemlösepsychologie sind am Wandel der experimentell verwendeten Probleme erkennbar, denn es gibt eine Wechselbeziehung zwischen Problemwahl und Theorieentwicklung. Dunckers (1966) Strahlenaufgabe und Newell & Simons (1972) krypto-arithmetische Aufgaben sind Problemstellungen, zu deren Lösung jeweils spezifische Wahrnehmungs- und Denkprozesse erforderlich sind, die dann auch im Mittelpunkt der entsprechenden Theorien zum Problemlösen standen. So erfordern die meisten Problemstellungen der Gestaltpsychologie eine genaue Betrachtung, und die gestaltpsychologische Problemlösetheorie interpretiert Problemlösen folglich auch ähnlich wie die visuelle Wahrnehmung. In diesem Kapitel geht es nun darum, die Merkmale der Problemstellungen, mit denen sich Experten in qualifizierten Berufen befassen, zu beschreiben. Die voranstehend beschriebenen Befunde zum Mathematiklehrer dienen dabei als Anschauungsmaterial, das folgende gilt jedoch auch für andere qualifizierte Berufe.

Die Rekonstruktion der Anforderungen an Lehrer im fünften Kapitel hat bereits gezeigt, daß sie nicht voneinander abgegrenzte Probleme vorfinden, sondern kontinuierlich an einem Prozeß teilhaben und ihn beeinflussen. Dabei wird zwar ihr Wissen gebraucht, und es sind auch bewußte Überlegungen notwendig, aber Problemlösen im ursprünglichen Sinne ist selten gefordert. Dennoch wird bislang auch im Rahmen des Expertenansatzes überwiegend von Problemen gesprochen; im Unterschied dazu habe ich oben den Begriff der Anforderung eingeführt. Diese Veränderung der theoretischen Begriffe wird im ersten Teil des Kapitels (7.1) erläutert. Im zweiten Abschnitt (7.2) werden die Anforderungen an Experten mit denkpsychologischen Ordnungsbegriffen für Problemtypen (z. B. offene, geschlossene) verglichen, und es wird außerdem nach den Ähnlichkeiten der Lehrer-Anforderungen mit der Problemstellung des Lohhausen-Experimentes gefragt (Dörner et al. 1983). Es geht hier nicht nur um die Klärung einiger Bezeichnungen für psychologische Variablen; vielmehr wird die These vertreten, daß Lehrer (und andere Berufsgruppen ebenso) berufliche Anforderungen mittlerer Komplexität zu bewältigen haben, die sich sowohl von den Denkaufgaben der früheren Problemlösepsychologie als auch von jenen Problemstellungen unterscheiden, welche die Probanden im Lohhausen-Paradigma bearbeiten. Obwohl solche praktischen Anforderungen mittlerer Komplexität den Berufsalltag der meisten qualifizierten Berufe ausmachen dürften, werden sie von der Problemlöseforschung bislang nur selten thematisiert. Der Expertenansatz erhebt sie zum Untersuchungsgegenstand, und daher wird eine theoretische Beschreibung ihrer Besonderheiten erforderlich.

7.1 Problem, Aufgabe, Anforderung

a) Eine Begriffserklärung

"Ein Problem entsteht z. B. dann, wenn ein Lebewesen ein Ziel hat und nicht 'weiß', wie es dieses Ziel erreichen soll. Wo immer der gegebene Zustand sich nicht durch bloßes Handeln (Ausführen selbstverständlicher Operationen) in den erstrebten Zustand überführen läßt, wird das Denken auf den Plan gerufen." Die Definition, mit der Duncker (1966, 1) die 'Psychologie des produktiven Denkens' beginnt, stellt sozusagen den kleinsten und - wie Dörner (1974, 20) feststellt - auch gemeinsamen Nenner aller Problemdefinitionen dar. Eine Aufgabe ist demgegenüber als eine Zielstellung definiert, bei der der Bearbeiter über die notwendigen Operationen zur Zielerreichung verfügt. (Auf die Schwierigkeit und Zirkularität dieser Unterscheidung wird unten noch eingegangen (7.2). Der Begriff des 'Problems' wird in diesem Text den schwierigen Denkaufgaben vorbehalten, bei denen eine bewußte Überlegung zur Vorgehensweise erforderlich ist.) Die folgenden begrifflichen Erklärungen gelten jedoch für Aufgaben wie für Probleme gleichermaßen.

Die einzelnen Komponenten eines Problems (Ausgangszustand, Zielzustand, Motivation zur Zielerreichung, Operatoreninventar etc.) sollen hier nicht diskutiert werden (vgl. dafür Bromme & Hömberg 1977, Dörner 1976). Wichtig in unserem Zusammenhang ist die Unterscheidung von vorgefundenem Ausgangszustand und subjektiver Repräsentation des Problems. Newell & Simon (1972) unterscheiden zwischen dem Realitätsbereich, in dem das Problem enthalten ist (dem task-environment) und dem Problemraum (problem space). Mit dem 'problem space' bezeichnen sie die kognitive Repräsentation der Problemsituation, die auch das Repertoire von gedanklichen Schritten zur Problemlösung, das dem Problemlöser zur Verfügung steht, umfaßt. Mit 'task-environment' wird der für das Problemziel relevante Realitätsausschnitt bezeichnet, der - aus der Perspektive eines unabhängigen Beobachters - objektiv gegeben ist.

Einen nützlichen Begriff für die objektive Seite des Problems hat Selz (1922) eingeführt: die 'Sachverhältnisse', z. B. die Figurenkonstellation auf einem Schachbrett und die Schachregeln, oder in den Physikaufgaben von Larkin et al. (1980 a,b) die physikalischen Gesetze, auf die sich die Aufgabe bezieht. Zu den Sachverhältnissen zählen auch die materiellen und technischen Gegebenheiten von Problemen, etwa der Betriebsablauf einer Maschine, wenn es darum geht, einen Defekt an dieser Maschine aufzuspüren. Die Sachverhältnisse bezeichnen den Teil der objektiv gegebenen Situation, der für die Problembearbeitung relevant ist. Der gleiche Realitätsbereich kann dabei sehr verschiedene Sachverhältnisse enthalten, je nachdem, was man beabsichtigt und welche Perspektive man einnimmt; so kann man biologische, psychologische, physikalische etc. Sachverhältnisse unterscheiden, wenn man den Realitätsbereich 'Autofahren' analysiert.

Probleme und Aufgaben treten selten isoliert auf. "Leben ist ja - u. a.- ein Inbegriff von Lösungsprozessen zahlloser großer und kleiner Probleme (von denen allerdings nur ein geringer Bruchteil ins Bewußtsein ragt)" (Duncker 1966, 16). Bei der Untersuchung professionellen Wissens und Denkens ist die Einbettung einzelner Probleme in andere Probleme und in Randbedingungen ihrer Bearbeitung zu berücksichtigen. Diese Zusammenhänge werden durch die Begriffe 'task environment' und 'Sachverhältnisse' nicht zureichend deutlich. In der Arbeitspsychologie, die ebenfalls solche komplexen Probleme untersucht, wird deshalb der Begriff der Anforderung verwendet (außerdem wird überwiegend von Aufgaben, nicht von Problemen gesprochen). Was ist eine Anforderung? Arbeitshandlungen dienen der Erfüllung bestimmter Zwecke. Ein Ergebnis muß erzielt, ein Produkt bearbeitet, ein Vorgang erledigt werden. Die Zielstellung ist dem Arbeitenden üblicherweise vorgegeben, sie alleine macht aber noch keine Anforderung aus. In der industriellen Tätigkeit, z. B. bei der Montage eines Aggregates besteht sie auch aus den gegebenen Werkstoffen und Werkzeugen und der physikalischen und technischen Natur des Werkstückes. Zu den Anforderungen werden außerdem die Arbeitsbedingungen gerechnet (Hacker 1973, Hoyos & Frieling 1977). Bei industriellen Aufgaben ist das z. B. der Lärm bei einer Maschinenbedienung oder die Übersichtlichkeit eines Steuerungspultes. Anforderung bezeichnet also die Zielstellung, die Sachverhältnisse und die gegebenen Bedingungen ihrer Bearbeitung.

Welche Anforderungen sich bei der Verfolgung eines bestimmten Zieles für einen Probanden stellen, hängt natürlich auch von seinem Kompetenzgrad und seinem Wissen ab. Dies war in den Untersuchungen zu Lehrern bereits deutlich geworden. Die Schwierigkeiten des Unterrichtens stellen sich subjektiv und objektiv für einen Experten und einen Anfänger unterschiedlich dar. Die Anforderungen werden in der Arbeitspsychologie deshalb häufig für einen 'mittleren' oder 'hinreichend geübten' Bearbeiter rekonstruiert, im Expertenansatz für den erfolgreichen Bearbeiter (siehe dazu Kap 3.2). Das Wissen und Können eines erfolgreichen Bearbeiters wird dabei nur im Sinne derjenigen Erfordernisse einbezogen, die sich aus der 'Natur' der jeweiligen Sache ergeben. Deshalb ist es im Expertenansatz auch ohne Zirkelschluß möglich, die Anforderungen dem Wissen und Können gegenüberzustellen, das Experten zu deren Bewältigung auch tatsächlich einsetzen.

Die Anforderung ist die Schnittstelle zwischen der äußeren Umgebung des Handelnden und seinen personalen Arbeitsvoraussetzungen. Je nach Fragestellung und allgemeinpsychologischer Grundlagentheorie wird in der Arbeitspsychologie bei dem Begriff 'Anforderung' das Gewicht eher auf die Determination durch die Sachverhältnisse und die Umgebungsbedingungen oder auf ihre subjektive Verarbeitung und die Freiheitsgrade des Handelns gelegt. Im zweiten Fall wird der Unterschied zwischen einer gegebenen Aufgabenstellung einerseits und ihrer subjektiven Repräsentation bzw. Bewältigung andererseits betont (Frieling 1975). Dabei gibt es derzeit m. E. einen forschungsstrategischen Unterschied zwischen der Arbeitspsychologie industrieller Tätigkeiten und dem Expertenansatz, wie er in diesem Beitrag verstanden wird. In der Arbeitspsychologie geht es vielen Untersuchern vor allen Dingen darum, die relative Unabhängigkeit der Arbeitshandlungen von den Anforderungen hervorzuheben und das Ausmaß der subjektiven Freiheitsgrade der Arbeit gegenüber den vorgegebenen Zielen und Arbeitsbedingungen empirisch zu untersuchen (Ulich 1981). Für die Analyse von Lehrerhandeln und Lehrerwissen erscheint mir umgekehrt die empirische und theoretische Rekonstruktion der objektiven (siehe dazu unten) Anforderungen bedeutsam, weil hier häufig berufsbezogene Kognitionen ohne Bezug zu den Anforderungen analysiert werden. Am Beispiel der Studien zum Lehrerbild von Schülern wurde oben bereits gezeigt, daß es in der Lehrerkognitionsforschung durchaus nicht selbstverständlich ist, die empirischen Befunde über professionelles Wissen von Lehrern vor dem Hintergrund dessen zu beurteilen, was ein Lehrer überhaupt wissen und denken müßte, um seine Aufgaben erfüllen zu können.

b) Der Begriff 'Anforderung' bei sozialen Situationen, die Handlungs- und Interpretationsspielraum lassen

In den Studien der Expertenforschung zur Physik und Medizin (Kap. 2) werden die Anforderungen meist durch sachinhaltliche Beschreibungen und gelegentlich auch durch die erforderlichen Prozesse der Informationsverarbeitung (Informationsaufnahme, Bewertung, Entscheidung) dargestellt. Die Untersucher verwenden schriftliche Problemvorlagen (Textaufgaben, Krankenblätter, Bilder von Schachbrettern und Schaltplänen), die Sachverhältnisse sind also symbolisch-begrifflich vorgegeben. Für den Untersucher ist die Rekonstruktion der Anforderungen dann trivial, denn er kann sie aus dem Aufgabentext bzw. den Problemvorlagen weitgehend ablesen und sie häufig sogar als Abfolge von Verhaltensschritten formulieren. Im Unterschied dazu sind viele berufspraktische Anforderungen jedoch nicht nur begrifflich-symbolisch gegeben. Sie beinhalten vielmehr den Umgang mit Geräten, physikalischen, mechanischen etc. Gegebenheiten und mit konkreten Personen und sozialen Gruppen.

In den voranstehenden Kapiteln 4 und 5 war deutlich geworden, daß der Lehrer ein Teil des Systems 'Schulklasse' ist, das er zugleich tiefgreifend beeinflußt. Die 'Natur der Sache' ist also ein sozialer Sachverhalt, der durch die Zielstellungen und die Interpretationen der Beteiligten mit konstituiert wird. So stellt z. B. der Frontalunterricht im Klassenverband bestimmte typische Anforderungen an einen Lehrer, obwohl sein konkreter Verlauf von den Zielsetzungen, Sichtweisen und Bewertungen der Beteiligten stark abhängig ist. Aber nicht nur Variabilität von Zielen und Unterzielen im Zuge der Problembearbeitung vergrößert die Schwierigkeit der Anforderungsanalyse. Auch wenn man ein gegebenes Ziel voraussetzt und sicherstellen kann, daß der Proband es tatsächlich verfolgt, gibt es zahlreiche verschiedene Wege der Zielerreichung. Dafür ist das Unterrichten ein gutes Beispiel. Bereits für ein so eng definiertes Ziel wie die Reduktion des Lärmpegels in der Klasse ist eine beträchtliche Anzahl unterschiedlicher Vorgehensweisen denkbar.

Die Sachverhältnisse und Arbeitsbedingungen erzwingen unter diesen Umständen keine bestimmte Handlung mehr; Anforderungen umfassen nur noch Handlungsmöglichkeiten und Notwendigkeiten i. S. von relativ abstrakten Grenzen und Erfordernissen und ihre Beschreibung wird notwendigerweise abstrakt gegenüber der konkreten Realisation des aufgabenbezogenen Handelns. Bei qualifizierten Berufen sind die Anforderungen also nicht als Verhaltensvorschriften zu rekonstruieren. Ihr besonderer Charakter ist in solchen Fällen mit einem Begriff aus einer anderen Theorie-Tradition besser zu beschreiben, nämlich mit dem Begriff des 'behavior-setting' (Barker 1968). Ein 'behavior setting' ist "... eine überindividuelle ökobehaviorale System-Einheit, ein raumzeitlich abgrenzbares Gesamt-Geschehen, dessen innere Organisiertheit durch eine Art Programm bestimmt erscheint ..." (Kaminski 1983 b, 147-48, zit. n. Volpert 1984 b, 1-2). Das Programm des 'behavior setting' ergibt sich aus der physikalischen Umwelt (Architektur, Stadtgestaltung etc.). Auch die sozialen Erwartungen und die soziale Organisation bestimmter Situationen beeinflussen das 'behavior setting'.

Die Interpretation von Anforderungen als 'behavior settings' bietet sich in unserem Zusammenhang an, weil sie verdeutlicht, in welchem Sinne man auch bei Anforderungen, die sich in sozialen Systemen (z. B. Schulklassen) ergeben, noch von einer 'objektiven' Anforderung sprechen kann. Barker (1968) verwendet zwar u. a. das Beispiel einer Unterrichtsstunde, um zu illustrieren, was mit 'behavior setting' gemeint ist, dennoch war er mehr an der natürlich-physikalischen und architektonischen Umwelt interessiert. Andere Autoren haben jedoch hervorgehoben, daß behavior-settings auch soziale Ganzheiten sind und ein entsprechendes Verständnis durch die involvierten Personen erfordern (Fuhrer 1990, Kaminski 1986, Kruse 1986). Als Grundgedanken sind also festzuhalten: Bestimmte Situationen (z. B. die Schulklasse als der Arbeitsplatz der Lehrer und der Schüler) enthalten Regeln, und diese sind auf die soziale und natürliche Umgebung, zu der die Situation gehört, abgestimmt. Solche Regeln lassen sich unabhängig von bestimmten Personen beschreiben, und sie können analytisch der subjektiven Interpretation und Ausgestaltung durch konkrete Individuen gegenübergestellt werden.

7.2 Ein Vergleich zwischen denkpsychologischen Problemtypen und den Anforderungen an Experten

Die Problemstellungen der Problemlösepsychologie lassen sich danach typisieren, wieviel Wissen man für ihre Bearbeitung benötigt und welche Denkprozesse für ihre Lösung erforderlich sind. In diesem Abschnitt werden die sich daraus ergebenden Problemtypen mit den kognitiven Prozessen verglichen, die für die Bewältigung der Anforderungen in qualifizierten, praktischen Berufen erforderlich sind.

a) Weder Problem noch Aufgabe

In der Problemlösepsychologie sind Probleme als solche Ziel-Mittel-Diskrepanzen definiert, bei denen dem Problemlöser kein Algorithmus zur Bewältigung bekannt ist, m. a. W. als Anforderungen, die dem Bearbeiter weitgehend neuartige, kreative Lösungen abverlangen, die durch eine möglichst genaue Problemanalyse und den Einsatz von allgemeinen Heuristiken erzielt werden können. Aufgaben sind demgegenüber solche Anforderungen, bei denen der Bearbeiter über das notwendige Wissen zur Lösung verfügt und die Anwendung des Wissens beherrscht. Im Extremfall sind Aufgaben durch verfügbare Algorithmen zu lösen, während für Probleme die heuristische Generierung neuer Lösungsalgorithmen erforderlich ist. (Außerhalb der denkpsychologischen Tradition, die hier behandelt wird, gibt es noch andere Interpretationen des Begriffs 'Aufgabe', die durchaus ein Moment des Unbestimmten enthalten, etwa in der Entscheidungstheorie oder in der Pädagogischen Psychologie). Diese begriffliche Unterscheidung von Problem und Aufgabe ist zwar für Problemstellungen, wie sie z. B. von Newell & Simon (1972) verwendet wurden, passend, sie ist aber nicht geeignet, um das Besondere der geistigen Anforderung an Experten zu charakterisieren. Offensichtlich sind auch erfahrene Lehrer beim Unterrichten geistig gefordert, wobei die Gestaltung von Unterricht nicht als Abfolge von Algorithmen bezeichnet werden kann. Die Anforderungen des Unterrichtens sind also keine Aufgaben im denkpsychologischen Sinne. Gleichzeitig kann man aber auch nicht sagen, daß Experten-Lehrer nicht über das notwendige Wissen verfügen, sie also Probleme im denkpsychologischen Sinne zu lösen hätten.

Hier ist der Einwand denkbar, die Unterscheidung von Aufgabe und Problem sei nur idealtypisch zu verstehen und es seien Abstufungen zu berücksichtigen. Da es sich um eine formale Charakterisierung handelt (Wissen verfügbar vs. nicht verfügbar), ist mit einer solchen Interpretation der beiden Begriffe als Pole einer Dimension natürlich jede Anforderung subsumierbar. Wenn es sich nur um eine Definitionsfrage handelte, wäre dieser Einwand überzeugend. Es stellt sich jedoch die Frage, ob die praktischen Probleme von Experten (wie z. B. Lehrern) nicht einen qualitativ anderen Typ von Anforderungen darstellen, dessen wesentliche Merkmale durch die Dimension der Bekanntheit von Lösungsalgorithmen eher verdeckt werden. Daß es sich hier nicht nur um eine Definitionsfrage handelt, zeigt sich auch an der in den Physikstudien aufgetretenen methodischen Schwierigkeit, Experten und Anfänger zu vergleichen; die gleichen Textaufgaben stellten hier für Anfänger ein Problem, für Experten aber nur eine Aufgabe dar (siehe dazu Kap. 3.2).

Natürlich gibt es Situationen, in denen auch der Experten-Lehrer mit etwas völlig Unbekanntem konfrontiert ist, für das er eine Lösung finden muß, z. B. wenn ein Schüler einen ganz ungewöhnlichen Fehler macht, oder wenn er Schüler übernimmt, die ein ihm bislang unbekanntes Verhalten im Unterricht zeigen. Aber der überwiegende Teil der Unterrichtszeit besteht doch aus Situationen, die zwar im Prinzip bekannt sind, in denen der Lehrer aber dennoch keine sichere Verhaltensregel (die einem Algorithmus entspräche) verfügbar hat.

Was ist nun das Besondere der Anforderung an Lehrer (und andere Experten), das durch die klassische Unterscheidung von Problem und Aufgabe so schlecht getroffen wird? Eine Besonderheit liegt darin, daß die Probleme des Unterrichtens nicht lösbar sind in dem oben geschilderten Sinne, daß das Lehren das Verstehen der Schüler nicht abschließend erreicht, sondern nur ihre Aktivitäten und ihre Lernmöglichkeiten kontinuierlich beeinflußt (siehe Kap. 5). Bei den Problemen und Aufgaben der klassischen Problemlöseforschung muß eine bestimmte Lösung gefunden werden, und ihre Umsetzung ist ein triviales Problem, oder sie gehört nicht mehr zur Untersuchung (z. B. bei Dunckers Strahlenaufgabe). Das Ziehen einer Schachfigur etwa ist trivial, nachdem man den richtigen Zug gefunden hat. Im Unterschied dazu kommt die Trennung von geistiger Lösungsfindung einerseits und ihrer nachfolgenden Umsetzung andererseits beim praktischen Handeln des Lehrers im Unterricht nur selten vor. Die Verfolgung der jeweils ausgewählten Ziele erfordert eine situationsangemessene Anwendung des professionellen Wissens, aber nicht das Suchen und Finden bislang völlig unbekannter Lösungen.

Situationsangemessene Anwendung von Wissen vollzieht sich durch die kategoriale Wahrnehmung, wenn z. B. aus dem Ereignisstrom im Klassenzimmer Aktivitätsszenarien ausgegliedert und dabei Schwierigkeiten der Schüler erkannt werden. Dabei wird jedoch nicht nur wahrgenommen, sondern die Unterrichtsereignisse müssen auch neu konstruiert werden- allerdings aus bereits bekannten Elementen. Dafür ist die Antizipation der zu erwartenden Ereignisse und ihrer Wirkungen erforderlich. Das jeweils 'Neue' muß nicht wie beim klassischen Problemlösen entdeckt werden. Die Ereignisse und Sachverhalte sind vielmehr bekannt; aber sie realisieren sich doch immer wieder unterschiedlich im Vergleich zu dem bereits erlebten Unterricht. Der Unterricht hat eine für den Lehrer und die Schüler festliegende Ablaufstruktur, die ihrerseits aus vielen kleinen Ereignisfolgen besteht, die vom Lehrer entsprechend seiner globalen Zielsetzung angeordnet werden müssen. Die lokalen Ereignisse (z. B. eine Gruppenarbeit oder der Ablauf einer Erarbeitungsphase) sind dagegen im einzelnen nicht vorhersehbar. Für den Experten gibt es genügend Kategorien für die auftretenden und die in Gang zu setzenden Ereignisse (z. B. eine vom Lehrer angeregte Schülerarbeit), aber es ist niemals vorab klar, welche Kategorie unter den jeweils gegebenen Bedingungen die angemessenste ist. Die gleiche Schüleräußerung kann einmal als wichtiger Beitrag, in einer anderen Situation als ablenkende Störung interpretiert werden. Die Unterhaltung zwischen zwei Schülern über die Bankreihen hinweg kann einmal als ein zusammenhängendes Ereignis (zwei Schüler helfen sich), in einer anderen Situation als Teil zwei verschiedener Ereignisse (jeder Schüler gehört einer anderen Arbeitsgruppe an, und das Verlassen der Arbeitsgruppe hat je unterschiedliche Effekte) kategorisiert werden.

Nicht nur weil Ereignisse verschieden kategorisiert werden können, ist eine situationsangemessene Wissensanwendung erforderlich, ist der Experte also geistig gefordert, ohne Probleme im denkpsychologischen Sinne lösen zu müssen. Auch das Eigenleben der Elemente der Unterrichtsgestaltung, die ein Lehrer auswählen kann, erfordert die Anwendung pofessionellen Wissens, so haben etwa die sozial vermittelten Muster des Unterrichtsverhaltens (siehe dazu Kap. 4) eine innere Logik, die nicht beliebig verändert werden kann, die man folglich kennen und beachten muß. Einerseits setzt der Lehrer in seiner Unterrichtsgestaltung den Unterrichtsablauf aus ihm bereits bekannten Elementen nur zusammen, wobei sich auch die anzustrebende Abfolge dieser Zusammensetzung im wesentlichen aus den bisherigen Ereignissen des Unterrichtes ergibt und

114

so scheinbar nur noch eine Aufgabe mit bereits bekannten Elementen vorliegt. Andererseits ist viel Wissen erforderlich, um zu beurteilen, ob die einzelnen Elemente sich so realisieren lassen, daß sie tatsächlich der jeweils übergeordneten Zielsetzung entsprechen, und zahlreiche Rahmenbedingungen (die Zeit, die Logik des Curriculums usw.) sind zu berücksichtigen.

Während es bei dem klassischen Problemlösen auf das Finden einer richtigen Lösung im Sinne des Erkennens eines wahren Sachverhaltes ankommt, geht es bei der Expertentätigkeit um das Sehen der Umstände, die eine Zielerreichung ermöglichen oder gefährden. Leinhardt & Greeno (1986) haben dies mit 'opportunistischer Planung' (im Sinne von Hayes-Roth & Hayes-Roth 1979) beschrieben und meinen damit die Ausnutzung der jeweils aktuell gegebenen Handlungsmöglichkeiten bei Beibehaltung der allgemeinen Zielsetzung (siehe Kap. 4). 'Opportunistische Planung' ist nicht nur dann erforderlich, wenn besondere, ungewöhnliche Schwierigkeiten auftreten, die eine Zielerreichung gefährden. Vielmehr gibt es immer eine Spannung zwischen den konkreten Anforderungen des Unterrichtens und der allgemeinen Zielstellung der Schule, die u. a. darin besteht, daß Schüler etwas lernen, was, wie oben gezeigt wurde, ein Lehrer nie direkt bewirken kann; die Anforderung des Unterrichtens besteht vielmehr in der Bereitstellung von Lerngelegenheiten. Die Spannung zwischen allgemeiner Zielstellung und konkreten Anforderungen des Unterrichtens ist einer der Gründe dafür, daß die Anwendung des professionellen Wissens nicht ähnlich einer algorithmischen Aufgabenbearbeitung ablaufen kann.

b) Unterrichten als 'komplexes Problemlösen'?

Die Unterschiede zwischen den Problemstellungen der Denkpsychologie und den Anforderungen in Real-Situationen haben viele Untersucher auf dem Gebiet der Problemlöseforschung veranlaßt, sich dem sogenannten 'komplexen Problemlösen' zuzuwenden. Im deutschen Sprachraum hat dieser Begriff durch die Experimente von Dörner et al. (1983) und die nachfolgenden Arbeiten eine ganz bestimmte Ausprägung erfahren. In diesen Untersuchungen werden komplexe Systeme (wirtschaftliche Abläufe, biologische Systeme etc.) mit Hilfe von Computern simuliert und das Verhalten und Denken von Probanden bei der Systemsteuerung erfaßt. Das bekannteste Beispiel hierfür ist das 'Lohhausen'-Experiment. (Da 'Lohhausen' inzwischen zum Lehrbuchstoff der Psychologie geworden ist (Schönpflug & Schönpflug 1983) und verschiedene Übersichtsdarstellungen der Lohhausen-Arbeit und der Folgeuntersuchungen vorliegen (Eyferth, Schömann & Widowski 1986, Funke 1986, Hussy 1984), kann auf eine ausführliche Darstellung verzichtet werden.)

Dörner (1976, 18) unterscheidet als Merkmale von Realitätsbereichen (und damit auch von den darin zu bewältigenden Problemen) ihre Komplexität, Dynamik, Vernetztheit, Transparenz und den Grad des Vorhandenseins freier Komponenten. Die Komplexität betrachtet er als abhängig von der Zahl der Elemente eines Systems und der Art ihrer Verknüpfung (vgl. zur Kritik der Komplexitätsdefinition Funke 1986). Das Steuern der Computersimulation 'Lohhausen' wird als eine äußerst komplexe, dynamische und intransparente (also von dem Problemlöser zu Beginn nicht durchschaubare) Problemstellung bezeichnet.

Es liegt nahe, zu argumentieren, es sei unmittelbar plausibel, daß die Problemklassifikationen, die an den Denksportaufgaben der klassischen Problempsychologie gewonnen sind, für die Beschreibung der Anforderung an den Lehrer nicht geeignet seien. Demgegenüber erscheinen die Problemstellungen, wie sie den Probanden im Lohhausen-Paradigma gegeben wurden, viel eher mit der Situation vergleichbar, die sich dem erfahrenen Lehrer stellt. Ein solches Argument betrifft nicht nur den Problemtyp, sondern es geht ganz allgemein um die Frage, inwieweit die Gestaltung von Unterricht als komplexes Problemlösen i. S. des Lohhausen-Paradigmas begriffen werden kann. Dieses unterscheidet sich in vielerlei Hinsicht von dem Expertenansatz. So steht bei Dörner et al. (1983) nicht das bereichsspezifische Wissen im Vordergrund der Erklärungen für erfolgreiches Problemlösen. Außerdem sind die Probanden mit einem für sie unbekannten System konfrontiert, anders als die meisten Experten unter realen Bedingungen. Sie müssen ein ihnen unbekanntes System explorieren. In diesem Sinne kann man hier von einem interessanten Paradigma der Novizen-, statt der Expertenforschung sprechen. Letzteres gilt auch für die bislang vorliegenden Versuche, das Expertenparadigma mit dem Lohhausen-Ansatz zu kombinieren (siehe Putz-Osterloh 1986 a,b, Dörner 1989). Soweit die Experten (Manager, Professoren) in diesen Versuchen besser abschneiden, wird dies wiederum eher auf deren allgemeine Strategien im Umgang mit Unsicherheit und Komplexität zurückgeführt. Auch in diesen Fällen besteht die Expertise der Probanden nicht im Umgang mit Computersimulationen; eine solche Vorerfahrung wäre jedoch vermutlich nützlich. Die erfolgreichen Probanden erkennen nämlich, daß sie es mit einer Simulation zu tun haben, die eigenen Regeln folgt, und daß sie ihre Erfahrungen aus dem entsprechenden Realitätsbereich nicht einfach übertragen können, sondern vielmehr das System explorieren müssen (di Sessa 1986, Roth 1986).

Es gibt durchaus einige Gemeinsamkeiten zwischen der Situation des Probanden im Lohhausen-Paradigma und der Situation eines Lehrers. So dürfte die angemessene Zielauswahl und das Festhalten an Zielen (im Gegensatz zum sogenannten thematischen Vagabundieren bei nicht erfolgreichen Problemlösern, Dörner et al. 1983) gleichermaßen zu den Bedingungen erfolgreicher Wissensanwendung (also der Expertenleistung) und erfolgreicher Exploration des Unbekannten (also der Leistung von Lohhausen-Probanden) gehören. Eine weitere Gemeinsamkeit besteht darin, daß die Lohhausen-Probleme nicht isoliert voneinander auftreten und erfolgreiche Problemlöser die Bedeutung einzelner Teilprobleme besser im Zusammenhang sehen und gewichten können als erfolglose (Dörner 1989); derartige Gewichtungen sind auch für die Unterrichtsgestaltung notwendig (siehe Kap. 5, Kounin 1976) und wurden in Expertenuntersuchungen bei Lehrern gefunden (siehe Kap. 4).

Die Hypothese, Unterrichten sei eine Form des komplexen Problemlösens, liegt auch deshalb nahe, weil in der Lehrerkognitionsforschung teilweise ebenfalls die Komplexität und Dynamik des Unterrichtens hervorgehoben wird. Doyle (1986, 394-395) beschreibt die Anforderungen des Unterrichtens mit folgenden Merkmalen: "1. Multidimensionality", die große Anzahl von Ereignissen und Aufgaben im Klassenzimmer sowie deren Vernetzung; "2. Simultaneity", das zeitgleiche Ablaufen verschiedener Ereignisstränge; "3. Immediacy", die schnelle Folge von Unterrichtsereignissen; "4. Unpredictability", die Unberechenbarkeit vieler Ereignisse, die zwar häufig geschehen, bei denen aber Form und Zeitpunkt des Auftretens unvorhersehbar bleiben; "5. Publicness", fast jede Handlung des Lehrers wird von allen Schülern beobachtet; "6. History", es gibt eine Akkumulation von gemeinsamer Erfahrung als Schulklasse.

Die ersten vier Merkmale werden - mit unterschiedlicher Gewichtung - in der Lehrerkognitionsforschung häufig angeführt und insgesamt als die Komplexität des Unterrichtes zusammengefaßt. Die These, der Unterricht sei ein äußerst komplexes Geschehen, das vom Lehrer eine kognitive Reduktion der Komplexität erfordere, gehört geradezu zu den Grundannahmen der Lehrerkognitionsforschung. Vor dem Hintergrund der Komplexität des Lohhausenproblems sind aber einige Zweifel an dieser verbreiteten Grundthese angebracht. Aus der Perspektive des Unterrichtsforschers ist die Beschreibung von Unterricht als einem komplexen Prozeß zutreffend. Es gibt eine Vielzahl von Variablen, die vielfältig vernetzt sind und deren Werte sowie ihre Beziehungen untereinander sich über die Zeit verändern. Auch sind die Variablenbeziehungen intransparent, ein Umstand, der nicht zuletzt empirische Unterrichtsforschung, die solche Variablenbeziehungen aufdecken will, rechtfertigt und erfordert.

Die Komplexität eines Problems bzw. eines Systems ist jedoch keine absolute Größe. Was für die außenstehenden Betrachter eines Systems als komplex erscheint, muß für die Beteiligten nicht so komplex sein. Viele erfahrene Lehrer verfügen über verschiedene Techniken der praktischen Komplexitätsreduktion. Oben wurde bereits auf die Gleichförmigkeit des Unterrichtsablaufes hingewiesen, die z. B. bei dem didaktischen Muster der Erarbeitung des Stoffes durch kurze Lehrerfragen über viele Jahrzehnte hinweg belegt ist. Die Gleichförmigkeit wird durch eingespielte soziale Verhaltensmuster bei den Beteiligten gesichert, die einen glatten Ablauf des Unterrichts ermöglichen, der wiederum eine Voraussetzung für die geistige Konzentration auf die Entwicklung des Stoffes ist. Da den Beteiligten der Sinn von Verhaltensmustern und individuellen Routinen bekannt ist, gibt es für sie also schon weniger Komplexität. Viele inhaltliche und organisatorische Ereignisse des Unterrichtes haben außerdem ihre innere Logik; wenn sie erst einmal initiiert wurden wurden, folgen weitere zu ihnen gehörige Schritte daraus unmittelbar. Dies ist etwa bei der Entwicklung einer bestimmten Beweisführung im Mathematikunterricht (für den Lehrer) offensichtlich, aber es gilt auch für die Unterrichtsmethoden. Eine Hausaufgabenkontrolle umfaßt beispielsweise nicht nur das Herausholen der Hefte, sondern auch ihr Zur-Verfügung-Stellen an den Lehrer und meistens auch eine Rückmeldung des Lehrers an den Schüler. Ferner ist der Unterricht ein relativ träges System, Maßnahmen wirken also mit einer gewissen Verzögerung und sind in ihrer Wirkung auch nur zeitlich verzögert zu beenden.

Diese Gründe lassen es fraglich erscheinen, ob Unterrichten für den erfahrenen Lehrer tatsächlich eine so komplexe, dynamische und intransparente Anforderung wie Lohhausen ist. Zwar gibt es, wie bemerkt, eine Vielzahl von Variablen, aber diese realisieren sich doch als stabile Ereignissequenzen, die zusammenfassend als einheitliche Struktur wahrgenommen und als Instanzen bestimmter Konzepte kategorisiert werden können.

Die Anforderung an die Probanden im Lohhausen-Paradigma ähnelt den Problemstellungen der klassischen Problemlösepsychologie insofern, als daß es für sie auch dort darauf ankommt, einen ihnen unbekannten Sachverhalt möglichst zu durchschauen, also die 'wahren' Variablen-Beziehungen zu erkennen bzw. zu explorieren und das auf diese Art gewonnene Wissen zur Systemsteuerung zu verwenden. Dies ist nicht die Situation der erfahrenen Lehrer (und zu einem großen Teil auch nicht der erfahrenen Schüler), die nur selten irgendwelche 'wahren' Beziehungen hinter der Oberfläche der Phänomene erkennen müssen. Lehrer müssen vielmehr kontinuierlich ein System beeinflussen, zu dem sie selbst gehören.

Die Ereignisse des Klassenzimmers werden von den Beteiligten also mit Hilfe verschiedener Mittel und Techniken gestaltet, und sie werden dadurch weniger komplex und mehr durchschaubar. Es sind dies soziale (z. B. Verhaltensroutinen des Unterrichtsablaufes, Zeitstruktur des Schultages), symbolische (z. B. Texte in Lehrbüchern) und physische (z. B. Anordnung der Schulbänke) Techniken und Mittel der praktischen(!) Komplexitätsreduktion (es geht hier also nicht um die kognitive(!) Reduktion von Komplexität; siehe dazu Kap. 9). Insofern ist Unterrichten also viel weniger komplex und weniger intransparent als die Situation der Probanden von Lohhausen. Die Verfügung über externe Mittel und Techniken (einschließlich Informationsspeicher) ist ein weiterer Unterschied zwischen der Situation des Experten und der Situation der Probanden im Lohhausen-Paradigma. Ärzte haben Röntgengeräte und Karteien, Bürgermeister haben Akten und Wiedervorlage-Regelungen für wichtige Informationen und auch Lehrer verfügen – wie beschrieben – über solche externen Hilfen. Die Probanden im Lohhausen-Paradigma stehen ihren Anforderungen dagegen meistens ohne jedes 'Werkzeug' gegenüber (Ausnahme z. B.: Spada, Opwis, Donnen, Schwiersch & Ernst 1987).

Zusammenfassung und Schlußfolgerungen

Die Expertenforschung (sensu Kap. 2) hat sich aus der Psychologie des Problemlösens entwickelt. Diese Entwicklung ging mit einer Veränderung der benutzten Problemstellungen einher; sie erfordert einen Wandel der Auffassungen darüber, was das Problemlösen charakterisiert. Im Informationsverarbeitungsansatz (Newell & Simon 1972) stand die Entdeckung neuer Lösungsstrategien für einzelne, vorgegebene Probleme im Mittelpunkt des Forschungsinteresses. Die Anforderung an Experten in qualifizierten praktischen Berufen ist offensichtlich eine andere. Sie stehen nicht isolierten

118

Problemen gegenüber, und es kommt bei den zu bewältigenden Anforderungen nicht auf die Entdeckung von bislang unbekannten Sachverhalten an. Vielmehr geht es darum, auf der Grundlage des vorhandenen Wissens eine im Prinzip bekannte Situation wahrzunehmen und zu beeinflussen. Nicht die Entwicklung neuer Problemlösungen, sondern die situationsangemessene Anwendung des bereits vorhandenen Wissens ist das Wesentliche.

Auch die Expertenforschung, die im 2. Kapitel beschrieben wurde, wählte die in den Experimenten verwendeten Problemstellungen so, daß es noch überwiegend auf das Finden einer und nur einer richtigen Lösung ankommt. Die Probleme wurden außerdem isoliert voneinander dargeboten. Die Expertenstudien zu Lehrern (Kap. 4) und die Rekonstruktion der beruflichen Anforderungen an Lehrer (Kap. 5) zeigen demgegenüber, daß die Problemstellungen von Experten im Berufsalltag eine andere Struktur haben. Um sie begrifflich zu erfassen, wurde der arbeitspsychologische Begriff der Anforderung oben bereits verwendet und nun im ersten Teil dieses Kapitels ausführlicher erläutert. Die Anforderungen sind die sachlich gegebenen Notwendigkeiten und Möglichkeiten des Handelns zur Erreichung bestimmter Ziele. Auch bei Berufen, in denen die vorgegebenen Ziele den Beteiligten viele Freiheitsgrade bei ihrer Erreichung lassen, ist es möglich, die objektiven Anforderungen zu rekonstruieren und ihnen die subjektive Bewältigung (durch das Wissen und Können des Bearbeiters) empirisch gegenüberzustellen. Die Anforderungen werden dazu im Sinne eines 'behavior-setting' der ökologischen Psychologie interpretiert, dessen Struktur sich als Programm sozialer und physisch-realer Situationen beschreiben läßt.

Für die Expertenforschung wird also der arbeitspsychologische Begriff der Anforderung im eben beschriebenen Sinne vorgeschlagen. Er könnte präzisieren und ergänzen, was in der Problemlöseforschung mit Aufgaben und 'task-environment' umschrieben wird.

Die Besonderheit des Denkens und der Anwendung des vorhandenen Wissens bei Experten im Vergleich zu dem Problemlösen der früheren Denkpsychologie wird im zweiten Teil des Kapitels noch auf eine andere Weise behandelt. Zuerst wird der Frage nachgegangen, in welchem Sinne auch Experten Probleme lösen. Probleme werden üblicherweise als Situation definiert, in denen dem Problemlöser kein Algorithmus zur Lösung verfügbar ist, Aufgaben dagegen als Problemstellungen, für deren Lösung der Bearbeiter über genügend Wissen verfügt und es auch anwenden kann. Die Besonderheit der Anforderungen an Experten im Beruf wird mit dieser Unterscheidung nicht erfaßt. Sie haben nur sehr selten ihnen völlig unbekannte Probleme zu lösen, können aber auch keine fertigen Algorithmen anwenden. Weiterhin wird der Frage nachgegangen, ob die Anforderungen an Experten den komplexen Systemen ähnlich sind, die im Lohhausen-Paradigma zum sogenannten komplexen Problemlösen verwendet werden, um das Denken von Probanden unter realistischen Bedingungen zu untersuchen. Die nähere Betrachtung zeigt eine überraschende Ähnlichkeit zwischen den Anforderungen, die an die Lohhausen-Probanden gestellt werden und denen der klassischen Problemlösepsychologie. In beiden Fällen handelt es sich nämlich darum, unbekannte Zusammenhänge zu entdecken. Die Situation ist für Lohhausen-Probanden komplex und intransparent, weil sie nicht auf Mittel praktischer Komplexitätsreduktion zurückgreifen können. Unterrichten ist für den außenstehenden Beurteiler ein ebenso komplexes und intransparentes System. Empirische Untersuchungen (Kap. 5) haben jedoch eine erstaunliche Stabilität der Strukturen von Unterrichtsverläufen gezeigt, die für die Beteiligten eine erhebliche praktische Reduktion der Komplexität darstellen. Außerdem kommt es für den Lehrer im Unterricht nur in Ausnahmefällen darauf an, etwas Neues zu entdecken oder ihm unbekannte Probleme zu lösen. Es geht vielmehr darum, Unterrichtsereignisse wahrzunehmen und zu strukturieren, so daß die Ziele flexibel verfolgt werden können. Die Anwendung des Wissens besteht in dem Erkennen der Ähnlichkeiten und Unterschiede zwischen den Begriffen und Bildern von bereits erlebten Situationen und der aktuellen Situation, sowie in der Zusammenfügung von – ebenfalls bereits begrifflich gefaßten und somit bekannten – Elementen des weiteren Unterrichtsablaufs.

8 Das implizite Wissen des Experten

Eine methodische Schwierigkeit der Expertenforschung besteht darin, daß Experten 'gekonnt' und 'intelligent' handeln, aber das Wissen, das sie dazu benötigen, häufig nicht vollständig angeben können. Das Phänomen ist experimentell belegt (Berry & Broadbent 1984), und es gehört zur Alltagserfahrung in den Ausbildungsinstitutionen, in denen Anfänger von Experten unterrichtet werden. Die 'Meister' haben oft Schwierigkeiten, genau zu erklären, wie sie etwas Bestimmtes tun; sie vermitteln ihr Können den Lehrlingen besser weiter, indem sie es praktizieren und dabei erklären (Schön 1983). In diesem Zusammenhang wird häufig Polanyis Begriff des impliziten Wissens (tacit knowledge, Polanyi 1985) angeführt, z. B. von Argyris & Schön (1976) oder Olson (1984). Das implizite Wissen ist nicht direkt, sondern an seinen Auswirkungen erkennbar. Polanyi (1985, 21) vergleicht das implizite Wissen mit einer Sonde bei der Untersuchung einer Höhle oder dem Stock eines Blinden. Die Effekte der Sonde bzw. des Stockes auf die Hand werden unmittelbar als Struktur der Bodenoberfläche, nicht als Druck des Stockes auf die Hand wahrgenommen.

Im folgenden wird eine theoretische Differenzierung des Begriffs 'implizites Wissen' vorgenommen, wobei zwei grundlegend verschiedene Bereiche unterschieden werden: Implizites Wissen als Voraussetzung des flüssigen Handelns (Könnens) (8.1) und implizites Wissen als Teil der professionellen Perspektive eines Experten (8.2). Im ersten Teil zur Beziehung von Wissen und Können soll der verbreiteten Vorstellung entgegengetreten werden, daß implizites Wissen einfach nur im Zuge von Übung aus der bewußten Aufmerksamkeit 'herabgesunken' ist. Es unterscheidet sich vielmehr inhaltlich und seiner Struktur nach von dem expliziten Wissen, das in Form von Regeln und Theorien verbalisierbar ist. Im zweiten Teil wird mit 'Denkstil' ein theoretischer Begriff für die psychologische Analyse des impliziten Wissens vorgeschlagen, das die Perspektive des Experten ausmacht.

In der Lehrerkognitionsforschung wird das implizite Wissen – unter Bezug auf Argyris & Schön (1976) sowie Schön (1983) – auch als 'theories in use' bezeichnet, z. B. von Olson & Eaton (1987), Berliner (1987 a, b), Clark (1987), Jordell (1987), im Gegensatz zu 'espoused theories', womit explizites, verbalisierbares Wissen gemeint ist. Dabei werden aber beide Formen des impliziten Wissens (als Voraussetzung des Könnens und als Perspektive des Experten) vermischt. Auch bei Polanyi (1985) wird kein Unterschied von 'Können' und 'Perspektive' gemacht. Für die psychologische Expertenforschung ist diese Unterscheidung aber wichtig.

8.1 Jenseits von bewußter Entscheidung: 'Wissen daß', 'Wissen wie' und 'Können'

In vielen Untersuchungen zu Lehrerkognitionen finden sich Hinweise auf das schnelle Handeln von erfahrenen Lehrern (Shavelson & Stern 1981). Die Vielzahl der Ereignisebenen im Unterricht, die große Anzahl der Gesprächspartner und das hohe Interaktionstempo erfordern rasches Handeln, das als automatisch erlebt wird, weil ihm keine planenden Überlegungen oder bewußten Entscheidungen zwischen Handlungsalternativen vorausgehen. Die Expertenstudien, über die oben berichtet wurde, behandeln zwar vor allem die Problemwahrnehmung einer gegebenen Situation und nicht das beobachtbare Handeln, doch auch dort zeigte sich das Phänomen der schnellen, unmittelbaren Reaktion auf eine gegebene Problemsituation – allerdings nur dann, wenn Experten die Situation bereits kennen. So lassen sich Experten bei für sie neuartigen Problemen eher mehr Zeit für Überlegungen als Anfänger.

Das rasche Handeln des Experten setzt Wissen voraus, aber im Moment des Handelns wird kein bewußter Bezug auf das Wissen erlebt; statt dessen scheint die Situation zu einer bestimmten Reaktionsweise zu zwingen. Dennoch sind die Anforderungen an Lehrer (aber auch an Ärzte, Bürgermeister etc.) derart, daß es des Wissens und Könnens der Experten bedarf, damit eine schnelle Reaktion erfolgen kann. Dreyfus & Dreyfus (1987, 55) haben in ihrer Phänomenologie der Merkmale des Expertentums das offensichtliche Fehlen einer bewußten Anwendung des Wissens über Handlungsalternativen so beschrieben: "Wenn keine außergewöhnlichen Schwierigkeiten auftauchen, lösen Experten weder Probleme, noch treffen sie Entscheidungen; sie machen einfach das, was normalerweise funktioniert".

Dieses Phänomen stellt für die Expertenforschung, die auf die Strukturen und das Wissen des Experten abhebt, natürlich eine besondere Herausforderung dar. Wie muß ein Wissensbild beschaffen sein, das auch das implizite Wissen des Experten umfaßt? In dem folgenden Abschnitt (a) werden einige Befunde zum impliziten Wissen aus verschiedenen Ansätzen der Lehrerkognitionsforschung vorgestellt. Danach (b) wird gezeigt, daß für Können eine besondere Struktur und ein besonderer Inhalt des Wissens erforderlich ist. Weiterhin (c) werden zwei theoretische Interpretationen von 'Wissen' unterschieden, die sich in der Psychologie zur Frage des 'Könnens' finden: Wissen als intern repräsentierte Handlungsregeln und Wissen als von außen rekonstruierte (soziale) Logik einer Handlung. Beide Interpretationen werden teilweise wenig differenziert verwendet, so daß auch hier eine begriffliche Klärung sinnvoll erscheint.

a) Befunde und Erklärungsansätze zum raschen Handeln im Klassenzimmer

Das rasche Reagieren ist vor allem für die Aufrechterhaltung der Mitarbeit der Schüler erforderlich. In Kapitel 5 war gezeigt worden, daß die Organisation und Aufrechterhaltung der Schüleraktivitäten dann am besten gelingt, wenn sie nebenbei erledigt wird. Der Lehrer und die Schüler können dann ihre bewußte Aufmerksamkeit auf den Stoff des Unterrichtes konzentrieren, wo sie auch benötigt wird, denn selbst von Experten kann die Stoffentwicklung nicht allein durch rasches Reagieren bewältigt werden.

Natürlich besteht nicht der gesamte Unterricht aus schnellem Handeln, das als unmittelbares Reagieren auf eine Situation erscheint. Dazwischen gibt es auch bewußte

Entscheidungen, bei denen zwischen Handlungsalternativen ausgewählt wird. Aber das überlegte Abwägen von Handlungsalternativen tritt doch relativ selten auf. Mit der Methode des nachträglichen videogestützten Erinnerns (stimulated recall) hat man versucht, die Anzahl von Entscheidungen abzuschätzen, die Lehrer im Unterrichtsprozeß treffen. Clark & Peterson (1986) haben fünf Studien aus dem englischen Sprachraum zusammengestellt, in denen die Zahl getroffener Entscheidungen bestimmt wurde, wobei Entscheidung als bewußte Abwägung von wenigstens einer Alternative zu dem gegenwärtigen Verhalten definiert ist. Es ergab sich eine Übereinstimmung zwischen den Studien dahingehend, daß durchschnittlich ungefähr alle zwei Minuten eine solche Entscheidung getroffen wird. Auch Schreckling (1985, 215) fand in einer sehr detaillierten Analyse mehrerer Unterrichtsstunden dreier Lehrer "... ca. alle 1,4 Minuten ... eine über Routinen hinausgehende, aufwendigere bewußte Handlungssteuerung". Yinger (1986) weist darauf hin, daß die Zahl der bewußten Entscheidungen durch die Art der Befragung beim 'stimulated recall' sogar noch überschätzt wird.

Wahl, Schlee, Krauth & Mureck (1983) haben anhand von Filmvorführungen von einzelnen Unterrichtsepisoden Lehrer danach gefragt, wie sie die gegebene Situation auffassen und welche Handlungsalternativen sie erwägen. Die Autoren wollten wissen, wie Situationsklassen mit Handlungen verbunden werden. Solche Situationsklassen waren z. B. 'Provokation durch einen Schüler', 'ein einzelner Schüler ist unaufmerksam', 'ein Schüler weiß eine Antwort nicht' usw. In rund 64% der Fälle ergab sich aus der wahrgenommenen Situation unmittelbar für den jeweiligen Lehrer, welche Handlung darauf erfolgen sollte. Die Autoren nehmen an, daß das unterrichtliche Handeln unter dem hohen Interaktionstempo rasches Reagieren erfordert und deshalb nur wenige alternative Handlungen überhaupt in Betracht gezogen werden. "Die Charakteristik raschen Reagierens scheint u. a. darin zu liegen, daß der Lehrer diese speziellen Zuordnungsprozesse zwischen Situations- und Handlungsklassen introspektiv sehr schlecht wahrnehmen kann. So waren wir häufig mit Aussagen konfrontiert wie: 'Es war klar, daß hier keine andere Handlung infrage kam ...', wobei dieses 'es war klar' nur nachträglich mit Kognitionen angereichert werden konnte ..." (Wahl et al. 1983, 84-85, Hervorhebung im Original). Bei der Inhaltsanalyse von insgesamt 208 derartigen nachträglichen Befragungen fanden sich durchgängig sehr viel mehr Äußerungen zu der Situationsauffassung als zu den möglichen Handlungen. Die Lehrer gaben dabei häufig an, daß sie keine Hypothesen zu den Wirkungen ihres Handelns gebildet hätten, die erwarteten Wirkungen seien vielmehr für sie evident (Wahl 1991,144).

Was geschieht also zwischen den bewußten Entscheidungen? Während des raschen Handelns wird Wissen angewandt durch die Wahrnehmung von Unterrichtssituationen mit solchen Kategorien, in denen eine bestimmte Situationsinterpretation mit einer bestimmten Handlungsalternative verbunden ist. Die jeweilige Handlung erscheint für den Handelnden angesichts einer bestimmten Situation zwingend – und dennoch ist sie von der Interpretation der Situation abhängig. Dies wird auch durch einen interessanten Versuch von Wahl et al. (1983) mit 'Doppelgängern' deutlich. Es wurde überprüft, ob die oben erwähnten Filmausschnitte, in denen unterrichtliche Situationen enthalten waren, ihrer inneren Logik nach für jeden Beobachter die gleiche Lehrerreaktion nahelegten. Sie spielten anderen Personen diese Ausschnitte vor und baten um Vorführung der vermuteten nachfolgenden Lehrerverhaltensweise auf Grund der Kenntnis dieser Situation. Es zeigte sich, daß es ohne die Kenntnisse der Situationsauffassung des Handelnden nur in wenigen Fällen möglich war, die nächsten Handlungen vorherzusagen (Wahl et al. 1983, 145-151). Dies gilt sogar für die Unterrichtsvorbereitung, bei der im Vergleich zum Unterricht selbst noch weniger Zeitdruck besteht. Bei einer Untersuchung des Denkprozesses während der Unterrichtsplanung von Mathematiklehrern fand ich nur selten den klassischen Zyklus des Problemlösens, wie er in der Denkpsychologie beschrieben wurde (Bromme 1981). In dem klassischen Problemlösemodell würde man eine Planungsentscheidung als Ergebnis einer Zielexplikation, Bedingungsanalyse und des Abwägens von Alternativen erwarten. Tatsächlich kamen die beobachteten Mathematiklehrer aber bei der bloßen Betrachtung der in Frage kommenden Mathematikaufgaben sehr schnell zu einer Aufgabenabfolge, die für sie zugleich das Konzept des Stundenablaufes bildete.

Jenseits des bewußten Entscheidens und Abwägens von Verhaltensalternativen ist also noch viel Platz für das professionelle Wissen des Lehrers, das sich bei Nachfrage mit geeigneten technischen Mitteln (Videoaufzeichnung) auch teilweise verbalisieren läßt. Das Handeln geschieht dabei nicht im gleichen Sinne automatisch wie gut eingeübte Formen des motorischen Könnens (etwa die Armbewegung beim Öffnen einer Tür), sondern die Begriffe, die die kategoriale Wahrnehmung strukturieren, sind durchaus explizierbar und können bei entsprechender Nachfrage von den Experten wiedergegeben werden. Nur ist die Bedeutung der Begriffe sehr viel umfangreicher als ihre sprachliche Fassung erkennen läßt; sie sind in diesem Sinne 'verdichtet' (Bromme 1985 b, Wahl 1991)

Das rasche Reagieren als empirisch beobachtbares Phänomen wird von mehreren theoretischen Ansätzen, die in der Lehrerkognitionsforschung sehr verbreitet sind, nicht angemessen erfaßt. Ein Beispiel sind bestimmte Varianten entscheidungstheoretischer Rekonstruktionen der Wissensanwendung von Experten, ein anderes Beispiel die Modellierung von implizitem Wissen als 'Subjektive Theorie'.

In mehreren Modellen des Lehrerhandelns werden die kognitiven Prozesse des Lehrers während des Unterrichtens als eine Abfolge von Entscheidungen zwischen Handlungsalternativen interpretiert (z. B. Peterson & Clark 1978, Shavelson & Stern 1981, Snow 1972, Thiele 1981). Ähnlich wie 'Problemlösen' wird auch 'Entscheiden' in der psychologischen Forschung in einem doppelten Sinne gebraucht, nämlich (1) als Konstrukt für einen bewußtseinspflichtigen Vorgang und (2) als Konstrukt für eine elementare kognitive Operation, die vom Untersucher an ihren Konsequenzen erkennbar ist, die aber nicht als Entscheidung erlebt wird. Hier geht es nur um den erstgenannten Fall.

Hofer (1986 a) hat in einem erweiterten Entscheidungsmodell (das auch Antizipationen vorsieht) die Anwendung von Wissen als Wahrnehmung und Bewertung der Situation, Auswahl von Handlungsalternativen, Bewertungen der Handlungsalternativen und Anwendung von Entscheidungsregeln beschrieben. Im Rahmen dieser und ähnlicher

Ansätze (vgl. z. B. Kraak 1987, Krampen 1986) wird die Verknüpfung von Zielen, Handlungsentwürfen und Bewertungen modelliert, wobei diese Variablen so erhoben und interpretiert werden, daß sich algebraische Verknüpfungsmodelle (wie z. B. in den Erwartung x Wert-Theorien) anwenden lassen. Die Theorien sollen Entscheidungen bei der Auswahl von Handlungen beschreiben und erklären. In dem Maße, wie derartige mathematische Modellierungen als Abbildungen tatsächlicher geistiger 'Berechnungen' interpretiert werden, entsteht das Problem, daß es offensichtlich viele Lehrerhandlungen gibt, denen nicht solche Bewertungs- und Entscheidungsprozesse vorausgehen. Die Anwendung des Wissens, die im Handeln ohne derartige komplexe Entscheidungen erkennbar ist, muß also anders modelliert werden (vgl. dazu auch Hofer 1986 a, 290).

Shavelson & Stern (1981) haben den Begriff der 'Routine' verwendet, um das rasche Handeln im Rahmen eines entscheidungstheoretischen Modells des Lehrerhandelns berücksichtigen zu können. Der Lehrer überwacht demnach während des Unterrichtes ständig das Schülerverhalten, wofür von den Autoren das Bild des 'Autopiloten' gebraucht wird. Der Lehrer läßt den Unterricht sozusagen laufen und überwacht, ob sich größere Schwierigkeiten (Abweichungen von dem Soll-Wert) im Schülerverhalten zeigen. Bei wesentlichen Abweichungen wird auf bewußte Überlegungen über weitere Maßnahmen 'umgeschaltet' und eingegriffen (siehe Abb. 8.1 auf der nächsten Seite). Die Modellvorstellung eines Überwachens i. S. einer Kontrolle des Eintreffens bestimmter Verhaltenserwartungen wird der Notwendigkeit, in dem Ereignisstrom des Unterrichtes überhaupt erst einmal einen Sinn zu sehen, nur sehr unvollkommen gerecht. Tatsächlich hat der Unterrichtsablauf Höhepunkte und weniger wichtige Momente, fordert er teilweise mehr, teilweise weniger konstruktive Tätigkeit. Shavelson & Stern (1981) definieren Routinen als schnelle Handlungen ohne bewußte Steuerung. Es ist aber nicht die Abwesenheit von bewußter Steuerung (i. S. eines Abwägens von Handlungsalternativen), sondern die besondere Qualität des Wissens, die die beobachtbare Schnelligkeit der kategorialen Wahrnehmung und des Handelns ermöglicht. Diese besondere Qualität wurde oben bereits als Verdichtung bezeichnet.

Ein ähnliches Problem stellt sich für das Forschungsprogramm Subjektive Theorien. In diesem Ansatz wird davon ausgegangen, daß Menschen über kognitive Strukturen verfügen, die der Aussagenversion von wissenschaftlichen Theorien ähneln oder wenigstens in Analogie zu wissenschaftlichen Theorien rekonstruiert werden können. Die subjektiven Theorien ermöglichen es, Beobachtungen (Daten) unter Hypothesen zu subsumieren, Hypothesen aus überdauernd gespeicherten 'wenn-dann'-Aussagen abzuleiten und dann zwischen Handlungsalternativen zu wählen (Groeben, Wahl, Schlee & Scheele 1988). Die Metapher der 'Theorie' impliziert begrifflich entfaltetes Wissen, eine bewußte Auswahl von Hypothesen sowie die Bewertung von Daten in bezug auf diese Hypothesen. Für die oben beschriebenen Merkmale des impliziten Wissens ist diese Metapher m. E. weniger geeignet, wenn der Begriff 'Theorie' noch seinen ursprünglichen Sinn behalten soll (Bromme 1984), da die darin enthaltenen Strukturannahmen gerade nicht das Phänomen der Verdichtung des Wissens abdecken (vgl. aber Wahl

125

(1991) für Vorschläge zur Integration des 'Impliziten' in das Forschungsprogramm Subjektive Theorien).

b) Prozeduralisierung: Die Verdichtung des Wissens, das dem Können zugrunde liegt

In der Expertenforschung wurde – z. B. von Lesgold (1984) – vorgeschlagen, das Wissen, das dem Können zugrunde liegt, als prozedurales Wissen im Sinne der ACT-Theorie des Erwerbs kognitiver Fertigkeiten (Anderson 1982, 1987) zu interpretieren. Was ist prozedurales Wissen? In der Psychologie der Informationsverarbeitung wird zwischen dem deklarativen und dem prozeduralen Wissen unterschieden. "Unter deklarativem Wissen ist das Faktenwissen zu verstehen, das Personen im Gedächtnis gespeichert haben, das sie sich bewußt machen können und das sie in der Regel zu verbalisieren vermögen. Prozedurales Wissen bezieht sich auf die kognitiven Mechanismen, die Personen dazu in die Lage versetzen, komplexe, kognitive und motorische Handlungen durchzuführen, ohne dabei die einzelnen Bestandteile dieser Handlungen bewußt kontrollieren zu müssen" (Oswald & Gadenne 1984, 173).

Deklaratives Wissen wird in der Psychologie häufig als semantisches Netzwerk, prozedurales Wissen als Produktionsregelhierarchie auf Computern modelliert (Wender 1988). Andersons Theorie beschreibt den Erwerb einer 'kognitiven Fertigkeit' als Entwicklung einer besonderen Struktur von Produktionsregeln und der Art und Weise, wie diese interpretiert werden. Können entwickelt sich nach Anderson (1987) dann, wenn problem- und zielspezifische Verbindungen von Bedingungs- und Operationswissen (Produktionsregeln) herausgebildet werden. Die Produktionsregeln beschreiben 'wenn-dann'-Beziehungen, und die Wissensanwendung besteht darin, daß der 'wenn'-Teil (die Bedingungsseite) mit der gegebenen Situation bzw. Elementen daraus verglichen und, sofern ein Wahrheitswert erfüllt ist, die Regel angewendet wird. Bei einem unbekannten Problem bzw. einem Anfänger erfordert die Anwendung einer Produktionsregel (einer 'wenn-dann'-Struktur) eine Suche danach, welche Elemente einer gegebenen Situation mit welchen Elementen der vorhandenen Produktionsregeln übereinstimmen (Opwis 1988). Durch Übung verändern sich die Produktionsregeln in einer Weise, die Anderson (1982, 1987) mit der Metapher des Kompilierens von Programmen (also der Umsetzung des rechnerextern geschriebenen Programms in einen Maschinencode beim Starten eines elektronischen Rechners) beschreibt. Kompilation erfolgt durch zwei Subprozesse: 'proceduralisation' und 'composition'. 'Proceduralisation' bezeichnet die Entwicklung von Produktionsregeln, in denen die bereichsspezifischen Bedingungen der Anwendung des Lösungsschrittes in den Lösungsschritt selbst integriert werden, 'composition' die Verbindung längerer Ketten von einzelnen Teilschritten zu einem neuen Schritt, der alle 'wenn-dann'-Zuordnungen enthält, so daß sie nicht erneut herausgesucht werden müssen. Eine solche Kette ist dann durch Prüfung von nur einer 'wenn'-Bedingung abrufbar.

126

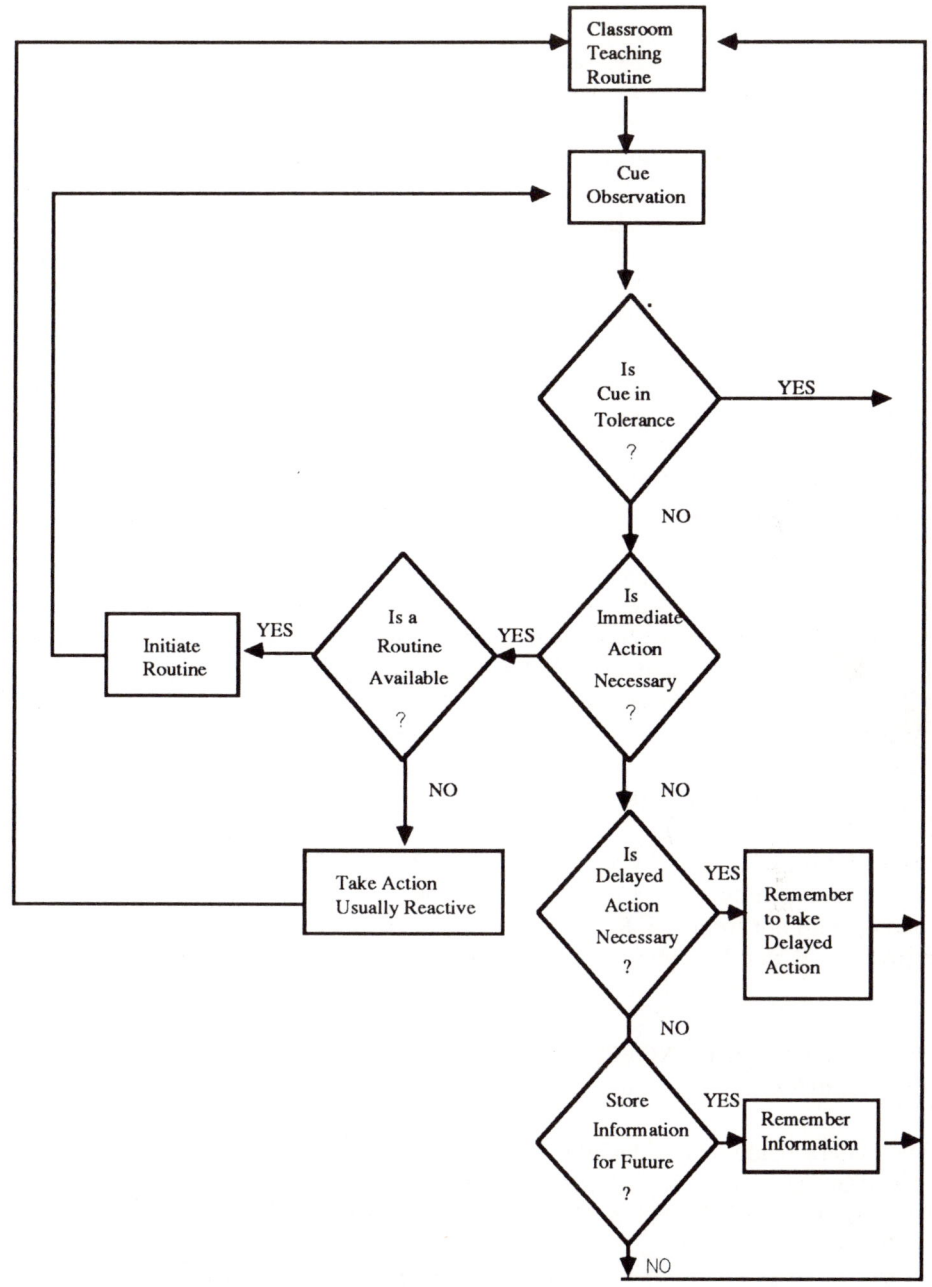

Abb. 8.1: Modell der Entscheidungen des Lehrers während des Unterrichtes, Shavelson & Stern (1981, 483).

Anderson (1987, 197) vergleicht die 'composition' mit dem 'chunking' (i. S. von Miller 1956): "In both cases knowledge units that occur together are recorded into higher units. However the Miller chunking hypothesis applies to how stimuli are encoded and decoded, whereas the current notion is more general and applies to problem solving as well as stimulus encoding." Zwar hebt auch Anderson die Entlastung des 'Arbeitsgedächtnisses' und die Erhöhung des Tempos hervor, aber es handelt sich hier um Folgeeffekte, die nicht das Besondere des Wissens, das Können ermöglicht, ausmachen. Das Besondere ist vielmehr die Veränderung des Wissens in der Struktur (größere Einheiten, als 'chunks' bezeichnet) und im Inhalt (die Bildung situationsbezogener und zielbezogener Produktionsregeln). Es genügen dann wenige Elemente einer Situation, um sie als Beispiel für einen bereits bekannten Typ von Situationen zu erkennen, für deren Bewältigung eine entsprechende Handlung erforderlich ist. Erfahrene Lehrer erkennen am Lärmpegel und an der Art des Lärms, ob ein Eingreifen notwendig ist und was getan werden muß (siehe dazu oben Kap. 4). Bei komplexeren Fertigkeiten verwendet Anderson nicht einzelne Produktionsregeln, sondern Regelhierarchien, die jeweils entsprechend allgemeiner Ziele organisiert sind. Der Begriff der Produktionsregel besagt nichts über den Inhalt und Umfang der Einheit des Wissens, die damit bezeichnet werden kann. Der Grundgedanke einer Verbindung von Bedingung und Operation kann deshalb auch auf globalere Einheiten des Wissens über Handlungen übertragen werden. So vermutet Hofer (1986 a, 290) als Grundlage des raschen Reagierens von Lehrern eine Verbindung von 'Schemata' (die die Situationsinterpretation leiten) und 'Scripts' (die die Handlungspläne darstellen).

Andersons Beschreibung der Zusammenfassung mehrerer Operationen/Handlungen zu neuen Einheiten (als chunking bezeichnet) und die Anreicherung von Produktionsregeln (durch situations- und zielspezifische Informationen) machen deutlich, wie man sich Verdichtung des Wissens vorstellen könnte. Allerdings weist das Wissensbild Andersons hier die gleiche Schwäche auf, die im 2. Kapitel auch bei anderen Arbeiten deutlich wurde, in denen der Begriff des 'chunk' verwendet wurde. Der Begriff des 'chunking' wird nur formal (i. S. von 'mehr Einheiten') und nicht inhaltlich (nämlich als Abstraktion i. S. der Zunahme von intensionaler Bedeutung) interpretiert.

c) Wissen als kognitive Struktur vs. Wissen als von außen rekonstruierte Logik des Handelns

Die Unterscheidung von deklarativem und prozeduralem Wissen wird meist unter Rückgriff auf eine begriffsanalytische Untersuchung des Philosophen Ryle (1969) getroffen, so etwa von Oswald & Gadenne (1984). Die Differenzierung des Begriffes implizites Wissen erfordert m. E. eine nähere Betrachtung der Ryle'schen Unterscheidung. Ryle gehörte zur sprachanalytischen Schule der angelsächsischen Philosophie und sein Ziel war die "... Bestimmung der logischen Geographie von Begriffen ... ." (1969, 5). Er unterscheidet zwischen 'knowing how' und 'knowing that' und hebt hervor, daß

etwas zu können nicht bedeutet, daß man auch die Regeln kennen muß, die das gekonnte Handeln beschreiben. Man kann sehr wohl korrekt sprechen, ohne die Regeln
der Grammatik angeben zu können. Ryle bezeichnet dies als "...die Regeln in Anwendung kennen" (1969, 49). Die Fähigkeit, ein Musikstück gut vorzuführen oder ein Plädoyer überzeugend zu halten, setzt nicht voraus, daß die Regeln, die dieser Leistung
zugrunde liegen, von dem Handelnden erklärt werden können oder daß sie auch nur
vorab bedacht werden müssen. "Die Regeln, die er befolgt (gemeint ist ein intelligenter
Denker, R.B.), sind seine Art zu denken geworden, wenn er sorgfältig denkt; sie sind
nicht äußerliche Anweisungen, mit denen er seine Gedanken in Einklang bringen muß.
Kurz gesagt, er führt seine Tätigkeiten wirksam aus, aber etwas wirksam tun heißt nicht:
zwei Dinge tun. Es heißt: ein Ding auf eine bestimmte Weise tun oder es in einem gewissen Stil oder einem gewissen Verfahren tun, und die Beschreibung dieses modus
operandi muß mit Hilfe solcher halbdispositionellen, halbepisodischen Beiwörter wie
'wachsam', 'sorgfältig', 'kritisch', 'genial', 'logisch' gekennzeichnet werden. Was für intelligente Beweisführung gilt, das gilt mit den entsprechenden Abänderungen auch für andere intelligente Tätigkeiten" (1969, 58-59). Ryle nennt hier Boxer(!), Chirurgen, Dichter und Verkäufer als Beispiele. Etwas können bezeichnet eher eine Disposition als den
Plan für eine gekonnte Handlung. Mit Können wird das Vermögen bezeichnet, eine bestimmte Qualität des Handelns zu realisieren. Die Auffassung, es handele sich um eine
Disposition, wird auch in den Begriffen 'working intelligence' und 'practical intelligence'
deutlich, die Scribner (1984) und Sternberg & Wagner (1986) für die kognitiven Voraussetzungen von Expertenleistungen gewählt haben.

Ryle betont, daß sich das Können auch in der Bewältigung von jeweils neuen Aufgaben zeigt, so daß es nicht als Anwendung einer bereits automatisierten Handlung interpretiert werden kann (die er als Gewohnheit bezeichnet). Das Können selbst wird als
eine direkte Anwendung des Wissens interpretiert. Etwas bewußt zu planen, etwas zu
erläutern, einen Sachverhalt wiederzugeben, sind nach Ryle Formen der Anwendung
des (deklarativen) Wissens, eine andere Form der Wissensanwendung ist der Vollzug
von intelligentem Handeln selbst. Zwar äußert er sich in diesem Buch (1969) nicht zu
der internen Repräsentation des Wissens, polemisiert aber geradezu gegen die
Vorstellung, das Können als Befolgen eines Planes zu interpretieren. Darin besteht ein
Unterschied zu dem Konzept des prozeduralen Wissens, soweit es als interne Repräsentation von Regeln aufgefaßt wird. Ryle vertritt die These, daß Menschen über deskriptives und über präskriptives Wissen (wie sie handeln sollten) verfügen und außerdem
über Wissen, das sich in intelligentem Handeln (Können) zeigt.

Was aber bezeichnet 'Wissen wie' bei Ryle, wenn er für das Können zwar ein
'Wissen wie', aber keinen Plan (moderner: keine Regelhierarchie) vermutet? Es bezeichnet eine bestimmte Logik und Qualität des Handelns, die man von außen rekonstruieren
kann, die aber nicht notwendig in Form von Regeln intern repräsentiert ist. Insofern ist
die Gleichsetzung mit dem Begriff des prozeduralen Wissens in der Forschung zur
Künstlichen Intelligenz (z. B. Boden 1977, 383) irreführend. Es geht um den Unterschied eines <u>kognitiven Konstruktes</u> (Wissen als kognitive Struktur) und eines <u>sozialen</u>

Konstruktes von Wissen (Wissen als sozial rekonstruierte 'Logik' von Handlungen). Die Unterscheidung betrifft also zwei verschiedene Perspektiven auf das Wissen. Das Handeln des Experten erscheint als Können, insoweit es erfolgreich ist, bestimmte Zwecke erfüllt, Bedingungen angepaßt ist und dabei flüssig erscheint. Von diesen Merkmalen kann man nur sprechen vor dem Hintergrund bestimmter Werte und Bedeutungen, die dem beobachtbaren Verhalten des Könners in seiner sozialen Gruppe (z. B. einer Profession) zugeschrieben werden. Insofern ist es gerechtfertigt, wenn Ryle von Wissen spricht. Aber es ist wichtig zu berücksichtigen, daß der Begriff 'Wissen' dabei in einem anderen Sinn gebraucht wird als in den Hauptströmungen der gegenwärtigen Kognitionspsychologie. Ryle umschreibt m. E. mit 'knowing how' ein soziales Konstrukt von Wissen, also Wissen als Teil einer bestimmten Kultur (D'Andrade 1981, Oerter 1988) und nicht als individuelle kognitive Repräsentation.

Die Regeln der Grammatik sind dafür ein gutes Beispiel. Die linguistische Rekonstruktion der Regeln des natürlichen Sprechens beschreibt die 'Logik' der Sprache als Regeln der Syntax. Es ist durchaus sinnvoll, syntaktische Regeln als 'Wissen' zu bezeichnen, obwohl sie sich (bei vielen Sprechern) nur in dem 'Sprechen-Können' zeigen: Sie unterliegen einem historischen Wandel, sind in einer bestimmten Kultur verbreitet, und sie sind in dem Sinne sozial repräsentiert, daß sie in Regelwerken beschrieben und durch den Sprachgebrauch immer wieder in praxi vorgeführt werden. Die Rekonstruktion der grammatischen Regeln aus der Sprachpraxis durch Linguisten und Sprachpsychologen kann daher als eine Rekonstruktion des sozialen Wissens betrachtet werden. Daneben stellt sich die psychologische Forschungsfrage nach dem Erwerb und der kognitiven Repräsentation dieser Regeln, d. h. nach dem kognitiven Wissen (Hörmann 1978, 33).

Der Unterschied zwischen beiden Bedeutungen von Wissen wird in der Lehrerkognitions- und auch in der Expertenforschung häufig nicht gesehen (Ausnahme: Thommen, Ammann & von Cranach (1988), die die sozialen Repräsentationen im Sinne von Moscovici (z. B. 1988) untersuchten und zu diesem Zwecke eine empirische Expertenuntersuchung an Psychotherapeuten durchführten). In soziologisch orientierten Ansätzen zum Lehrerwissen findet sich das soziale Konstrukt von Wissen häufiger, wobei dann aber die Frage seiner kognitiven Repräsentation nicht im Mittelpunkt der Analyse steht (Zeichner, Tabachnik & Densmore 1987). In psychologischen Ansätzen werden gelegentlich beide Formen des Wissens miteinander identifiziert, was zu der Annahme führen kann, Wissen, das nur im Handeln erkennbar ist, sei auch bei dem Handelnden als Plan kognitiv repräsentiert. Ein Beispiel dafür wurde in Kap. 4 ausführlich dargestellt: Leinhardt & Greeno (1986) rekonstruieren das Wissen der Experten-Lehrer nicht nur durch Befragung, sondern auch durch Interpretation der 'Logik' des Handelns im Lichte der professionellen Anforderungen. Dabei bleibt ungeklärt, wie diese Logik als 'Plan' tatsächlich kognitiv repräsentiert ist. Es ist m. E. unangemessen, die Rekonstruktion einer solchen Logik des Handelns durch den Untersucher zugleich auch als Beschreibung eines vermuteten Bestandes an Wissen bei dem Handelnden zu interpretieren.

d) Können ist bei Experten 'reicher' als das Wissen, das für den Erwerb nötig war

Die analytische Unterscheidung zwischen einem kognitiven Konstrukt von Wissen und einem sozialen Konstrukt von Wissen ist hilfreich, um die Diskrepanz von kognitivem Wissen und Können zu erklären. Anfänger können häufig weniger, als sie wissen; Experten dagegen können zum Teil mehr, als sie wissen. So wissen Lehreranfänger nach ihrer Ausbildung zwar häufig, was sie im Klassenzimmer tun sollten (präskriptives Wissen), haben aber dennoch Schwierigkeiten, das entsprechende Verhalten zu realisieren. Wieso erscheint das gekonnte Handeln reicher als die Begriffe der Situationswahrnehmung und die Regeln, die Experten als Grundlage dafür angeben können?

Dieses Phänomen hat mehrere Ursachen. Die bekannteste und naheliegendste Erklärung besagt, daß mit zunehmender Übung immer weniger Aufmerksamkeit auf die bewußte Kontrolle des Handelns gerichtet werden muß. Ein beliebtes Beispiel dafür ist das Erlernen des Autofahrens, bei dem mit zunehmender Übung die Aufmerksamkeit von der Notwendigkeit der technischen Bedienung entlastet wird und die Regeln (zuerst Kuppeln, dann Bremsen!) nicht mehr bewußt angewendet werden müssen. Das Wissen, das dem Können zugrunde liegt, sinkt aus dem Bewußtsein herab, es scheint also nur vergessen. In der Theorie Andersons (1982, 1987) und in der Lehrerkognitionsforschung wird in diesem Sinne bei der Entwicklung von Können die Entlastung der Aufmerksamkeit von der Kontrolle des eigenen Handelns hervorgehoben. Dieser Vorgang erklärt aber nur zum Teil, warum Experten die Regeln nicht angeben können, denen ihr Handeln folgt.

Eine weitere Ursache ist: Das Können wird nicht nur durch Regeln entwickelt, sondern auch durch Erfahrungen und durch andere Formen des Lernens (Imitation, Verstärkung), ohne daß der Handelnde diese Erfahrung begrifflich erfassen muß. Selbst das motorische Können entwickelt sich nicht nur durch die Anwendung von bewußten Regeln, sondern es erfordert auch die kontinuierliche Auswertung von sensorischer Rückmeldung. Auch das Können im Klassenzimmer wird nicht nur durch bewußt übernommene Regeln erworben, sondern durch Verstärkung von Versuch–Irrtum–Verhalten und durch Imitation. Insofern ist das dabei erworbene Erfahrungswissen nicht vergessen oder herabgesunken. Außerdem verändern sich durch Übung die Regeln, die dem Handeln zugrunde liegen, kontinuierlich, ohne daß diese Veränderungen bewußt werden müssen.

Eine dritte mögliche Erklärung für die gegenüber dem aktuell bewußten oder auch nur bewußtseinsfähigen Wissen sichtbar überlegene Vielfalt des Könnens wird in der Expertenforschung häufig übersehen, weil man zu ihrer Beschreibung die oben angeführte Unterscheidung von Wissen als kognitivem und Wissen als sozialem Konstrukt benötigt: In vielen Berufen ist das Wissen, das zur Ausübung des Könnens erforderlich ist, auf verschiedene Personen verteilt, und die Ausübung von Können ist von bestimmten Bedingungen abhängig, die der Handelnde gar nicht im einzelnen kennen muß, die man aber als soziales Wissen im oben beschriebenen Sinne rekonstruieren kann. Von

Cranach (1989), Norman (1989), Raeithel (1991) und Seifert & Hutchins (1989) bezeichnen dies als 'social distributed knowledge'.

So setzt etwa das Können eines Chirurgen das gute Funktionieren eines Krankenhausbetriebes voraus. In diesem Funktionieren ist soziales, medizinisches und organisatorisches Wissen enthalten, das man berücksichtigen muß, wenn man die besondere Qualität des Könnens des Chirurgen beschreiben will. Der Chirurg selbst muß darüber nur genügend wissen, um bei Störungen adäquat reagieren zu können. Leinhardts Analysen (Kap. 4) zeigten ebenfalls, daß das Handeln der Experten-Lehrer in dieser Hinsicht 'reicher' war als das dem Handeln zugrundeliegende Wissen (im kognitiven Sinne). Die Experten-Lehrer realisierten ihr Können, indem sie sich auf das vorhandene Wissen der Schüler über die angemessene Verhaltensweise im Klassenzimmer stützten. Sie mußten dafür keinen eigenen Plan entwickeln und anwenden. Nur wenn die Schüler beispielsweise die sozialen Verhaltensmuster des Unterrichtes nicht mehr einhalten, versagt das Können des Experten, das sich auf die Erzeugung eines flüssigen Unterrichtsablaufes bezieht. Dann wird anderes Können benötigt, nämlich das zur Etablierung eben solcher Verhaltensmuster erforderliche. (In der ethnomethodologischen Forschungstradition wird das Versagen von Können dazu genutzt, das soziale Wissen in kognitives zu überführen, etwa wenn die impliziten Regeln der Kommunikation durch den Untersucher bewußt nicht eingehalten und dadurch einem Probanden erkennbar werden). Das soziale Wissen ist nicht nur auf die Personen verteilt, mit denen ein Experte zusammenarbeitet. Auch die technischen Hilfsmittel, die externen Informationsspeicher (Bücher, Disketten) und die Organisation von Arbeitsabläufen sind Formen des sozialen Wissens (Engeström 1990, Raeithel 1983).

Die Begriffe, mit denen man kommuniziert, sind potentiell umfangreicher, als es Sprechern und Hörern bewußt sein muß. In einer bestimmten Kultur hat jeder Begriff einen – meistens nur unscharf abgegrenzten – Bedeutungumfang, den man als Sprecher und Hörer nicht vollständig kennen muß, um erfolgreich zu kommunizieren, und die Kommunikation ist selbst dann möglich, wenn sich der subjektive Bedeutungsbereich von Kommunikationspartnern nicht völlig überschneidet (Johnson-Laird 1987, Seiler 1985). Dies gilt nicht nur für die Alltagskommunikation, sondern auch für die Sprachverwendung im Beruf. Dabei handelt es sich dann um das soziale Wissen einer professionellen Kultur, das man analytisch von dem kognitiven Wissen des Experten trennen kann. Dafür ein Beispiel: Die fachlichen Erläuterungen eines Lehrers zu einem mathematischen Gegenstand ermöglichen dem Schüler das Erkennen von Beziehungen zu vorangegangenen Stoffabschnitten, weil die Erläuterungen einer bestimmten fachlichen und didaktischen Logik folgen. Der Lehrer muß diese Beziehungen seinerseits nicht vollständig kognitiv repräsentiert haben, sondern er kann sie ebenso wie die Schüler jeweils neu entdecken. Das Können ist in diesem Fall 'reicher' als das kognitive Wissen der Beteiligten, weil die bei der Erklärung verwendeten Begriffe diese fachliche Logik implizieren - auch dann, wenn sie dem Sprecher gar nicht vollständig bekannt ist.

Die Unterschiede zwischen dem Wissen und dem Können, die sich im Handeln zeigen, werden hier auch hervorgehoben, um auf eine Grenze des Expertenansatzes hinzuweisen. Das Können des Lehrers (und anderer Experten) ist nicht allein durch das Konstrukt des Wissens zu beschreiben und zu erklären. Dazu bedarf es Theorien des Handelns, die nicht Gegenstand dieser Darstellung sind. Die analytische Unterscheidung eines kognitiven und eines sozialen Konstruktes von Wissen ist dabei hilfreich, weil sie dem naheliegenden Vorwurf des 'Kognitivismus' an den Expertenansatz begegnen kann. Nur wenn der Unterschied von Können und kognitivem Wissen in der Theoriebildung vernachlässigt wird, scheint mir ein derartiger Kognitivismus-Vorwurf berechtigt.

8.2 Der 'Denkstil' des Experten

Verschiedene empirische Befunde zeigen die Fähigkeit von Experten, Wichtiges von Unwichtigem zu unterscheiden oder anders ausgedrückt: Experten verfügen über eine bestimmte Perspektive, die ihre Problemdefinition und Problemlösung organisiert. Oben war mit der 'Philosophie der Schulmathematik' bereits ein inhaltliches Beispiel dafür gegeben worden, daß das professionelle Wissen nicht nur Faktenkenntnisse und Prozeduren enthält, sondern auch normative Elemente, die, verwoben mit den Sachkenntnissen, eine zusammenhängende Perspektive bilden (Kap. 6.3). Im folgenden geht es um die psychologische Struktur dieses Wissens.

a) Die Perspektive des Experten

Das Wissen, das die Perspektive des Experten auf eine Situation umfaßt, ist teilweise implizit. Werte und grundlegende Annahmen über Sachverhalte des Arbeitsfeldes bilden den nichtbewußten Hintergrund der bewußten Überlegungen. Implizites Wissens ist in diesem Zusammenhang nicht statisch zu verstehen, sondern die Annahmen, die es konstituieren, können unter geeigneten Umständen auch bewußt gemacht werden. So mag ein Lehrer die implizite Annahme haben, im Mathematikunterricht komme es vor allem auf eine klare, formale und gut definierte Sprache an. Diese Annahme kann sich bei verschiedenen Gelegenheiten äußern, und muß dennoch nicht als explizite Regel dem Lehrer bewußt sein. Sie kann sich beispielsweise in der Unterrichtsgestaltung, in der Bewertung von Schülerbeiträgen oder in dem intuitiven Gefühl, daß mit eigenen Unterrichtsbeiträgen etwas nicht in Ordnung sei, äußern. Sie kann aber auch zum Gegenstand bewußter Überlegungen werden, etwa wenn sie als Regel an einen Anfänger weitervermittelt werden soll. Die Frage der Bewußtseinsfähigkeit von Kognitionen, die das Verhalten beeinflussen, ist umstritten; vgl. Nisbett & Wilson (1977) und Ericsson & Simon (1984) für zwei kontroverse Positionen dazu. Ob Bewußtheit über die grundlegenden Werte und Annahmen, die die eigene Sichtweise auf einen Problembereich konstituieren (und nur um dieses Wissen geht es hier) unmittelbar erzielt werden kann oder Ergebnis der Anwendung subjektiver Theorien darüber ist, kann hier aber dahingestellt bleiben.

In der Lehrerkognitionsforschung besteht schon immer großes Interesse an dem impliziten Wissen von Lehrern, das ihre Perspektive bildet, nicht zuletzt deshalb, weil man sich von seiner Aufdeckung eine Verbesserung der Unterrichtspraxis erhofft. Je nach kognitionspsychologischen Rahmenannahmen wird es in der Lehrerkognitionsforschung mit ganz verschiedenen theoretischen Begriffen und Methoden untersucht. Die Annahmen der Untersucher über Bewußtseinsfähigkeit und Handlungsbezug des Hintergrundwissens sind unterschiedlich; ebenso variiert, ob der Schwerpunkt mehr auf deskriptive oder mehr auf normative Elemente des zu untersuchenden professionellen Wissens gelegt wird.

In den 60er Jahren wurden vor allem die allgemeinen, situationsübergreifenden Wertvorstellungen als Lehrereinstellungen untersucht (es ging beispielsweise darum, ob Lehrer eher progressive oder eher konservative Einstellungen zu Fragen der Schule haben, Koch 1972). Im englischen Sprachraum finden sich viele Arbeiten zu den 'persönlichen Konstrukten' von Lehrern, die mit der von Kelly (1955) entwickelten Grid-Methode erhoben werden (Ben-Peretz 1984, Olson 1981). Während in der Forschung zu Lehrereinstellungen vor allem die interindividuellen Gemeinsamkeiten von Einstellungsmustern analysiert werden, heben Untersuchungen zu den 'persönlichen Konstrukten' vor allem die individuell unterschiedlichen Ausprägungen hervor, was zur Folge hat, daß die Ergebnisse bevorzugt in Fallstudien vorgestellt werden (Munby 1982).

Andere theoretische Begriffe sind z. B. 'Lehrerethos' (Oser, Zutavern & Patry 1990), 'belief systems' (Bussis, Chittenden & Amarel 1976, Hollon & Anderson 1987) sowie 'personal practical knowledge' (Clandinin 1986). In dem zuletzt erwähnten Ansatz wird der 'persönliche' Charakter des Hintergrundwissens hervorgehoben und die Ansicht vertreten, man benötige phänomenologische Methoden, um es zu analysieren. Das berufsbezogene Hintergrundwissen ist demnach Teil der individuellen 'Weltsicht' des Lehrers und seine empirische Analyse ist - nach diesem Ansatz - nur im Rahmen der Erforschung dieser Weltsicht möglich. Auch in soziologischen Ansätzen zu Lehrerkognitionen werden das Weltbild und das 'professionelle Selbstverständnis' von Lehrern intensiv untersucht und dabei als Teil der Kultur des Berufsstandes behandelt. Die Verfügung über eine bestimmte Perspektive auf Probleme trage dazu bei, daß sich eine Berufsgruppe überhaupt als Berufsgruppe definiert (Dewe & Radtke 1990, Feiman-Nemser & Floden 1986); die kognitive Struktur dieses Wissens bleibt allerdings weitgehend unaufgeklärt. In diesen Ansätzen wird von Wissen in dem oben beschriebenen sozialen Sinn gesprochen. Für die psychologische Expertenforschung sind dabei die Beobachtungen zur Sozialisation des Experten von Interesse. Die Vermittlung des Hintergrundwissens geschieht nicht nur als explizite Weitergabe von Wissen; vielmehr erwirbt der Lehrer mit dem Eintritt in die Organisation 'Schule' Hintergrundwissen auch nebenbei, d. h. durch Imitation, durch persönliche Erfahrung und durch Einübung bestimmter Verhaltensweisen. Nicht nur die Vermittlung von explizitem, begrifflich gefaßtem Wissen, sondern auch die Vorführung von 'Fällen' ist für die Ausbildung zum Experten notwendig.

b) Der 'Denkstil': Ein Begriff für das implizite Wissen, das die Perspektive des Experten bildet

Die Perspektive des Experten ist zwar als 'Wissen' beschreibbar, aber es handelt sich nicht einfach um weitere Informationen, die zu dem Wissen über Fakten hinzukommen. Es geht hier vielmehr um die Kompetenz, Sachverhalte in einem bestimmten Zusammenhang zu sehen und zu bewerten. Dafür hat der Mediziner und Wissenschaftsforscher Fleck (1980) den theoretischen Begriff des 'Denkstils' vorgeschlagen. Er hat diesen Begriff für die forschungsleitende Perspektive von Wissenschaftlern gewählt. Die Abhängigkeit der Wahrnehmungen und des Denkens von den impliziten Annahmen und Werten des Experten ist nicht nur für die psychologische Expertenforschung eine theoretische Herausforderung , sondern auch für die Wissenschaftsforschung, weshalb es nicht verwunderlich ist, daß letztere mit 'Paradigma' (Kuhn 1976), 'kognitivem Orientierungskomplex' (Weingart 1976) oder auch 'Denkstil' theoretische Begriffe für das hier interessierende implizite Wissen entwickelt hat. "Der Denkstil besteht, wie jeder Stil, aus einer bestimmten Stimmung und der sie realisierenden Ausführung... . Wir können also Denkstil als gerichtetes Wahrnehmen, mit entsprechendem gedanklichem und sachlichem Verarbeiten des Wahrgenommenen, definieren. Ihn charakterisieren gemeinsame Merkmale der Probleme, die ein Denkkollektiv interessieren; der Urteile, die es als evident betrachtet; der Methoden, die es als Erkenntnismittel anwendet" (Fleck 1980, 130, Hervorhebung im Original). Der Denkstil ist dabei nichts individuell Erzeugtes und Subjektives im Sinne von willkürlich aufgestellten Behauptungen, sondern es geht Fleck gerade darum zu erklären, wieso Erkenntnisse wahr und zwingend, aber dennoch in historischer Sicht veränderlich sind: "Auch ist Wahrheit nicht Konvention, sondern im historischen Längsschnitt: denkgeschichtliches Ereignis, in momentanem Zusammenhange: stilgemäßer Denkzwang" (1980, 131).

Fleck beobachtete also bei Wissenschaftlern, was auch in verschiedenen Expertenstudien mit Praktikern gefunden wurde. Die Problemdefinition und die Problemlösung basieren offensichtlich auf dem Wissen und den Erfahrungen des Experten und dennoch werden sie von dem Experten selbst als in der gegebenen Situation liegend interpretiert.

Flecks (1980) wichtigste Arbeit zu der historischen Entwicklung wissenschaftlicher Kenntnisse nimmt die Grundgedanken von Kuhns (1976) 'Struktur wissenschaftlicher Revolutionen' vorweg (sie wurde 1935 zum ersten Mal veröffentlicht); sein Begriff des Denkstils ähnelt dem des 'Paradigma' von Kuhn (1976). Flecks Theorie wird heute als Beitrag zur Wissenssoziologie rezipiert (Schäfer & Schnelle 1980). Sein Wissenschaftsgebiet - die Medizin - ist als anwendungsorientierte Disziplin dem praktischen Wissen von Experten näher als das von Kuhn bevorzugt behandelte Beispiel der Entstehung physikalischer Theorien. Schon deshalb ist es naheliegender, seine Begriffe zu verwenden. Der Vorschlag der Verwendung eines wissenschaftssoziologischen Begriffes für psychologische Expertenstudien bedarf der besonderen Rechtfertigung: Hier handelt es sich um einen Re-Import psychologischer Ideen, die aber wesentlich verändert wurden. Der Begriff des Denkstils betont die innere Kohärenz von Problemdefinitionen, theoretischen Annahmen und Einstellungen eines Wissenschaftlers. Bezüglich des Kohärenz-Gedankens scheint Fleck zwar von der Gestalttheorie beeinflußt (siehe dazu auch Fleck 1983, Schnelle 1982), im Unterschied zu dieser hat er aber auch die soziale und historische Entwicklung des Wissens hervorgehoben.

Denkstil sollte nicht mit den psychologischen Konstrukten des kognitiven Stils oder der kognitiven Komplexität verwechselt werden, denn bei diesen handelt es sich um differentialpsychologische Konstrukte, mit denen bestimmte Qualitäten kognitiver Leistungen operationalisiert werden (vgl. Hofer & Dobrick 1978). Allerdings erscheint es aussichtsreich, empirisch nach dem Zusammenhang der kognitiven Stile und bestimmter Denkstile zu fragen. Erste Ergebnisse dazu liegen vor. Kesler (1985) und Thompson (1984) fanden bei einigen der von ihnen untersuchten Lehrer Zusammenhänge zwischen mathematik-philosophischen Überzeugungen und dem von Rokeach beschriebenen 'Dogmatismus' (einem Konstrukt aus dem Forschungsfeld 'kognitiver Stile').

Fleck konnte (am Beispiel des Syphilisbegriffes) zeigen, daß sich wissenschaftlicher Fortschritt als die Entwicklung von gemeinsamen Ideen, Begriffen, Gegenstandsauffassungen und Rechtfertigungsverfahren entwickelt, die jeweils von bestimmten Wissenschaftlergruppen (den sogenannten 'Denkkollektiven') akzeptiert werden. Es ist das 'sozial geteilte' Wissen, das einen bestimmten Denkstil ausmacht. Dieser ist daher von den Beteiligten nicht vollständig explizierbar, sondern es handelt sich um implizites Wissen über das, was 'Sinn macht', d. h. was Zusammenhänge und Bedeutung zwischen den zu untersuchenden Phänomenen und den verfügbaren Forschungsmethoden und Darstellungstechniken schafft.

Innerhalb eines Denkstils besteht ein Denkzwang, der von Tatsachen ausgeht. Die Gemeinschaftlichkeit eines Denkkollektives (z. B. der Wissenschaftlergemeinschaft eines Faches oder einer Denkschule innerhalb eines Faches) führt keinesfalls dazu, daß wissenschaftliche Ergebnisse zum Spielmaterial willkürlicher Sichtweisen werden. Sie sind vielmehr Tatsachen für die beteiligten Wissenschaftler und ergeben sich denknotwendig aus dem jeweiligen Denkstil. "Jedes Produkt geistiger Schöpfung enthält also Beziehungen, 'die gar nicht anders sein können'..." (Fleck 1980, 132).

Der Begriff des Denkzwanges wirft ein neues Licht auf das vielfach beschriebene Phänomen des intuitiven Sehens einer bestimmten Problemkonfiguration und der sich daraus ergebenden Problemlösung durch den Experten, denn auch den Experten zeichnet eine bestimmte Perspektive aus, ein Denkstil, den ein Anfänger nicht hat und in den er erst im Zuge der beruflichen Entwicklung gemeinsam mit seinen Kollegen hineinwächst. Die Entwicklung eines Denkstils beinhaltet nicht einfach die Veränderung bestimmter Hypothesen für die gleichen Fragen. Fleck (1980) betont, daß sich mit den Hypothesen auch die Auffassungen darüber verändern, worin überhaupt das zu lösende Problem besteht. In diesem Punkt gleichen Wissenschaftler den Praktikern, um die es hier geht: Beider Leistung besteht auch in der Konstruktion oder der Definition des Problems, das sie bearbeiten, und nicht etwa nur in der Lösung von vorgegebenen Problemen (Schön 1983).

Wie kann man einen Denkstil empirisch erfassen? Fleck hat bei Medizinern beobachtet, daß Veränderungen des Denkstils durch - unbemerkte - Bedeutungsverschiebungen der gebrauchten Worte zustande kommen. Der Begriff der Syphilis bedeutet je nach Wissenschaftlerschule etwas anderes. Die Wissenschaftler sind als Personen nicht nur Mitglieder ihrer Wissenschaftlergruppe, sie kommunizieren auch mit Kollegen anderer Denkschulen oder im Alltag (außerhalb der Wissenschaftlergruppen), und verwenden dafür ihre Begriffe. Dabei ergeben sich Bedeutungsverschiebungen, weil ihre Begriffe im Alltag oder innerhalb eines anderen Denkstils eine etwas andere Bedeutung haben. Diese Hypothese legt es nahe, empirische Methoden der Entwicklungspsychologie zur Erfassung der Veränderung von Begriffsbedeutungen zu verwenden (siehe dazu Kap. 9).

Zusammenfassung und Schlußfolgerungen

Erfahrene Lehrer können im Unterricht nicht nur neu auftretende Situationen rasch beurteilen, sondern auch schnell und angemessen reagieren. Vor allem die Anforderung der Aufrechterhaltung von Schüleraktivitäten (classroom management) wird von erfahrenen Lehrern gleichsam nebenbei erledigt. In der Expertenforschung besteht die Schwierigkeit, daß gekonntes Handeln erkennbar bestimmte Qualitäten aufweist, die auf Wissen zurückzuführen sind, über das die Experten keine Auskunft zu geben vermögen. In Studien zu subjektiven Theorien wurde versucht, die handlungsleitenden Überlegungen vor und während des raschen Reagierens auf problematische Unterrichtssituationen zu erheben. Die Lehrer beschrieben vornehmlich ihre Wahrnehmung der jeweiligen Unterrichtssituation, aus der für sie unmittelbar die geeignete Reaktion hervorging, ohne daß sie darüber hätten nachdenken müssen. Die Begriffe zur kategorialen Wahrnehmung solcher Situationen sind also 'verdichtet', sie enthalten sowohl die Elemente der Bewertung als auch die jeweiligen Reaktionen.

In der Expertenforschung wurde vorgeschlagen, das Wissen, das solchem Können zugrunde liegt, als prozedurales Wissen im Sinne der ACT-Theorie von Anderson (1982, 1987) zu interpretieren. Das Können basiert demnach auf Hierarchien von sogenannten Produktionsregeln, in denen Bedingungs- und Aktionsteile verknüpft werden. Nach der Theorie Andersons entwickelt sich das Können als Veränderung dieser Regelstruktur. Es werden größere Einheiten von Regeln gebildet und situations-sowie zielbezogene Elemente in die Regeln integriert. Dann genügen schon wenige Elemente einer Situation, um rasches Reagieren zu ermöglichen. Anderson beschreibt allerdings die 'Verdichtung' des Wissens, das dem Können zugrunde liegt, nur formal und nicht als inhaltliche Veränderung der Regeln, aus denen es besteht.

Im Zusammenhang mit dem impliziten Wissen wird in der Kognitionspsychologie häufig auf die Unterscheidung des Philosophen Ryle (1969) zwischen 'knowing how' und 'knowing that' Bezug genommen und mit der Trennung von prozeduralem und deklarativem Wissen gleichgesetzt. Ryle argumentiert, daß Menschen sowohl über deskriptives als auch über präskriptives Wissen (wie sie handeln sollten) verfügen, und außerdem über Wissen, das sich in intelligentem Handeln (Können) zeigt. Entgegen der verbreiteten Interpretation von 'knowing how' als prozedurales Wissen deute ich Ryles Argumente anders, denn m. E. bezeichnet er mit dem Begriff des 'knowing how' die Logik des gekonnten Handelns, die man von außen rekonstruieren kann, ohne daß damit Aussagen über die interne Repräsentation dieses Wissens getroffen werden. Dies wird hier als soziales Konstrukt von Wissen bezeichnet. Außerdem kann mit Wissen ein kognitives Konstrukt (Wissen als kognitive Struktur) bezeichnet werden, wozu allerdings Annahmen über die interne Repräsentation des Wissens erforderlich sind. Die analytische Unterscheidung zwischen dem kognitiven Konstrukt von Wissen und dem sozialen Konstrukt ist nützlich, um das Phänomen der Diskrepanz von kognitivem Wissen und Können zu beschreiben. Das beobachtbare Handeln von Experten ist offensichtlich reicher als das Wissen (im kognitiven Sinne), das ihm zugrunde liegt.

In der Lehrerkognitionsforschung wird auch noch in einem anderen Sinne von implizitem Wissen gesprochen. Experten zeichnen sich dadurch aus, daß sie komplexe Problemsituationen bewerten können, dabei Wichtiges von Unwichtigem zu unterscheiden vermögen und Ziele setzen können. Dazu sind Einstellungen, Werte und grundlegende Annahmen über die Zusammenhänge des Problemfeldes notwendig, die die Perspektive des Experten bilden und teilweise implizit sind. Für die psychologische Beschreibung des Wissens, das die Perspektive des Experten konstituiert, wird der Begriff des 'Denkstils' (Fleck 1980) vorgeschlagen. Flecks Theorie legt auch eine psychologische Hypothese über die Entwicklung von Expertenwissen nahe, nämlich als Bedeutungsveränderung von Begriffen, die die Experten während ihrer Ausbildung gelernt haben.

9 Ein neues Wissensbild für den Expertenansatz

Im folgenden (9.1) soll eine Antwort auf die Frage versucht werden, was das Besondere des professionellen Wissens ausmacht. Die Merkmale, die im Blickpunkt der bisherigen Arbeiten im Expertenansatz stehen, können nun vor dem Hintergrund der detaillierten Betrachtung eines Berufsstandes präzisiert und z. T. ganz neu gedeutet werden. Das Wissensbild der bisherigen Expertenforschung ist damit nicht in einem strengen Sinne empirisch widerlegt, es ist vielmehr ergänzungsbedürftig. Manche Vorannahmen sind vor allem forschungsheuristisch unzweckmäßig. So verstellt z. B. die in den Physik- und Medizinerstudien unterstellte Identität von Lehrbuchwissen und professionellem Wissen den Blick auf die durch praktische Erfahrung beeinflußte Umformung und Ergänzung des gelernten Theorie-Wissens. Im zweiten Teil geht es um psychologische Konstrukte für die 'Bausteine' des Expertenwissens, die für die weitere empirische Untersuchung der voranstehend beschriebenen Merkmale des Expertenwissens nützlich sein könnten. Damit wird zugleich eine Forschungsperspektive zum professionellen Wissen skizziert (9.2). Abschließend wird auf den Nutzen eines neuen Wissensbildes für die praktische Aus- und Weiterbildung eingegangen.

9.1 Eine Neu-Interpretation der Merkmale des Expertenwissens

Im dritten Kapitel wurden Besonderheiten des Expertenwissens zusammengestellt, die sich in den Schach-, Physik- und Ärzte-Studien gezeigt hatten. Die Merkmale des Expertenwissens werden in den mir bekannten Arbeiten der Expertenforschung nicht vergleichend diskutiert, zum Teil nicht einmal explizit genannt. Deshalb sollen sie hier behandelt werden. Dabei war oben bereits deutlich geworden, daß die Beschreibung des Expertenwissens durch Merkmale wie z. B. 'Experten wissen einfach mehr' oder 'Expertenwissen ist kohärent' nicht nur durch die Daten begründet, sondern auch Ergebnis des Wissensbildes (d. h. der theoretischen Vorannahmen über menschliches Wissen) der Autoren ist.

Im folgenden werden jeweils die Merkmale aufgeführt, dann werden die Ergebnisse zu Lehrern genannt und schließlich Vorschläge für Präzisierungen und Änderungen der Beschreibungen von Wissensmerkmalen in der Expertenforschung gemacht.

Der Inhalt des Wissens. Will man Expertenleistungen erklären, so muß man berücksichtigen, was die Experten wissen. Ein erheblicher Teil der Leistungsunterschiede von Anfängern und Experten läßt sich durch den inhaltlichen Unterschied des Expertenwissens gegenüber dem Wissen des Anfängers erklären. Dieses grundlegende Ergebnis der Expertenforschung über die Bedeutung des Wissensinhaltes wird durch die Untersuchungen zu Lehrern unterstützt. Die Tragweite dieses Ergebnisses wird m. E. in der Expertenforschung (sensu Kap 2 & 4) bislang unterschätzt.

Die Unterschiede im Inhalt des Wissens bestehen nicht nur aus dem trivialen Fall, daß Experten über bestimmte Informationen verfügen, die den Nicht-Experten nicht vorliegen. Experten unterscheiden sich vielmehr von ihren anderen Kollegen auch darin, daß sie das Wissen über die gleichen Sachverhalte anders strukturieren: Die 'kategorialen Schnitte', die Sachverhalte zusammenfassen, sind andere als bei Anfängern. Ein Beispiel: Erfahrene Lehrer verfügen über Kategorien für fachinhaltsbezogene Aktivitätsszenarien, und ihre Wahrnehmung von Schülern während des Unterrichtes wird durch diese Kategorien strukturiert (Kap.5).

Sofern man dieser Interpretation des Befundes über die Inhalte des Wissens von Experten folgt, ergeben sich daraus zwei forschungspraktische Konsequenzen: Bei der empirischen Erhebung individuellen Expertenwissens sollte man die natürlichen kategorialen Schnitte des Expertenwissens zu erhalten suchen. Wenn man etwa Lehrer nur nach ihrem Bild von Schülereigenschaften fragt, beispielsweise in Fragebögen, können die Probanden auch nur Eigenschaften nennen, ohne daß damit empirisch geklärt ist, ob die Person als Konfiguration von Eigenschaften in dem professionellen Wissen repräsentiert ist. Im Zusammenhang mit Unterrichtsinteraktionen werden Schüler nämlich vornehmlich als Akteure in Aktivitätsszenarien wahrgenommen. Dafür sind also Erhebungsverfahren geeignet, bei denen der Experte selbst zu Wort kommen kann (offene Teile bei Befragungen) oder bei denen zumindest verschiedene Varianten kategorialer Schnitte zur Auswahl vorgegeben werden.

Eine zweite forschungspraktische Konsequenz betrifft die thematischen Schwerpunktsetzungen bei der empirischen Erhebung von professionellem Wissen. In der Lehrerkognitionsforschung - außerhalb des Expertenansatzes - findet sich eine thematische Konzentration auf das Bild des Lehrers vom einzelnen Schüler oder auf die Handlungsentscheidungen gegenüber einzelnen Schülern. Wenn Unterrichtsprobleme angesprochen werden, überwiegen solche der Bewältigung organisatorischer Probleme (z. B. Disziplinstörungen, Aggressionen). Soweit die Studien den Fachinhalt betreffen, geht es überwiegend um Leistungsbewertung und -erklärung, nicht aber um die Anleitung und Gestaltung des Umgangs mit dem Fachinhalt durch die Schüler. Die Befunde des Expertenansatzes zu den Inhalten der Lehrerkognitionen stellen nicht die Gültigkeit der Ergebnisse solcher Studien in Frage, aber sie lassen bezweifeln, ob die für den Lehrer wichtigen Inhalte des Denkens und Wissens angemessen berücksichtigt sind. In einer Metapher ausgedrückt: Die kartographische Erfassung der Landschaft des Lehrerwissens hat sich bislang auf einige Ausschnitte beschränkt und Gegenden vernachlässigt, die für die Bewohner des Landes ebenfalls sehr bedeutsam sind. Die Rekonstruktion der Anforderungen an Experten kann dabei helfen, solche Gebiete zu identifizieren, auf die sich professionelles Wissen bezieht. Dies zeigte sich auch bei dem oben bereits erwähnten Beispiel. Nicht nur die in den Kapiteln 4 und 5 erwähnten empirischen Befunde zum professionellen Wissen von Lehrern, sondern auch die Rekonstruktion der Anforderungen des Unterrichtens sprechen dafür, daß Aktivitätsstrukturen eine wichtige kognitive Einheit im Lehrerwissen sind. So besteht die Anforderung des Unterrichtens in der Gestaltung von Situationen der Auseinandersetzung von Schülern mit dem Stoff. Auch deshalb ist es plausibel, daß das professionelle Wissen zu einem großen Teil aus Begriffen über solche Situationen besteht.

140

<u>Quantitativer Unterschied, d.h. mehr Wissen.</u> Die einfachste - der Alltagsvorstellung von Experten nahekommende - Annahme besagt, der Experte wisse einfach mehr als der Anfänger und als weniger erfolgreiche Kollegen. Es ist jedoch offensichtlich, daß dieses Kriterium eines quantitativen Unterschiedes wenig aussagekräftig ist, solange nicht gleichzeitig angegeben wird, worüber der Experte mehr weiß. Die Studien zum Fachwissen von Lehrern (insbesondere zum curriculumbezogenen Fachwissen) sind geeignet, die Schwächen dieses Beschreibungsmerkmals zu demonstrieren (siehe Kap. 6). Es gibt - innerhalb gewisser Grenzen - offensichtlich die Möglichkeit der gegenseitigen Kompensation zwischen verschiedenen Wissensbereichen, d. h. Kenntnislücken oder Schwächen auf einem Gebiet können durch Kenntnisse auf einem anderem Gebiet ausgeglichen werden.

Wenn man überhaupt an dem Kriterium eines quantitativen Unterschiedes ('mehr Wissen') festhalten will, dann wäre dies noch am besten bezüglich der situationsbezogenen Informationen gerechtfertigt. Experten-Lehrer wissen mehr über die spezifischen Merkmale bestimmter unterrichtlicher Situationen. Sie betonen z. B. die Situationsbezogenheit des Wissens über die Schüler. Um vorgelegte Urteile über Schüler übernehmen zu können, benötigen sie ein Gefühl für die Situation (siehe Kap. 4). Die Beurteilungen der konkreten Schwierigkeiten mathematischer Aufgaben durch erfahrene Lehrer zeigen wenig Kenntnis über die individuelle Genese der Fehler, aber viel Wissen über die typischen Schwierigkeiten, die mit den Aufgaben im Unterrichtskontext auftreten.

Eine weit verbreitete Annahme, die ebenfalls einen quantitativen Aspekt von Wissen betrifft, wird durch die Befunde zu Lehrern in Frage gestellt. Es ist die Hypothese, das professionelle Wissen des Handelnden diene der kognitiven Reduktion von Komplexität. Nach dieser Hypothese steht der Handelnde einer unendlich vielfältigen Realität gegenüber, deren Einzelheiten durch Begriffe in Klassen zusammengefaßt werden. Natürlich ist der dahinter stehende psychologische und philosophische Grundgedanke über Wissen als Ergebnis und Mittel der Abstraktion von singulären Ereignissen und Sachverhalten im Grundsatz nicht zu bezweifeln. Aber er ist auch so verbreitet, daß vor Übergeneralisierung zu warnen ist, vgl. auch Neumann (1985) zur historischen Entwicklung und Kritik des damit zusammenhängenden Konzeptes von der 'begrenzten Kapazität der Informationsverarbeitung'. So wurde oben in Kap. 7 gezeigt, daß die Komplexität der Situation im Klassenzimmer nicht nur kognitiv reduziert wird. Die Verhaltensweisen der Beteiligten sind selbst bereits bis zu einem gewissen Maße gleichförmig und damit weniger komplex. Es gibt also neben der kognitiven auch eine praktische Komplexitätsreduktion. Die Experten - im Unterschied zu den Anfängern - können durch die Vermittlung der für den Unterrichtsablauf relevanten Verhaltensmuster eine <u>praktische</u> Komplexitätsreduktion im Klassenzimmer herbeiführen.

Bezüglich der <u>kognitiven</u> Reduktion von Komplexität liegen unterschiedliche Ergebnisse vor. Berliner (1987 a,b) berichtet, daß erfahrene Lehrer weniger Details von vorgegebenen Schülerbeschreibungen erinnern als die Anfänger und interpretiert diesen Befund als Ergebnis einer kognitiven Reduktion von Komplexität (vgl. Kap. 4.1). Morine & Vallance (1975) fanden bei einer Expertenstudie, daß die weniger erfolgreichen

141

Lehrer vor ihren unterrichtlichen Entscheidungen mehr Aspekte abgewogen hatten als die erfolgreichen Lehrer (nach retrospektiven Angaben anhand einer Videoaufzeichnung), was von Clark & Peterson (1986, 279) ebenfalls als Indiz für eine kognitive Reduktion von Komplexität bei den Experten interpretiert wird.

Dann, Tennstädt, Humpert & Krause (1987) verglichen die Komplexität der 'subjektiven Theorien' über Schüleraggressionen zwischen Lehrern, die unterschiedlich erfolgreich bei der Gestaltung eines störungsfreien Unterrichtes waren. Die Lehrer wurden nach dem Unterricht u. a. über Situationsbedingungen und mögliche Maßnahmen bei Schüleraggressionen befragt. Es zeigte sich, daß die Anzahl der von den Lehrern genannten differenzierenden Situationsbedingungen und der möglichen Maßnahmen für Konfliktepisoden negativ mit dem Störungspegel korreliert war. "Höhere Komplexität (der subjektiven Theorie; Zus. R.B.) hängt mit geringerem Störungspegel zusammen. Je differenzierter Lehrer also ihre Reaktionsmöglichkeiten in Abhängigkeit von verschiedenen Situationsbedingungen sehen, um so konfliktfreier ist ihr Unterricht" (Dann et al. 1987, 316). Es kann nicht entschieden werden, ob die höhere Komplexität der subjektiven Theorie Ursache und/oder Folge des erfolgreicheren Unterrichtsverlaufes ist bzw. ob überhaupt ein kausaler Zusammenhang besteht. Die Befundlage ist jedoch Anlaß genug, um nicht nur die kognitive Reduktion von Komplexität als Wirkung des Lehrerwissens hervorzuheben. Für die Bewältigung vieler beruflicher Situationen ist eine Erhöhung der wahrgenommenen Komplexität erforderlich, was durch Anwendung abstrakterer Begriffe (siehe dazu unten) unterstützt werden kann.

Lehrbuchwissen oder der Aufgabe angemessenes Wissen. Eine weitere Besonderheit des Expertenwissens besteht in dessen sachlicher Richtigkeit. In den Mediziner-Studien hatten weniger erfolgreiche Diagnostiker teilweise einfach falsche oder unzureichende Kenntnisse bezüglich der in Frage kommenden Krankheit (Kap. 2.3). Die sachliche Richtigkeit wird in der Expertenforschung zu anderen Gebieten als valide Abbildung einer objektiv gegebenen Sachstruktur verstanden, die in den Lehrbüchern der jeweiligen Bezugswissenschaft beschrieben ist. Auch die Untersucher in den Studien zu Experten-Lehrern (Kap. 4) gehen offenbar von einer solchen Sicht auf die Sachstruktur aus. Im Unterschied dazu wird in den empirischen Befunden aber deutlich, daß in diesem einfachen Sinne nicht von einer sachlichen Richtigkeit des Expertenwissens gesprochen werden kann, weil die 'Sachstruktur' jeweils in erheblichem Maße von den Zielen und Handlungen der Beteiligten abhängig ist.

Der Aspekt der sachlichen Richtigkeit des Wissens der Experten betrifft also bei Lehrern die Ziel- und Situationsangemessenheit des Wissens. Die Anforderung an den Lehrer im Unterricht besteht daher weniger darin, etwas Neues zu entdecken oder unbekannte Sachverhalte zu erkennen, sondern eher in der zielangemessenen Konstruktion von Unterrichtsereignissen und der Antizipation ihrer Konsequenzen. Dabei besteht einerseits eine große Freiheit bei der Zielauswahl und der Auswahl der möglichen Wege zur Zielerreichung; andererseits kann der Lehrer das System 'Klassenzimmer' aber auch nicht deterministisch steuern, sondern nur stochastisch beeinflussen. Die Unterrichtsprozesse und erst recht die intendierten Lernprozesse der Schüler haben ein Eigenleben, das der Lehrer allerdings möglichst realistisch berücksichtigen muß (siehe Kap. 5). Insoweit kann auch bei dem Wissen von Experten-Lehrern von sachlicher Richtigkeit gesprochen werden, wenn berücksichtigt wird, daß damit auch die Zielangemessenheit impliziert ist.

An dieser Stelle ist der Einwand denkbar, hier handele es sich um eine Besonderheit des Lehrerberufes, und Angehörige anderer Professionen, beispielsweise Ärzte, hätten viel häufiger tatsächlich unbekannte Sachverhalte zu erkennen als ein Lehrer, so daß es in deren Falle doch auf sachlich richtiges Wissen im Sinne des Lehrbuches ankomme. Natürlich gibt es hier graduelle Unterschiede zwischen einem Lehrer und einem Arzt. Aber es ist einzuwenden, daß es sich selbst bei der ärztlichen Diagnose unter natürlichen Bedingungen (am Krankenbett oder bei der morgendlichen Besprechung des Ärztekollegiums einer Krankenstation) nicht nur um einen Denkprozeß handelt, bei dem es um die Suche nach einem wahren Sachverhalt unter der Oberfläche der Symptome und Befunde geht, sondern auch um die Konstruktion einer situationsangemessenen Deutung, die durch die sich daraus ergebenden diagnostischen Möglichkeiten und therapeutischen Optionen sowie durch die Notwendigkeit, mit dem Diagnoseergebnis weitere Schritte vor Dritten zu rechtfertigen, bestimmt ist (Prince, Fraser & Bosk 1982).

Abstraktere Begriffe. Die These, Experten verfügten über abstrakteres Wissen als Anfänger, ist in der Expertenforschung weit verbreitet. Allerdings gibt es auch eine Ausnahme: In ihrer Streitschrift zur Künstlichen Intelligenz beschreiben Dreyfus & Dreyfus (1987, Kap. 1) die Entwicklung des menschlichen Expertenwissens als Überwindung der Abstraktheit des Anfängerwissens und fassen die Entwicklung vom Anfänger zum Experten in einem Stufenschema zusammen: Anfänger befolgen demnach zuerst kontextfreie (insofern abstrakte) Regeln. Ein Schachspieler konzentriere sich zu Anfang nur auf die Schachregeln, der beginnende Autofahrer nur auf die Regeln der Bedienung des Kraftfahrzeuges. Allmählich, so die Autoren, werden dann praktische Erfahrungen über die situativen Bedingungen der Anwendbarkeit von Regeln eingeführt und weitere kontextfreie Regeln erworben, die durch Erfahrungen in konkreten Situationen weiter verfeinert werden. Dann werde es notwendig, die Vielzahl von Situationserfahrungen und Regeln zu ordnen; sie müssen gewichtet und bewußt in einen Plan des Handelns integriert werden. Daraus entstehe 'Intuition', die Dreyfus & Dreyfus (1987, 52) als "... das Produkt des Eingebunden-Seins in eine Situation und des Erkennens von Ähnlichkeiten" bezeichnen. Typisch für die Intuition sei, daß der Experte sich in die Situation eingebunden fühle, er erkenne unmittelbar, worin ein Problem besteht, ohne darüber nachzudenken. Abstraktes Wissen wird hier also als dekontextualisiertes Wissen verstanden, das im Zuge der Entwicklung zum Experten mit Kontexterfahrungen angereichert wird. Der Widerspruch zwischen Dreyfus & Dreyfus (1987) einerseits und der oben beschriebenen Expertenforschung andererseits bezüglich der Abstraktheit als einem besonderen Merkmal des Expertenwissens beruht auf einem unterschiedlichen Verständnis des Begriffes 'abstrakt'.

Dennoch handelt es sich nicht um ein bloß terminologisches Problem. Vielmehr weist die Darstellung von Dreyfus & Dreyfus (1987) darauf hin, daß bei dem Begriff der Abstraktheit in der Expertenforschung eher das Weglassen von Details als die Hinzufügung von Informationen über das, was unter einem bestimmten Aspekt bedeutsam ist, hervorgehoben wird. So wird auch der Begriff des 'chunks' jeweils nur als extensional größere Einheit, unter die mehr Fälle subsumiert werden können, aufgefaßt (siehe Kap. 2 & 8).

Das Weglassen von Details allein macht aber noch nicht die Abstraktion aus. Der Begriff des 'guten Schülers' ist nicht einfach nur die Schnittmenge der gemeinsamen Eigenschaften aller bereits erlebten guten Schüler, von denen dann die individuellen Eigenschaften (Haarfarbe, Namen etc.) weggelassen werden, sondern es muß auch eine bestimmte Vorstellung über das, was einen guten Schüler ausmacht, hinzutreten (vgl. Cassirer 1980, 27f. für eine philosophische Kritik des reduktiven Abstraktionsbegriffes und für weitere Beispiele). Abstraktere Begriffe sind nicht nur extensional, sondern auch intensional reichhaltiger (Seiler 1985).

Was aber tritt in diesem Sinne hinzu? Worin besteht die Abstraktheit des Expertenwissens noch, wenn - wie dargelegt - das bloße Weglassen von Details keine ausreichende Grundlage darstellt, um Wissen als abstraktes Wissen zu kennzeichnen? Die Darstellung von Dreyfus & Dreyfus (1987) zu dieser Frage bleibt sehr unklar. Die Autoren verweisen auf die Intuition, die es erlaube, Ähnlichkeiten zwischen Situationen zu sehen. Sie grenzen sich heftig von Mystifizierungen des Begriffs der Intuition ab, lassen aber offen, welche kognitiven Grundlagen die von ihnen beschriebene Intuition hat. Obwohl das Merkmal 'Abstraktheit' in der Expertenforschung so häufig genannt wird, finden sich keine wirklich präzisen Erläuterungen, was denn unter 'abstrakt' zu verstehen sei.

<u>Abstraktheit als relationales Wissen.</u> An verschiedenen Stellen ist darauf hingewiesen worden, daß das professionelle Wissen von Lehrern die Beziehung zwischen pädagogisch-psychologischen und curricularen Sachverhalten betrifft. So bezeichnet 'curriculum script' z. B. solches Beziehungswissen, nämlich typische Aktivitäten, die einer bestimmten Altersstufe und einem bestimmten Stoff angemessen sind und zwar im Kontext des jeweiligen Curriculums. Zu Beginn des Kapitels wurden Lehrerkonzepte über Aktivitätsszenarien mit solchen über die Person des Schülers verglichen und für die Berücksichtigung der erstgenannten Konzepte in der Lehrerkognitionsforschung plädiert. Dabei handelt es sich nicht nur um einen thematischen Unterschied. Aktivitätskonzepte haben auch eine andere Struktur als die Konzepte über Personeneigenschaften insofern, als sie eine Beziehung von Sachverhalten, Personen und Situationen umfassen.

Die kognitive Einheit 'Schüleraktivität bei der Bruchrechnung' umfaßt relationales Wissen über den Akteur, eine Klasse von Handlungen und Denkprozessen und einen bestimmten Inhaltsbereich der Schulmathematik. Die impliziten Theorien über Schüler (so wie sie zu Beginn der Lehrerkognitionsforschung thematisiert wurden) betreffen dagegen die Eigenschaften von Personen, nicht eine Beziehung von Aktivität, Person und Situation. Die Begriffe des professionellen Lehrerwissens sind also insofern abstrakt, als sie die Beziehungen zwischen den Akteuren, Objekten und Bedingungen des Unterrichts betreffen. Diese Beziehungen können finaler, kausaler, zeitlicher und jeweils sachlo-

144

gischer Art (also beispielsweise Beziehungen von Elementen des Schulstoffes untereinander) sein.

Wiederum ergibt sich diese These nicht nur aus den Befunden zum Wissen selbst,
sondern auch aus der Rekonstruktion der Anforderungen an Lehrer. Empirische Befunde
über erfolgreiches Unterrichtsverhalten haben gezeigt, daß es gerade auf den Zusammenhang der organisatorischen und inhaltlichen Struktur des Unterrichtsablaufes
und auf die Erzeugung einer bestimmten Rhythmik innerhalb gegebener Zeitgrenzen
ankommt (Kap. 5). Die Anpassung der Schwierigkeit einer Aufgabe an den Lernstand
der Schüler etwa erfordert Beziehungswissen über die Sachlogik der Aufgabe im Curri-
culumkontext und über das Tempo und die Fähigkeiten der Schüler. Die Auswahl von
Aufgaben für den Unterricht - um nur ein Beispiel zu nennen - kann weder aus der Sachlogik allein, noch allein von der Psychologie des Lernenden her entschieden werden.
Die Aufgabe des Experten besteht vielmehr darin, derartige Sachverhalte zueinander in
Beziehung zu setzen. Solche Beziehungen sind abstrakt in dem Sinne, daß sie die qualitativen - und teilweise auch die quantitativen - Beziehungen zwischen Größen
(Lerntempo, Aufgabenreihenfolge, Zeitrahmen etc.) betreffen und nicht die einzelnen
Größen selbst. Es ist anzunehmen, daß die Aufgabe der Anpassung organisatorischer,
inhaltlicher und stoffbezogener Gegebenheiten auch ein entsprechendes Wissen über
derartige Zusammenhänge erfordert.

Die hier vorgeschlagene Interpretation der Abstraktheit des Expertenwissens soll im
folgenden mit einem historischen Vergleich illustriert werden. Der Philosoph Cassirer
(1980) hat die Herausbildung des neuzeitlichen wissenschaftlichen Denkens als Übergang von Substanz- zu Funktionsbegriffen beschrieben und an Beispielen aus der Mathematik, Physik und Chemie belegt. Ein Substanzbegriff ist z. B. in der Mathematik die
Begründung des Zahlbegriffes aus der Anschauung der Anzahl von Objekten. Bei einem
Funktionsbegriff von 'Zahl' wird die Zahl im Unterschied dazu als Beziehung zwischen
Ordnungen, z. B. Reihen, verstanden. In der Physik zeigte sich der Übergang von Sub-
stanzbegriffen zu Funktionsbegriffen z. B. in der Entwicklung des Verständnisses von
Kraft als einer Eigenschaft der Materie zu einem Verständnis von Kraft als Verhältnis
von Masse, Zeit und Ort. (Cassirers Bezeichnung 'Funktionsbegriff' für die Beziehungs-
begriffe wird im folgenden nicht weiter verwendet, um Verwechslungen zu vermeiden.
Mit funktionalem Denken werden in der Psychologie üblicherweise die Aspekte des
Ziel- und Zweckgerichteten und/oder des Prozessualen gemeint (Prinz 1983, 21). Cassirers Sprachgebrauch unterscheidet sich davon.) Funktionsbegriffe im Sinne von Cassirer
(1980) sind also Begriffe über Beziehungen zwischen Objekten, Sachverhalten etc.,
nicht über Entitäten. Er zeigt, daß die abstrakten Begriffe der neuzeitlichen Wissenschaft in verschiedensten Wissenschaftsdisziplinen nicht Objekteigenschaften, sondern
Beziehungen von Sachverhalten betreffen.

Die These, daß es sich bei dem abstrakten Wissen von Experten-Lehrern um relatio-
nale Konzepte handelt, hat auch forschungsmethodische Konsequenzen. Es empfiehlt
sich nämlich bei der Auswertung von verbalen Daten, Kategorien zu verwenden, mit
denen vermieden wird, Zusammenhänge, die die Probanden sehen, ex post wieder auf-

splittern. Dazu ein Beispiel: Clark & Peterson (1986) berichten über mehrere Studien, in denen der Inhalt der Überlegungen während des Unterrichtes untersucht wird. Es geht jeweils um die Frage, worüber Lehrer im Zusammenhang mit ihren Unterrichtsentscheidungen nachdenken. Äußerungen der Lehrer werden durchweg danach klassifiziert, ob sie auf den Stoff oder auf die Schüler oder auf den Unterrichtsprozeß gerichtet sind. Dadurch werden die Beziehungen, die die Lehrer sehen, jedoch nicht erfaßt. Clark & Peterson (1986, 269) zitieren aus einer Untersuchung folgende Lehreräußerung:" I thought after I explained it to her, 'I didn't make that very clear'." Diese Äußerung wurde in der betreffenden Untersuchung als Aussage zum 'instructional process' kodiert. Als Äußerung über Schüler wurde dagegen eingestuft:" I was thinking that they don't understand what they're doing" oder "... So they were concentrating on that". Derartige Äußerungen betreffen gerade die Beziehung von Stoff, Schüler- und Lehreraktivität. Wenn das abstrakte Wissen des Experten empirisch erfaßt werden soll, muß der Untersucher also ebenfalls (abstrakte) Begriffe über Beziehungen von Elementen des Klassenzimmers und des Unterrichtsprozesses bereit haben.

Kohärenz des Wissens - Eine kohärente Struktur oder modulare Wissensbereiche?
Kohärenz wird in den Expertenstudien als engere Verknüpfung von Wissenselementen untereinander verstanden. Das Wissen der Physikexperten wurde als kohärent bezeichnet, weil es von den für die Aufgabenbewältigung bedeutsamen physikalischen Gesetzen her organisiert war. In den Untersuchungen zu dem Wissen von Ärzten wird die Kohärenz als Abbildung einer Kohärenz der wissenschaftlichen Theorien interpretiert, so wie auch der Detailreichtum des Expertenwissens als Abbildung der genauen wissenschaftlichen Theorie von Krankheiten vermutet wird.

Kann man auch die Kohärenz professionellen Lehrerwissens als Abbildung der Kohärenz der Theorien, die der Lehrer studieren muß, interpretieren? Diese Frage kann nun mit Hilfe des Begriffes 'Denkstil' (Kap.8.2) beantwortet werden. Ist es überhaupt möglich, aus den beteiligten Fachwissenschaften des Lehrerberufes in sich konsistentes Wissen abzuleiten?

Hinter jedem der oben dargestellten Bereiche des Lehrerwissens stehen Wissenschaftsdisziplinen mit ihren je eigenen Formen der Rationalität (im Sinne von: Was wird als wichtig und gültig beurteilt?) und daraus resultierenden Sichtweisen auf die Wirklichkeit. Der 'Denkstil' der verschiedenen Disziplinen unterscheidet sich also. Mathematisch zu denken und pädagogisch zu denken, bedeutet nicht einfach, etwas Verschiedenes zu behandeln, sondern auch, es auf verschiedene Weise zu tun. So ist die Logik der Mathematik wesentlich durch das Operieren mit formalen Zeichensystemen begründet. Ein anderes Beispiel: Die Logik der Physik als Disziplin ist neben der Formalisierung auch durch den experimentellen Bezug auf die physikalische Welt begründet.

Ein Lehrer muß sich im Zuge seiner Ausbildung schon einfach deshalb mit mehreren unterschiedlichen Denkstilen auseinandersetzen, weil er verschiedene Fächer studiert hat. Teilweise ähneln sich die Denkstile (Physik & Chemie), teilweise sind sie grundlegend unterschiedlich (Physik & Deutsch). Der Unterschied der Denkstile zwischen Mathematik einerseits und Pädagogik andererseits ist unmittelbar einsichtig. Im Prinzip gilt dies aber auch für andere Schulfächer: Die geisteswissenschaftlichen Fächer (Deutsch, Kunst, Fremdsprachen) haben beispielsweise jeweils eigene Denkstile bzw. innerhalb ihrer Disziplin dann noch mehrere Formen davon. Fleck (1980,142) hat darauf hingewiesen, daß die Ähnlichkeiten und Unterschiede relativ sind. Betrachtet man nur eine Disziplin, so erscheinen sie groß, im Vergleich zwischen den Wissenschaftsgebieten jedoch klein. Die in Kapitel 6 beschriebene Integration von Wissen des Fachinhaltes mit dem pädagogischen Wissen erfordert einen Umgang mit verschiedenen Denkstilen. Dies sei am Beispiel der Mathematik als Schulfach erläutert. Die mathematische Begriffsentwicklung erfolgt durch Rekurs auf genau explizierte Regeln und Gegenstände sowie durch festgelegte theoretische (z. B. Induktion) und praktische Mittel (z. B. geometrische Skizzen, Computerberechnungen etc.). Dabei gibt es durchaus einen bestimmten Stil (so können Beweise z. B. verschieden 'elegant'(!) sein), also auch eher implizite Regeln. Pädagogische Begriffe sind dagegen durch empirische Befunde, normative Annahmen und praktische Erfahrungen begründet und zumindest in einem Teil der pädagogischen Theorien sind intentionale Elemente akzeptable Erklärungen für Handlungen (für die Psychologie vgl. dazu Herrmann 1986).

Der hier beschriebene Unterschied ist so groß, daß Snow (1961) - in etwas anderem Zusammenhang - bereits warnend von den 'zwei Kulturen' (Naturwissenschaften vs. Humanwissenschaften) gesprochen hat. Verwendet man dieses Bild der 'zwei Kulturen', dann läßt sich die besondere Eigenart des professionellen Wissens von Lehrern auch so beschreiben: <u>Im Zuge seiner beruflichen Entwicklung muß der Lehrer ein professionelles Wissen entwickeln, das eine Integration 'zweier Kulturen' erfordert.</u> Auch in den Medizinerstudien war ja deutlich geworden, daß Ärzte im Laufe ihrer Ausbildung und ihrer Berufspraxis Konzepte aus verschiedenen Bezugsdisziplinen der Medizin (Biologie, Chemie, Psychologie) in ihr professionelles Wissen integrieren und bezogen auf die Anforderungen ihres Berufes auch 'umdeuten' müssen.

Die Unterschiede der Denkstile der verschiedenen Fachdisziplinen des Lehrerberufes bedingen, daß es nicht ein in sich konsistentes 'Angebot' wissenschaftlicher Theorien gibt, die der Lehrer als Experte konsistent übernehmen kann. Das Wissen, das die Lehrerstudenten in disziplinärer Trennung erworben haben, muß durch eigene praktische Erfahrung erneut zu einem - subjektiv konsistenten - professionellen Wissen zusammengefügt werden. Die Betrachtung der 'Denkstile' in den Disziplinen des Lehrerberufes spricht also ebenfalls dafür, daß Lehrer ein ganz eigenständiges professionelles Wissen entwickeln, dessen interne Konsistenz nicht als einfache Abbildung einer wissenschaftlichen Konsistenz interpretiert werden kann; statt dessen muß im Zuge der Entwicklung von Berufserfahrung ein fachspezifischer eigener Denkstil entwickelt werden, der im weiteren als 'Hintergrundwissen' wirksam ist.

Eine eventuelle Kohärenz des professionellen Lehrerwissens besteht also nicht in der Abbildung einer wissenschaftlichen Kohärenz i. S. von Widerspruchsfreiheit und Folgerichtigkeit eines Theoriegebäudes, das die Phänomene eines Gegenstandsbereiches zusammenhängend zu erklären vermag. Darüber hinaus bleibt die Frage offen, ob das professionelle Wissen von Experten-Lehrern überhaupt als Ganzes in sich kohärent ist. Einige Befunde zu den Zielen von Lehrern geben diesbezüglich indirekt Aufschluß. So wird von einigen Autoren die These vertreten, die äußeren Erwartungen an Lehrer und auch die selbstgestellten Ziele seien so widersprüchlich, daß sie den Lehrer in Zielkonflikte brächten, beispielsweise dergestalt, daß bestimmte kurzfristige Maßnahmen (etwa zur Beilegung einer Unterrichtsstörung) im Widerspruch zu globalen Zielsetzungen stehen (Dann et al. 1982). Wagner, Maier, Uttendorfer-Marek & Weidle (1981) beschreiben, wie solche Zielkonflikte bei Lehrern das Handeln beeinträchtigen. Empirische Untersuchungen zu Lehrereinstellungen zeigen, daß nicht von einer in sich kohärenten Struktur von Auffassungen zu allgemeinen Erziehungszielen, konkreten Erziehungszielen und konkreten unterrichtsbezogenen Vorstellungen ausgegangen werden kann (Gerner 1976, Kap. II). Auffassungen, die - aus theoretischer Sicht - als sich ausschließend erscheinen, treten offensichtlich nebeneinander auf. Rheinberg & Minsel (1986, 356) berichten von einer Untersuchung (allerdings mit Lehrerstudenten) von Sorenson, Husek & Yu (1963), derzufolge rollenspezifische Zielperspektiven, die - nach Auffassung der Untersucher - sich gegenseitig ausschlossen, aus der Perspektive der angehenden Lehrer durchaus miteinander vereinbar waren. (Dies auch ein weiteres Beispiel dafür, daß mit einer Unterschiedlichkeit zwischen wissenschaftlichen Kategorien des Untersuchers einerseits und den Kategorien des professionellen Wissens andererseits gerechnet werden muß, vgl. Kap. 6).

Auch die Rekonstruktion der Anforderungen des Unterrichtens spricht gegen die These einer umfassenden Kohärenz des Expertenwissens. Oben war bereits auf das 'Eigenleben' vieler Prozesse im Unterricht verwiesen worden. Unterrichtsphasen (Schülereinzelarbeit zur Übung des Zehnerübertrages bei der Addition), ungeplante Ereignisse (Streitereien zwischen den Schülern), intendierte Effekte (Verständnisprozesse der Schüler) sind vom Lehrer zwar zu beeinflussen, aber weder vollständig zu steuern noch in ihrem Verlauf oder dem Zeitpunkt ihres Auftretens präzise vorherzusehen. Diese höchst unterschiedlichen Typen von Ereignissen erfordern jeweils auch ganz unterschiedliche Handlungen des Lehrers und dazugehöriges professionelles Wissen. Es gibt also einige Gründe anzunehmen, das Wissen des Lehrers sei kein System von Begriffen, Annahmen etc., die folgerichtig und kohärent miteinander verbunden sind. Statt dessen ist die Hypothese von relativ unabhängigen Einheiten des Wissens (Modularität des Wissens, vgl. dazu Brewer & Nakamura 1984) plausibel.

So formuliert erscheint dies fast trivial. Aber es ist zu berücksichtigen, daß in Arbeiten zur Expertenforschung - z. B. bei Leinhardt & Greeno (1986) - durchaus das Bild einer in sich stimmigen Hierarchie von Ereignis- und Handlungsebenen gezeichnet wird, der eine entsprechend geordnete Hierarchie von handlungsrelevantem Wissen gegenübersteht. Auch die Theorie-Metapher des Lehrerwissens (die im Ansatz 'Subjektive Theorien' als Strukturvorstellung verwendet wird) impliziert m. E. eine solche theorieanaloge Kohärenzidee. Insofern ist es wichtig, auf die Möglichkeit einer eher modularen Wissensorganisation hinzuweisen.

Die Frage, ob Expertenwissen ein in sich kohärentes System bildet oder ob es dabei eher modulare Wissenseinheiten gibt, die relativ unabhängig voneinander sind, kann derzeit nicht abschließend empirisch gestützt beantwortet werden. Die vorgetragenen Argumente sprechen aber eher für die These modularer Wissensbestände, d. h. das professionelle Wissen besteht in dieser Sicht aus modularen Einheiten, die jeweils nur Ausschnitte aus den Anforderungen betreffen und die dann 'lokal' durchaus kohärent sein können.

Fallspezifische Organisation des Wissens. Die oben beschriebenen Aktivitätsvorstellungen von Lehrern kann man als fall- bzw. situationsspezifische Organisation des Wissens interpretieren. Der Lehrer hat demnach ein Bild von einer bestimmten Unterrichtssituation, in der z. B. das Üben von Bruchrechnung stattfindet. Angehende Ärzte akkumulieren zunehmend mehr Erfahrung mit einzelnen Fällen, und das professionelle Wissen organisiert sich um Typen von Fällen. Es entwickeln sich dann z. B. Schemata für typische Krankheitssyndrome, ergänzt durch Wissen über Ausnahmen und seltene Abweichungen. Diese These ist geeignet, um zu beschreiben, wie das Wissen verschiedener Grundlagendisziplinen integriert wird und wie die situationsspezifischen Details mit den eher abstrakten, situationsübergreifenden Konzepten in Verbindung gebracht werden.

Die These der fallspezifischen Organisation gibt dem voranstehend beschriebenen Merkmal der Kohärenz eine andere Bedeutung, nämlich die der Verknüpfung von Wissen zu einem in sich konsistenten 'Bild' des Falles bzw. des jeweiligen Typs von Fällen. In diesem Sinne stehen Modularität von Wissenseinheiten einerseits und Kohärenz andererseits dann auch nicht mehr im Gegensatz, weil einzelne Fälle nur lokale Ausschnitte des Wissens erfordern. Für die empirische Untersuchung des fallbezogenen professionellen Wissens ist die oben (Kap. 4) eingeführte Unterscheidung von Situationsbezug und Erfahrungsabhängigkeit des Wissens wichtig. Fallwissen ist relationales Wissen, d. h. Fälle sind mehr oder weniger kohärente Ganzheiten, in denen Personen, Ereignisse, Orte etc. aufeinander bezogen sind. Dies ist mit Situationsbezug gemeint. Davon zu unterscheiden ist, ob der Experte die Fälle selbst persönlich erfahren haben muß. So ist es sowohl in der Juristen- als auch in der Medizinerausbildung durchaus üblich, mit Standardfällen professionelles Wissen an Anfänger zu vermitteln, ohne daß der Anfänger diese Fälle selbst erlebt haben müßte.

Dreyfus & Dreyfus (1987) sehen in der Entwicklung fallbezogener 'Bilder' geradezu das wesentliche Merkmal des Expertenwissens. Tatsächlich hat diese Hypothese einen großen heuristischen Wert. Es ist aber unzutreffend, die fallspezifische Organisation des Expertenwissens als Argument gegen die Annahme abstrakten Wissens bei Experten anzuführen, wie es Dreyfus & Dreyfus (1987) tun. Auch abstraktes Wissen wird durch konkrete Fälle ausgedrückt und vollzieht sich durch Schlußfolgerungen über Ähnlichkeiten und Gemeinsamkeiten von konkreten Beispielen (Barsalou 1990, Medin & Ross 1989). Deshalb kann man auch das fallbezogene Wissen als abstraktes Wissen (im oben erläuterten Sinne einer intensionalen Reichhaltigkeit eines Konzeptes) betrachten.

Prozeduralisierung des Wissens. Mit diesem Begriff wird in der Expertenforschung (sensu Kap 2.) die Veränderung von bewußt gelernten Regeln durch Übung bezeichnet. Anderson (1982, 1987) beschreibt diesen Vorgang als Entwicklung von problemspezifischen Verbindungen von 'wenn-dann' Regeln. So entstehen neue Einheiten von Regeln des Handelns, die von Anderson mit 'chunks' verglichen werden. Verfügt der Experte über solche globaleren Bedingungs-/Handlungseinheiten, dann ist keine bewußte Zuordnung von Situationselementen und Operationen/Handlungen mehr notwendig. So wird auch erklärt, daß die Regeln des Handelns dem Experten teilweise nicht mehr bewußt sind. 'Prozeduralisierung' bezeichnet also die Veränderung des Wissens, das dem Können zugrunde liegt.

Bei der Entwicklung zum Experten gehen ehemals bewußt gelernte Regeln in Können über. Oben wurde bereits darauf hingewiesen, daß dies nicht nur einfach ein 'Herabsinken aus dem Bewußtsein' darstellt, sondern auch eine Anreicherung dergestalt, daß das gekonnte Handeln nicht mehr allein als Anwendung der ehemals gelernten Regeln zu beschreiben ist. Vielmehr tragen Übung und Erfahrung dazu bei, daß mehr oder weniger komplexes Können zustandekommt, das reichhaltiger sein kann als die ehemals gelernten Regeln. Gleichfalls verändert sich das dem Können zugrundeliegende Wissen. Ob diese Veränderungen als Entwicklung von Regelhierarchien angemessen beschrieben sind - wie es in dem Prozeduralisierungskonzept geschieht -, kann dahingestellt bleiben. Festzuhalten bleibt, daß das Können des Experten nicht nur das schnelle, unbewußte Befolgen der gleichen Regeln ist, die man als Anfänger einmal gelernt hat. Dies gilt analog schon für das motorische Können: "Bei der Entwicklung komplexerer Bewegungsprogramme aus einfacheren verändern die letzteren ihre Eigenschaften. Das komplexere Programm besteht also nicht einfach aus einer Sequenz von einfachen Programmen, die auf einer höheren Ebene einer Hierarchie als Einheit angesprochen werden können, sondern die einfacheren Programme 'verschmelzen' zu einer neuen Einheit" (Heuer 1983, 91, vgl. auch Wehner & Mehl 1986). Die neu entstandenen Informationsbündel sind nicht nur Zusammenfügungen der Detailinformationen bzw. der einzelnen Produktionsregeln. Sie bilden vielmehr eine neue - abstraktere - Wissenseinheit.

Die psychologische Charakterisierung des Könnens führt auf diese Weise wieder zurück zu der Frage, welche Inhalte den intensionalen Gehalt der abstrakten Begriffe ausmachen. Weiterhin setzt das Können des Experten in vielen Fällen auch voraus, daß sich andere Personen (z. B. die Schüler) angemessen verhalten (siehe Kap. 8). Die Voraussetzungen des Könnens - so kann man metaphorisch sagen - befinden sich also nicht nur 'im Kopf' und 'in den Fingerspitzen', sondern auch in der sozialen Umgebung des Handelnden.

9.2 Begriffe als 'Bausteine' des Expertenwissens: Perspektiven der Expertenforschung

Die wichtigsten Strukturbegriffe für Wissen im Expertenansatz sind 'Schemata' und 'Skripts'. Auch Autoren, die nicht unmittelbar dem Expertenansatz zuzurechnen sind, interpretieren das professionelle Wissen von Lehrern mithilfe dieser Konzepte (z.B. Hofer 1986 a, Calderhead 1985). (Der Begriff des 'Skripts' bezeichnet eine bestimmte Teilmenge von Schemata, nämlich solche, die sich auf Handlungen in bestimmten sozialen Situationen beziehen, weshalb im folgenden von 'Schemata' i. S. eines Oberbegriffes gesprochen wird). Der Begriff des Schemas ist inzwischen so sehr ein Teil der psychologischen Umgangssprache geworden, daß es wichtig ist, sich noch einmal zu vergegenwärtigen, was damit eigentlich ausgedrückt werden soll, d. h. welche Merkmale des Wissens eigentlich durch diese Bezeichnung hervorgehoben werden sollen. Warum wird 'Schema' als Begriff für Wissensstrukturen in der Expertenforschung gebraucht?

Diese Frage läßt sich anhand der Merkmale des Expertenwissens, die in den voranstehenden Kapiteln zusammengetragen wurden, beantworten. Es geht dabei jeweils darum, Ordnungen bzw. Strukturen von Wissen zu beschreiben, die es dem Experten ermöglichen, in einer Problemsituation eine bestimmte Ordnung zu erkennen und zu konstruieren (z. B. den Unterrichtsablauf zu gestalten). Diese Konfigurationen von Bedeutungen erlauben die Unterscheidung von Wichtigem und Unwichtigen, jeweils relativ zu den Zielsetzungen und Bedingungen der Anforderung.

Eine Voraussetzung dafür, daß Bedeutungsstrukturen erkannt und auch erzeugt werden können, ist außerdem eine gewisse Abstraktheit bzw. Allgemeinheit des Wissens gegenüber den jeweils konkret gegebenen Ereignissen oder Sachverhalten; andernfalls könnte nur das, was bereits in genau gleicher Form erlebt wurde, wiedererkannt werden. Auch der Begriff des Typs bzw. Prototyps drückt dieses Moment der Abstraktheit gegenüber den Einzelfällen aus. Strukturiertheit oder Organisation des Wissens und Abstraktheit, die Umgang mit Neuem ermöglicht, sind also die zwei Merkmale des Wissens, die mit dem Begriff des Schemas hervorgehoben werden sollen. Bei dem Gebrauch des Begriffes 'Schema' im Rahmen der Computermetapher berufen sich die meisten Autoren auf Bartletts (1932) Untersuchungen zur Erinnerung bedeutungsvollen Materials. Brewer & Nakamura (1984, 126) fassen Bartletts Auffassung von Schema so zusammen: "In summary, Bartlett thought schemas were unconscious mental structures. He believed that they were organized generic mental representations that actively incorporated incoming episodic information". Der Begriff 'generic' drückt dabei die Abstraktheit aus, die es ermöglicht, neue Informationen als Instanzen eines bestimmten Typs oder einer Klasse von Informationen zu erkennen und zu inkorporieren. Bartlett war es sehr wichtig, die konstruktiven Effekte von Schemata bei der Verarbeitung von Informationen hervorzuheben (1932, 200). In der jüngeren Kognitionspsychologie werden Schemata dann als Datenstrukturen bezeichnet und die Analogie zu der Beziehung von Variablen und Werten hervorgehoben. Der Begriff des Schemas und die damit hervorgehobenen Merkmale der Strukturiertheit und Abstraktheit haben natürlich nur die 'psychologische Realität' von Merkmalen menschlichen Wissen bestätigt, die aus philosophischer Sicht auch schon zuvor bekannt waren. So enthält etwa der Begriff der 'Variable' bereits die Idee der Substitution von Allgemeinbegriffen durch konkrete Werte.

Der Begriff des Schemas wird nun in der Psychologie - und auch in der Expertenforschung - für eine Vielzahl von Phänomenen als Beschreibung und Erklärung in Anspruch genommen. Schon Bartlett (1932, 200-201) selbst verschaffte seinerzeit seinem

Mißfallen über den Gebrauch des Schemabegriffes Ausdruck: "... I strongly dislike the term 'schema'. It is at once too definite and too sketchy" ..., um dann aber - fast resignativ - nach einem Vergleich mit anderen Begriffen zu ihm zurückzukehren. Nur bei sehr abstrakter Betrachtung ist es angemessen, alle möglichen Vorgänge der Informationsverarbeitung durch eine einheitliche Struktur des Wissens zu erklären (Brewer & Nakamura 1984). Diese Schwäche des Schemabegriffes ist im Zusammenhang mit dem hier behandelten Thema daran erkennbar, daß der Unterschied zwischen Experten und Nicht-Experten nicht darin besteht, daß die Experten über Schemata verfügen, während das Wissen der Nicht-Experten in anderer Weise organisiert ist. Brewer & Nakamura (1984) schlagen deshalb vor, den Schemabegriff bezüglich der Inhalte der damit beschriebenen Wissensbereiche zu spezifizieren. Deshalb wurden auch in diesem Text die Inhalte des Expertenwissens so ausführlich behandelt.

Eine Variante von Schemata sind Begriffe. Damit werden gleichsam kleinere Schemata bezeichnet, wenn auch die begriffliche Abgrenzung zwischen beiden kognitionspsychologischen Konstrukten umstritten ist (Howard 1987). Besser unterscheidbar aber sind die mit diesen Konstrukten verbundenen Forschungstraditionen und zentralen Fragestellungen. In diesem Text wurde mit dem Begriff der kategorialen Wahrnehmung an die Begriffsforschung (sensu Medin & Barsalou 1987) angeknüpft, weil Begriff m. E. ein geeignetes Konstrukt für die elementaren Struktureinheiten des Expertenwissens darstellt. Im Kap.8 wurde dafür bereits ein Beispiel gegeben: Die Entwicklung des Denkstils eines Experten vollzieht sich möglicherweise als - unbemerkte - Verschiebung von Begriffsbedeutungen. Diese Hypothese legt es nahe, die Veränderungen des professionellen Wissens auf dem Weg zum Experten mit Methoden der entwicklungspsychologischen Begriffsforschung (Carey 1985, Keil 1989) zu untersuchen. Die hier skizzierte Verbindung von Begriffsforschung mit der Untersuchung des professionellen Wissens liegt auch nahe, wenn man die Geschichte der Begriffsforschung betrachtet. Sie erhielt wesentliche Impulse durch den sogenannten Prototypenansatz (Rosch 1975). Die Fragestellung zu Beginn des Prototypenansatzes zielte gerade auf den Unterschied zwischen einer logisch exakten und einer subjektiven Repräsentation von Begriffen (Armstrong, Gleitman & Gleitman 1983, Bromme 1990, Rosch 1983). An diese Tradition wäre anzuknüpfen, wenn man z. B. die oben zusammengetragenen Befunde zu Unterschieden zwischen dem professionellen Wissen von Experten und dem Wissen der Wissenschaftsdisziplinen, in denen sie ausgebildet wurden, weiter untersuchen will.

Der praktische Nutzen der Expertenforschung

Die vor einigen Jahren intensiv geführte wissenschaftstheoretische Diskussion über den theoretischen Status sogenannter technologischer Theorien in der Psychologie (Herrmann 1979) hat die interessante Frage nach den psychologischen Merkmalen praktischen Wissens weitgehend unberührt gelassen (Bromme & Hömberg 1976). Der Expertenansatz bietet nun die Möglichkeit, die Frage nach dem Wissen für praktisches

Handeln als Untersuchungsgegenstand für die empirische Psychologie zu formulieren. Die theoretische und empirische Untersuchung von professionellem Wissen bedarf aber (wie andere Gegenstände der Psychologie auch) zu ihrer Bearbeitung einer gewissen Unabhängigkeit von praktischen Fragestellungen. Dennoch verbindet sich mit der Bearbeitung dieses Themas die Hoffnung, einen Beitrag zum Umgang mit dem sogenannten Theorie-Praxis-Problem zu leisten. Unter Lehrern findet sich die Aufassung, daß sich das theoretische Wissen, das sie in ihrer Ausbildung erworben haben, nicht oder nur in sehr geringem Maße anwenden läßt (Müller-Fohrbrodt, Cloetta & Dann 1978, v. Engelhardt 1979). Diese Meinung ist nicht allein auf Mängel des theoretischen Wissens zurückzuführen, sondern auch auf unrealistische Vorstellungen über den Zusammenhang von Theorien, praktischem professionellem Wissen und unterrichtlichem Handeln. Solche unrealistischen Vorstellungen (z. B. zu hohe Erwartungen an Wissenschaft oder resignative Ablehnung) finden sich auch bei Lehrerausbildern. Die theoretische und empirische Untersuchung des professionellen Wissens kann dazu beitragen, solche Erwartungen zu korrigieren. Wenn man die Eigenständigkeit des professionellen Wissens von Lehrern besser versteht, ergeben sich auch Ansatzpunkte für die Aus- und Weiterbildung; der Expertenansatz ist dazu geeignet, Lehrern die Schwierigkeit ihrer Aufgabe und den Reichtum ihres professionellen Wissens deutlich zu machen. Er kann insofern einiges zur Verbesserung des professionellen Selbstverständnisses beitragen.

Literatur

Aebli, H. (1980). *Denken. Das Ordnen des Tuns.* Stuttgart: Klett.

Anderson, J. (1982). Acquisition of cognitive skill. *Psychological Review, 89,* 369-406.

Anderson, J. (1987). Skill acquisition: Compilation of weak method problem solutions. *Psychological Review, 94,* 192-210.

Arbinger, R. (1986). *Kategorisierung und Lösung arithmetischer Textaufgaben durch Schüler des 5. Schuljahres.*

Argyris, C. & Schön, D. (1976). *Theory in practise: Increasing professional effectiveness.* San Francisco: Jossey-Bass.

Arlin, M. (1979). Teacher transitions can disrupt time flow in classroom. *American Educational Research Journal, 16,* 42-56.

Armstrong, S. L., Gleitman, L. R. & Gleitman, H. (1983). What some concepts might not be. *Cognition, 13,* 263-308.

Baltes, P. & Smith, J. (1990). Toward a psychology of wisdom and its ontogenesis. In R. Sternberg (Ed.), *Wisdom. Its nature, origins and development* (pp. 87-120). Cambridge, Ma.: Cambridge University Press.

Barker, R. (1968). *Ecological Psychology: Concepts and methods for studying the environment of human behavior.* Stanford: Stanford University Press.

Barnes, M. (1987). *Intentions, problems and dilemmas: Assessing teacher knowledge through a case method system* (Issue Paper No. 87-3). Michigan State University, National Center for Research on Teacher Education.

Barrows, H. A., Norman, G. R., Neufeld, V. R. & Feightner, J. (1982). The clinical reasoning of randomly selected physicians in general medical practice. *Clinical Investigative Medicine, 5,* 49-55.

Barsalou, L. W. (1990). On the indistinguishability of exemplar memory and abstraction in category representation. In T. K. Srull & R. S. Wyer (Ed.), *Advances in social cogniton: Vol. 3. Content and process specifity in the effects of prior experiences* (pp. 61-88). Hillsdale, N.J.: Erlbaum.

Bartlett, F. C. (1932). *Remembering: A study in experimental and social psychology.* London: Cambridge University Press.

Bauersfeld, H. (1982). Analysen zur Kommunikation im Mathematikunterricht. In H. Bauersfeld, H. W. Heymann, G. Krummheuer, J. H. Lorenz & V. Reiß (Ed.), *Analysen zum Unterrichtshandeln* (pp. 1-40). Köln: Aulis.

Baumert, J., Roeder, P. M., Sang, F. & Schmitz, B. (1986). Leistungsentwicklung und Ausgleich von Leistungunterschieden in Gymnasialklassen. *Zeitschrift für Pädagogik, 32,* 639-660.

Baumert, J., Schmitz, B., Sang, F. & Roeder, P. M. (1987). Zur Kompatibilität von Leistungsförderung und Divergenzminderung in Schulklassen. *Zeitschrift für Entwicklungspsychologie und Pädagogische Psychologie, 19,* 249-265.

154

Bawden, R., Buike, S. & Duffy, G. (1979). *Teacher conceptions of reading and their influence on instruction (Research Series No. 47)*. East Lansing: Institute for Research on Teaching.

Begle, E. J. (1972). *Teacher knowledge and student achievement in algebra (SMSG Reports No. 9)*. Stanford: SMSG.

Ben-Peretz, M. (1984). Kelly's Theory of personal constructs as a paradigm for investigating teacher thinking. In R. Halkes & J. Olson (Eds.), *Teacher Thinking* (pp. 103-111). Lisse: N.L.: Swets & Zeitlinger.

Ben-Peretz, M. & Bromme, R. (Eds.). (1990). *The nature of time in schools: Theoretical concepts, practioner perceptions*. New York: Teachers College Press.

Ben-Peretz, M., Bromme, R. & Halkes, R. (Eds.). (1986). *Advances of resesearch on teacher thinking*. Lisse, NL.: Swets & Zeitlinger.

Bender, H. (1984). *Persönlichkeitstheorien von Grundschullehrern. Untersuchungen zu den impliziten Persönlichkeitstheorien von Lehrern in vierten Grundschulklassen und der Möglichkeit ihrer Veränderung*. Dissertation, Universität Landau.

Bereiter, C. (1985). Toward a solution of the learning paradox. *Review of Educational Research, 15*, 201-226.

Bereiter, C. & Scardamalia, M. (1986). Educational relevance of the study of expertise. *Interchange, 17*, 10-19.

Berliner, D. C. (1990a). *Characteristics of experts in the pedagogical domain*. Paper presented at the International Symposium 'Research on Effective and Responsible Teaching', Fribourg.

Berliner, D. C. (1990b). What's all the fuss about instructional time? In M. Ben-Peretz & R. Bromme (Eds.), *The nature of time in schools. Theoretical concepts, practitioner perceptions* (pp. 3-35). New York: Teachers College Press.

Berliner, D. C., Stein, P., Sabers, D., Clarridge, P., Cushing, K. & Pinnegar, S. (1988). Implications of research on pedagogical expertise and experience for mathematics teaching. In D. Grouws & T. Cooney (Eds.), *Perspectives on research on effective mathematics teaching* (pp. 67-95). Reston, VI.: National Council of Teachers of Mathematics.

Berliner, D. C. (1987 a). Der Experte im Lehrerberuf: Forschungsstrategien und Ergebnisse. *Unterrichtswissenschaft, 15*, 295-305.

Berliner, D. C. (1987 b). Ways of thinking about students and classroom by more and less experienced teachers. In J. Calderhead (Ed.), *Exploring teacher thinking* (pp. 60-83). London: Cassell.

Berliner, D. C. & Carter, K. J. (1986). *Differences in processing classroom information by expert and novice teachers*. Paper presented at the Conference of the International Study Association on Teacher Thinking (ISATT), Leuven.

Berry, D. C. & Broadbent, D. E. (1984). On the relationship between task performance and associated verbalizable knowledge. *Quarterly Journal of Experimental Psychology, 36*, 209-231.

Bloom, B. S. (Ed.). (1985). *Developing talent in young people*. New York: Ballantine.

Boden, M. (1977). *Artificial intelligence and natural man*. New York: Basic Books.

Bordage, G. & Allen, T. (1982). The etiology of diagnostic errors: Process or content? In *Proceedings of the 21st Annual Conference on Research in Medical Education*, (pp. 171-176). Washigton, D.C.: AAMC.

Boshuizen, H. & Schmidt, H. G. (1987). *Comparing on-line and post-hoc problem representation in clinical reasoning*. Vortrag auf der 29. Tagung experimentell arbeitender Psychologen.

Braunsteiner, M. & Weissel, W. (1970). Untersuchungsgang bei inneren Erkrankungen. In R. Gross, D. Jahn & P. Schölmerich (Hrsg.), *Lehrbuch der inneren Medizin* (S. 1-10). Stuttgart: Schattauer.

Brewer, W. & Nakamura, G. (1984). The nature and functions of schemas. In R. S. Wyer & T. K. Skrull (Ed.), *Handbook of social cognition* Vol. 1 (pp. 120-160). Hillsdale, N. J.: Erlbaum.

Bromme, R. (1981). *Das Denken von Lehrern bei der Unterrichtsvorbereitung. Eine empirische Untersuchung zu kognitiven Prozessen von Mathematiklehrern*. Weinheim: Beltz.

Bromme, R. (1984). On the limitations of the theory metaphor for the study of teachers' expert knowledge. In R. Halkes & J. K. Olson (Eds.), *Teacher thinking. A new perspective on persisting problems in education* (pp. 43-57). Lisse, NL.: Swets & Zeitlinger.

Bromme, R. (1985 a). Aufgaben- und Problemanalyse bei der Untersuchung des problemlösenden Denkens. In G. Jüttemann (Hrsg.), *Qualitative Forschung in der Psychologie. Grundfragen, Verfahrensweisen, Anwendungsfelder* (S. 259-281). Weinheim: Beltz.

Bromme, R. (1985 b). Was sind Routinen im Lehrerhandeln? Eine Begriffserklärung auf der Grundlage neuerer Ergebnisse der Problemlöseforschung. *Unterrichtswissenschaft, 2*, 182-192.

Bromme, R. (1987). Teachers' assessment of students' difficulties and progress in understanding in the classroom. In J. Calderhead (Ed.), *Exploring Teachers' Thinking* (pp. 125-146). London: Cassell.

Bromme, R. (1990). Prototypikalität bei exakt definierten Begriffen: Das Beispiel der geraden und ungeraden Zahlen. *Sprache und Kognition, 9 (3)*, 155-167.

Bromme, R. & Brophy, J. (1986). Teachers' cognitive activities. In B. Christiansen, G. Howson & M. Otte (Eds.), *Perspectives on mathematics education* (pp. 99-139). Dordrecht, NL.: Reidel.

Bromme, R. & Hömberg, E. (1976). *Einführende Bemerkungen in das Problem der Anwendung psychologischen Wissens (Technologieproblem)* (Materialien und Studien des IDM No. 4). Universität Bielefeld, IDM.

Bromme, R. & Hömberg, E. (1977). *Psychologie und Heuristik*. Darmstadt: Steinkopff.

Bromme, R. & Hömberg, E. (1981). *Die andere Hälfte des Arbeitstages. Interviews mit Mathematiklehrern über alltägliche Unterrichtsvorbereitung* (Materialien und Studien des IDM No. 25). Universität Bielefeld, IDM.

Bromme, R. & Hömberg, E. (1990). Mathematics teachers perception of time in class. In M. Ben-Peretz & R. Bromme (Eds.), *The nature of time in schools. Theoretical concepts, practioner perceptions* (pp. 161-188). New York: Teachers College Press.

Bromme, R. & Steinbring, H. (1988). Interactive development of subject matter within instruction in the classroom. .

Bromme, R. & Steinbring, H. (1990). Eine graphische Analysetechnik für Unterrichtsverläufe. In K. Haussmann & M. Reiss (Hrsg.), *Mathematische Lehr-Lern-Denkprozesse* (S. 55-81). Göttingen: Hogrefe.

Brophy, J. (1979). Teacher behavior and its effects. *Journal of Educational Psychology, 71*, 733-750.

Brophy, J. & Evertson, C. (1976). *Learning from teaching: a developmental perspective*. Boston: Allyen & Bacon.

Brophy, J. & Good, T. (1974). *Teacher - student relationships. Causes and consequences*. New York: Holt, Rinehart & Winston.

Brophy, J. & Good, T. (1986). Teacher behavior and student achievement. In M. Wittrock (Ed.), *Handbook of research on teaching* (pp. 328-375). New York: McMillan.

Brown, J. S. & Burton, R. R. (1978). Diagnostic models for procedural bugs in basic mathematical skills. *Cognitive Science, 2*, 155-192.

Brumby, M. (1982). Students' perceptions of the concept of life. *Science Education, 66*, 613-622.

Brunswick, E. (1956). *Perception and the representative design of psychological experiments*. Los Angeles: University of California Press.

Buer, J. von, Achtenhagen, F., Sembil, D. & Oldenbürger, H. (1986). Lehrerurteile über Schüler, Schülerselbstbild und interaktionelles Verhalten im Englischanfangsunter-richt. *Zeitschrift für Pädagogik, 32*, 679-702.

Bush, A. J., Kennedy, J. J. & Cruickshank, D. R. (1977). An empirical investigation of teacher clarity. *Journal of Teacher Education, 28*, 53-58.

Bussis, A., Chittenden, F. & Amarel, M. (1976). *Beyond surface curriculum*. Boulder, Col.: Westview Press.

Calderhead, J. (1981). A psychological approach to research on teachers' classroom decision making. *British Educational Research Journal, 7*, 51-57.

Calderhead, J. (1983). *Research into teachers' and student teachers' cognitions: Exploring the nature of classroom practice*. Paper presented at the annual meeting of the American Educational Research Association, Montreal.

Calderhead, J. (1984). *Teachers' classroom decision making*. London: Holt, Rinehart & Winston.

Calderhead, J. (Ed.). (1987). *Exploring Teacher's Thinking*. London: Cassell.

Caramazza, A., McCloskey, M. & Green, B. (1981). Naive beliefs in "sophisticated" subjects: Misconceptions about trajectories of objects. *Cognition, 9*, 117-123.

Carey, S. (1982). Semantic development: The state of the art. In E. Wanner & L. R. Gleitman (Eds.), *Language acquisition: The state of the art* (pp. 347-389). Cambridge: University Press.

Carlsen, W. S. (1987). *Why do you ask? The effects of science teacher subject-matter knowledge on teacher questioning and classroom discourse.* Paper presented at the annual meeting of the American Educational Research Association, Washington, D.C.

Carpenter, T. P., Fennema, E., Peterson, P. L. & Carey, D. A. (1988). Teachers' pedagogical content knowledge of students' problem solving in elementary arithmetic. *Journal for Research in Mathematics Education, 19*, 385-401.

Carpenter, T. P. & Moser, J. (1984). The acquisititon of addition and subtraction concepts in grades one through three. *Journal of Research in Mathematics Education, 15*, 179-202.

Carroll, J. B. (1963). A model of school learning. *Teachers College Record, 64*, 723-733.

Carroll, J. B. (1985). The model of school learning: progress of an idea. In C. W. Fischer & D. Berliner (Eds.), *Perspectives on instructional time* (pp. 29-58). London: Longman.

Carter, K., Sabers, D., Cushing, K., Pinnegar, P. & Berliner, D. (1987). Processing and using information about students: A study of expert, novice and postulant teachers. *Teaching and Teacher Education, 3*, 147-157.

Cassirer, E. (1980, Orig. 1910). *Substanzbegriff und Funktionsbegriff.* Darmstadt: Wissenschaftliche Buchgesellschaft.

Ceci, S. J. & Liker, J. (1986). A day at the races: A study of IQ, expertise and cognitive complexity. *Journal of Experimental Psychology : General, 115*, 255-266.

Chapman, A. & Jones, D. (Eds.). (1980). *Models of man.* Leicester: British Psychological Society.

Charness, N. (1979). Components of skill in bridge. *Canadian Journal of Psychology, 33*, 1-16.

Charness, N. (1981). Search in chess: Age and skill diggerences. *Journal of Experimental Psychology: Human Perception and Performance, 7*, 467-476.

Charness, N. (1989). *Expertise in chess: The balance between knowledge and search.* Paper presented at the conference 'The study of expertise: Prospects and limits'. Max Planck Institut für Bildungsforschung, Berlin.

Chase, W. G. & Ericsson, K. A. (1981). Skill and working memory. In J. R. Anderson (Ed.), *Cognitive skills and their aquisition* (pp. 141-189). Hillsdale: Erlbaum.

Chase, W. G. & Simon, H. A. (1973 a). The mind's eye in chess. In W. G. Chase (Ed.), *Visual Informations Processing* (pp. 215-281). New York: Academic Press.

Chase, W. G. & Simon, H. A. (1973 b). Perception in chess. *Cognitive Psychology, 4*, 55-81.

Chevallard, Y. (1985). *La transposition didactique.* Grenoble: La Pensee Sauvage.

Chi, M., Feltovich, P. J. & Glaser, R. (1981). Categorization and representation of physics problems by experts and novices. *Cognitive Science, 5*, 121-152.

Chi, M. & Glaser, R. (1985). Problem-solving ability. In R. J. Sternberg (Ed.), *Human abilities. An information-processing approach* (pp. 227-250). New York: Freeman.

Chi, M., Glaser, R. & Farr, M. (Eds.). (1988). *The nature of expertise.* Hillsdale, NJ: Erlbaum.

Chi, M., Glaser, R. & Rees, E. (1982). Expertise in problem solving. In R. J. Sternberg (Ed.), *Advances in the psychology of human intelligence* Vol. 1 (pp. 7-76). Hillsdale, N.J.: Lawrence Erlbaum.

Chi, M. T. (1978). Knowledge structures and memory development. In R. S. Siegler (Ed.), *Children's thinking: What develops?* (pp. 77-96). Hillsdale: Erlbaum.

Claessen, H. & Boshuizen, H. (1985). Recall of medical information by students and doctors. *Medical Education, 19,* 61-67.

Clancey, W. (1984). Methodology for building an intelligent tutoring system. In W. Kintsch, J. R. Miller & P. G. Polson (Eds.), *Methods and tactics in cognitive science* (pp. 51-84). Hillsdale, N.J.: Lawrence Erlbaum.

Clandinin, D. J. (1986). *Classroom practice. Teacher images in action.* London: Falmer.

Clark, C. (1987). Ten years of conceptual development in research on teacher thinking. In M. Ben-Peretz, R. Bromme & R. Halkes (Eds.), *Advances of research on teacher thinking* (pp. 7-20). Lisse, N.L.: Swets & Zeitlinger.

Clark, C. & Peterson, P. (1986). Teachers' thought processes. In M. Wittrock (Ed.), *Handbook of research on teaching* (pp. 255-296). New York: McMillan.

Clift, R. T., Ghatala, E. S. & Naus, M. M. (1987). *Exploring teachers' knowledge of strategic study activity.* Paper presented at the annual meeting of the American Educational Research Association, Washington, D.C.

Cooney, T. J. (1985). A beginning teacher's view of problem solving. *Journal for Research in Mathematics Education, 16,* 324-336.

Corno, L. & Snow, R. (1986). Adapting teaching to individual differences among learners. In M. Wittrock (Ed.), *Handbook of research on teaching* (pp. 605-629). New York: McMillan.

Cranach, M. von (1989). *The multi-level organisation of knowledge and action.* Paper presented at the first Congress of the Swiss Psychological Association, Berne.

Cronbach, L. (1975). Beyond the two disciplines of scientific psychology. *American Psychologist, 30,* 116-127.

Cuban, L. (1984 a). *How teachers taught: Constancy and change in American classrooms 1890-1980.* New York: Longman.

Cuban, L. (1984 b). Policy and research dilemmas in the teaching of reasoning: Unplanned designs. *Review of Educational Research, 54,* 655-681.

D'Andrade, R. (1981). The cultural part of cognition. *Cognitive Science, 5,* 179-195.

Dann, H. D., Humpert, W., Krause, F., v. Kügelen, T., Rimele, W. & Tennstädt, K. C. (1982). *Arbeits- und Ergebnisbericht des Projekts "Aggression in der Schule"*

(Wissenschaftlicher Arbeits- und Ergebnisbericht 1979-1982 , SFB 23 der Universität Konstanz)

Dann, H. D., Tennstädt, K. C., Humpert, W. & Krause, F. (1987). Subjektive Theorien und erfolgreiches Handeln von Lehrer/innen bei Unterrichtskonflikten. *Unterrichtswissenschaft, 15*, 306-320.

Dann, H. D. & Wahl, D. (1984). Subjektive Theorien als Gegenstand und Forschungsprogramm (Diskussionsgruppe). In D. Albert (Hrsg.), *Bericht über den 34. Kongreß der Deutschen Gesellschaft für Psychologie in Wien 1984*, Bd. 2 (S. 739-742). Göttingen: Hogrefe.

Denham, L. & Liebermann , A. (Ed.). (1980). *Time to learn. A review of the beginning teacher evaluation study*. Washington: NIE.

Dewe, B. & Radtke, F.-O. (1990). *Was wissen Pädagogen über ihr Können? Professionstheoretische Überlegungen zum Theorie-Praxis-Problem in der Pädagogik* (Arbeitspapier Nr. 5). Zentrum für Lehrerbildung, Universität Bielefeld.

Diederich, J. (1982). Bemessene Zeit als Bedingung pädagogischen Handelns. In N. Luhmann & K. E. Schorr (Hrsg.), *Zwischen Technologie und Selbstreferenz. Fragen an die Pädagogik* (S. 51-86). Frankfurt: Suhrkamp.

Diederich, J. (1988). *Didaktisches Denken*. Weinheim: Juventa.

DiSessa, A. (1986). Artificial worlds and real experience. *Instructional Science, 14*, 207-227.

Dobey, D. C. & Schäfer, L. E. (1984). The effects of knowledge on elementary science inquiry teaching. *Science Education, 68*, 39-51.

Doll, J. & Mayr, U. (1989). Intelligenz und Schachleistung - eine Untersuchung an Schachexperten. *Psychologische Beiträge, 29*, 270-289.

Dollase, R. (1984). *Grenzen der Erziehung*. Düsseldorf: Schwann.

Dörner, D. (1974). *Die kognitive Organisation beim Problemlösen*. Bern: Huber.

Dörner, D. (1976). *Problemlösen als Informationsverarbeitung*. Stuttgart: Kohlhammer.

Dörner, D. (1989). Expertise beim Lösen komplexer Probleme oder die Bedeutung von Großmutterregeln. In D. Dörner & W. Michaelis (Hrsg.), *Idola fori et idola theatri. Festschrift aus Anlaß der Emeritierung von Prof. Dr. phil et Dr. med Hermann Wegener* (S. 121-144). Göttingen: Hogrefe.

Dörner, D., Kreuzig, H. W., Reither, F. & Stäudel, T. (Hrsg.). (1983). *Lohhausen - Über den Umgang mit Unbestimmtheit und Komplexität*. Bern: Huber.

Doyle, W. (1977). Learning in the classroom environment: An ecological analysis. *Journal of Teacher Education, 28*, 51-55.

Doyle, W. (1986). Classroom organization and management. In M. Wittrock (Ed.), *Handbook of research on teaching* (pp. 392-431). New York: McMillan.

Doyle, W. & Ponder, G. A. (1977/1978). The practicality ethic in teacher decision-making. *Interchange, 8*, 1-12.

Dreyfus, M. L. & Dreyfus, S. E. (1987). *Künstliche Intelligenz. Von den Grenzen der Denkmaschine und dem Wert der Intuition*. Reinbeck: Rowohlt.

Druva, C. A. & Anderson, R. D. (1983). Science teacher characteristics by teacher behavior and by student outcome. A meta-analysis of research. *Journal of Research in Science Teaching, 20*, 467-479.

Duncker, K. (1966, Orig. 1935). *Zur Psychologie des produktiven Denkens.* Berlin: Springer.

Dunkin, M. J. & Biddle, B. J. (1974). *The study of teaching.* New York: Rinehart & Winston.

Egan, D. E. & Schwartz, B. (1979). Chunking in recall of symbolic drawings. *Memory and Cognition, 7*, 149-158.

Eisenberg, T. A. (1977). Begle revisited: Teacher knowledge and student achievement in algebra. *Journal for Research in Mathematics Education, 8*, 216-222.

Elstein, A. S., Shulman, L. S. & Sprafka, S. A. (1978). *Medical Problem solving: An analysis of clinical reasoning.* Cambridge, Mass.: Harvard University Press.

Engelhardt, M. von (1979). Das gebrochene Verhältnis zwischen wissenschaftlichem Wissen und pädagogischer Praxis. In G. Böhme & M. v. Engelhardt (Hrsg.), *Entfremdete Wissenschaft* (S. 87-113). Frankfurt: Suhrkamp.

Engeström, Y. (1989). *Developing thinking at the changing workplace: Toward a redefinition of expertise* (CHIP-Paper No. 130). La Jolla: Center for Human Information Processing,.

Engeström, Y. (1990). When is it a tool? Multiple meanings of artifacts in human activity. In Y. Engeström (Ed.), *Learning, working and imagining. Twelve studies in activity theory* (pp. 171- 195). Helsinki: Orienta-Konsultit Oy.

Engle, R. W. & Bukstel, L. (1978). Memory processes among bridge players of differing expertise. *American Journal of Psychology, 91*, 673-689.

Erichson, G. L. (1979). Children's conceptions of heat and temperature. *Science Education, 3*, 93-101.

Ericsson, K. A. & Faivre, I. (1988). What's exceptional about exceptional abilities? In L. K. Obler & D. Fein (Eds.), *The exceptional brain: Neuropsychology of talent and special abilities.* (pp. 436-473). New York: Guilford.

Ericsson, K. A. & Polson, P. G. (1988). Memory for restaurant orders. In M. Chi, R. Glaser & M. Farr (Eds.), *The nature of expertise* (pp. 23-70). Hillsdale: Erlbaum.

Ericsson, K. A. & Simon, H. A. (1984). *Protocol analysis. Verbal reports as data.* Cambridge, Mass.: MIT Press.

Ericsson, K. A. & Smith, J. (1989). *Prospects and limits of the empirical study of expertise: An introduction.* Paper presented at the conference 'The study of expertise: Prospects and limits'. Max Planck Institut für Bildungsforschung, Berlin.

Eyferth, K., Schönmann, M. & Widowski, D. (1986). Der Umgang von Psychologen mit Komplexität. *Sprache und Kognition, 1*, 11-26.

Feimann-Nemser, S. & Floden, R. (1986). The cultures of teaching. In M. Wittrock (Ed.), *Handbook of research on teaching* (pp. 505-526). New York: McMillan.

Feltovich, P. & Barrows, H. S. (1984). Issues of generality in medical problem solving. In H. G. Schmidt & M. L. d. Volder (Eds.), *Tutorials in problem-based learning* (pp. 128-142). Assen: Van Gorcum.

Feltovich, P., Johnson, P., Moller, J. & Swanson, D. (1984a). LCS: The role and development of medical knowledge in diagnostic expertise. In W. Clancey & E. Shortliffe (Eds.), *Readings in medical artificial intelligence. The first decade* (pp. 275-319). Reading, Mass.: Addison-Wesley.

Feltovich, P., Johnson, P., Moller, J. & Swanson, D. (1984b). LCS: The role and development of medical knowledge in diagnostic expertise. In W. Clancey & E. Shortliffe (Eds.), *Readings in meical artificial intelligence. The first decade* (pp. 275-319). Reading, Mass.: Addison-Wesley.

Fenstermacher, G. (1985). Time as the terminus of teaching: A philosophical perspective. In C. W. Fisher & D. Berliner (Eds.), *Perspectives on instructional time* (pp. 97-108). London: Longman.

Fisher, C. W. & Berliner, D. (Eds.). (1985). *Perspectives on instructional time.* London: Longman.

Fleck, L. (1980, Orig. 1935). *Die Entstehung einer wissenschaftlichen Tatsache. Einführung in die Lehre vom Denkstil und Denkkollektiv.* Frankfurt: Suhrkamp.

Fleck, L. (1983, Orig. 1947). Schauen, sehen, wissen. In L. Schäfer & T. Schnelle (Hrsg.), *Ludwik Fleck - Erfahrungen und Tatsache* (S. 147-174). Frankfurt: Suhrkamp.

Frieling, E. (1975). *Psychologische Arbeitsanalyse.* Stuttgart: Kohlhammer.

Fuhrer, U. (1990). *Handeln-Lernen im Alltag.* Bern: Huber.

Funke, J. (1986). *Komplexes Problemlösen: Kritische Bestandsaufnahme und weiterführende Perspektiven.* Berlin: Springer.

Gage, N. (Ed.). (1975). *Teaching as clinical information processing. NIE Conference on studies in teaching, Panel 6.* Washington, D.C.: NIE.

Gage, N. & Berliner, D. (1977). *Pädagogische Psychologie.* München: Urban & Schwarzenberg.

Gerner, B. (1976). *Selbstverständnis von Lehrern.* Darmstadt: Wissenschaftliche Buchgesellschaft.

Gerok, W. (1987). Wissenschaft und Erfahrung als Grundlagen der Medizin. *Therapiewoche, 37,* 4142-4150.

Gigerenzer, G. & Murray, D. Y. (1987). *Cognition as intuitive statistics.* Hillsdale, N.J.: Erlbaum.

Gigerenzer, G. & Strube, G. (1978). Zur Revision der üblichen Anwendung dimensionsanalytischer Verfahren. *Zeitschrift für Entwicklungspsychologie und Pädagogische Psychologie, 10,* 75-86.

Glaser, R. (1985). *The nature of expertise* (Occasional Paper No. 107). Ohio State University, The National Center for Research in Vocational Education.

Glaser, R. & Chi, M. (1988). Overview. In M. Chi, R. Glaser & M. Farr (Eds.), *The nature of expertise* (pp. XV-XXVIII). Hillsdale, N.J.: Erlbaum.

Goldberg, L. R. (1968). Simple models or simple processes? *American Psychologist, 23*, 483-496.

Goldstein, I. & Papert, S. (1977). Artificial intelligence, language and the study of knowledge. *Cognitive Science, 1*, 84-123.

Good, T. & Grouws, D. (1977). Teaching effects: A process - product study in fourth grade mathematics classrooms. *Journal of Teacher Education, 28*, 49-54.

Greeno, J. G., Riley, M. S. & Gelman, R. (1984). Conceptual competence and children's counting. *Cognitive Psychology, 16*, 94-134.

Groeben, N., Wahl, D., Schlee, J. & Scheele, B. (1988). *Das Forschungsprogramm Subjektive Theorien. Eine Einführung in die Psychologie des reflexiven Subjekts.* Tübingen: Francke.

Groot, A. D. de. (1965, Orig. 1946). *Thought and choice in chess.* The Hague: Mouton.

Groot, A. D. de. (1966). Perception and memory versus thought: Some old ideas and recent findings. In B. Kleinmuntz (Ed.), *Problem solving* (pp. 19-50). New York: Wiley.

Gruber, H. & Strube, G. (1989). Zweierlei Experten: Problemisten, Partiespieler und Novizen beim Lösen von Schachproblemen. *Sprache & Kognition, 8*, 72-85.

Gudmundsdottir, S. & Shulman, L. (1986). Pedagogical content knowledge in social studies. In J. Lowyck (Ed.), *Teacher thinking and professional action. Proceedings of the third ISATT Conference* (pp. 442-455). Leuven: University of Leuven.

Hacker, W. (1973). *Allgemeine Arbeits- und Ingenieurpsychologie. Psychische Struktur und Regulation von Arbeitstätigkeiten.* Berlin: VDW.

Hage, K., Bischoff, H., Dichanz, H., Eubel, K., Oehlschläger, H. & Schwittmann, D. (1985). *Das Methodenrepertoire von Lehrern.* Opladen: Leske & Budrich.

Halkes, R. & Olson, J. K. (Eds.). (1984). *Teacher thinking: a new perspective on persisting problems in education.* Lisse, NL.: Swets & Zeitlinger.

Harnad, S. (Ed.). (1987). *Categorial perception. The groundwork of cognition.* Cambridge, Mass.: Cambridge University Press.

Harnischfeger, A. & Wiley, D. E. (1977). Konzepte des Schullernens. *Zeitschrift für Entwicklungspsychologie und Pädagogische Psychologie, 9*, 207-230.

Hashweh, M. Z. (1986). *Effects of subject-matter knowledge on the teaching of biology and physics.* Paper presented at the annual meeting of the American Educational Research Association, San Francisco.

Hayes-Roth, B. & Hayes-Roth, F. (1979). A cognitive model of planning. *Cognitive Science, 3*, 275-310.

Herrmann, T. (1979). Pädagogische Psychologie als psychologische Technologie. In J. Brandtstätter, G. Reinert & K. A. Schneewind (Hrsg.), *Probleme und Perspektiven der Pädagogischen Psychologie* (S. 209-238). Stuttgart: Klett.

Herrmann, T. (1986). *Was ist das "Psychologische" an psychologischen Theorien? Arbeiten der Forschungsgruppe Sprache und Kognition, Universität Mannheim, Bericht Nr. 36.* Mannheim: Universität Mannheim.

Heuer, H. (1983). *Bewegungslernen.* Stuttgart: Kohlhammer.

Heymann, H. W. (1982). Didaktisches Handeln im Mathematikunterricht aus Lehrersicht. Bericht über zwei Fallstudien zu subjektiven Hintergründen des Lehrerhandelns. In H. Bauersfeld, H. W. Heymann, G. Krummheuer, J. H. Lorenz & V. Reiß (Hrsg.), *Analysen zum Unterrichtshandeln* (S. 142-167). Köln: Aulis.

Hixon, S. (1987). The relationship of quantified measures of work experience to clinical problem solving ability. Paper presented at the annual meeting of the American Educational Research Association, Washington, D.C.

Hoetker, J. & Ahlbrand, W. P. (1969). The persistence of the recitation. *American Educational Research Journal, 6*, 145-167.

Hofer, M. (1969). *Die Schülerpersönlichkeit im Urteil des Lehrers.* Weinheim: Beltz.

Hofer, M. (Ed.). (1981). *Informationsverarbeitung und Entscheidungsverhalten von Lehrern. Beiträge zu einer Handlungstheorie des Unterrichtens.* München: Urban & Schwarzenberg.

Hofer, M. (1986 a). *Sozialpsychologie erzieherischen Handelns.* Göttingen: Hogrefe.

Hofer, M. (1986 b). Forming judgements in the classroom: how do teachers develop expectations of their students' performances? In M. Ben-Peretz, R. Bromme & R. Halkes (Eds.), *Advances of research on teacher thinking* (pp. 113-121). Lisse, NL.: Swets & Zeitlinger.

Hofer, M. & Dobrick, M. (1978). Handlungssteuerung durch kognitive Strukturen beim Lehrer. In H. Mandl & G. Huber (Hrsg.), *Kognitive Komplexität* (S. 371-189). Göttingen: Hogrefe.

Höhn, E. (1967). *Der schlechte Schüler. Sozialpsychologische Untersuchungen über das Bild des Schulversagers.* München: Piper.

Hollon, R. E. & Anderson, C. W. (1987). *Teachers' belief about students' learning processes in science: Self-reinforcing belief system.* Paper presented at the annual meeting of the American Educational Research Association, Washington D.C.

Hömberg, E. (1982). *Wahrnehmung und Steuerung der Zeitdauer von Unterrichtsprozessen - Anforderungen an die Lehrertätigkeit im Mathematikunterricht.* Dissertation, Universität Bremen.

Hörmann, H. (1978). *Meinen und Verstehen - Grundzüge einer psychologischen Semantik.* Frankfurt: Suhrkamp.

Howard, R. (1987). *Concepts and schemata.* London: Cassell.

Hoyos, C. G. & Frieling, E. (1977). Die Methodik der Arbeits- und Berufsanalyse. In K. H. Seifert, H. H. Eckhardt & W. Jaide (Hrsg.), *Handbuch der Berufspsychologie* (S. 99-140). Göttingen: Hogrefe.

Huber, G. & Mandl, H. (1979). Spiegeln Lehrerurteile über Schüler die implizite Persönlichkeitsstruktur der Beurteiler oder der Beurteilungsbögen? *Zeitschrift für Entwicklungspsychologie und Pädagogische Psychologie, 11*, 218-231.

Hussy, W. (1984). *Denkpsychologie.* Stuttgart: Kohlhammer.

Hutcherson, L. (1975). *Errors in problem-solving in sixth-grade mathematics.* Dissertation, University of Texas. Ann Arbor: UMI.

Jackson, P. (1986). *Introduction to expert systems.* Washington: Addison-Wesley.

Jecker, J. D., Mackoby, W. & Breitrose, M. S. (1965). Improving accuracy in interpreting non-verbal cues of comprehension. *Psychology in the Schools, 2*, 239-244.

Johnson, E. (1988). Expertise and decision under uncertainty: Performance and process. In M. Chi, R. Glaser & M. Farr (Eds.), *The nature of expertise* (pp. 209-228). Hillsdale, NJ: Erlbaum.

Johnson, P. E., Duran, A. S., Hassebrock, F., Moller, J., Prietula, M., Feltovich, P. J. & Swanson, D. B. (1981). Expertise and error in diagnostic reasoning. *Cognitive Science, 5*, 235-283.

Johnson-Laird, P. N. (1987). The mental representation of the meaning of words. *Cognition, 25*, 189-211.

Jordell, K. O. (1987). Teachers as reflective practitioners? On the teaching profession in the light of Donald Schön's view of professionals as reflective practitioners. In A. Stromness & N. Sovik (Ed.), *Teacher thinking - perspectives and research* (pp. 144-170). Trondheim: Tapir.

Joseph, G.-M. & Patel, V. L. (1986). Specifity of expertise in medical reasoning. In C. Clifton (Ed.), *Proceedings of the Eighth Annual Conference of the Cognitive Science Society* (pp. 331-343). Hillsdale N.J.: Lawrence Erlbaum.

Joyce, B. R. & Harootunian, B. (1964). Teaching as problem solving. *Journal of Teacher Education, 15*, 420-427.

Kallos, D. & Lundgreen, U. (1975). Educational Psychology: its scope and limits. *British Journal of Educational Psychology, 45*, 111-121.

Kaminski, G. (1983). Probleme einer ökopsychologischen Handlungstheorie. In L. Montada, K. Reusser & F. Steiner (Hrsg.), *Kognition und Handeln. Festschrift für Hans Aebli* (S. 35-53). Stuttgart: Klett.

Kaminski, G. (1986). Paradigmengebundene Behavior - Setting- Analyse. In G. Kaminski (Hrsg.), *Ordnung und Variabilität im Alltagsgeschehen* (S. 154-176). Göttingen: Hogrefe.

Keil, F. C. (1989). *Concepts, kinds, and cognitive development.* Cambridge, Mass.: MIT Press.

Kelley, G. (1955). *The psycholgy of personal constructs (2 vols.).* New York: Norton.

Kesler, R. J. (1985). *Teachers' instructional behavior related to their conceptions of teaching mathematics and their level of dogmatism: Four case studies.* Dissertation, University of Georgia. Ann Arbor: UMI.

Kliegl, R. & Baltes, P. (1987). Theory-guided analysis of mechanisms of development and aging trough testing-the-limits and research on expertise. In C. Schooler & K. W. Schaie (Eds.), *Cognitive functioning and social structure over life course* (pp. 95-119). Norwood: Ablex.

Kluwe, R. (1979). Pädagogisch-psychologisches Handeln als Problemlösen. In J. Brandtstätter, G. Reinert & K. A. Schneewind (Hrsg.), *Pädagogische Psychologie: Probleme und Perspektiven* (S. 131-152). Stuttgart: Klett.

Koch, J. J. (1972). *Lehrer-Studium und Beruf. Einstellungswandel in den beiden Phasen der Ausbildung*. Ulm: Süddeutsche Verlagsgesellschaft.

Kounin, J. S. (1976). *Techniken der Klassenführung*. Stuttgart: Klett.

Kraak, B. (1987). Was Lehrerinnen und Lehrer denken und tun, erklärt mit der Handlungs-Entscheidungs-Theorie. *Unterrichtswissenschaft, 15*, 274-284.

Krampen, G. (1986). *Handlungsleitende Kognitionen von Lehrern*. Göttingen: Hogrefe.

Kruse, L. (1986). Drehbücher für Verhaltensschauplätze oder: Skripts für Settings. In G. Kaminski (Hrsg.), *Ordnung und Variabilität im Alltagsgeschehen* (S. 135-153). Göttingen: Hogrefe.

Krutetskii, V. A. (1976). *The psychology of mathematical abilities in school children*. Chicago: The University of Chicago Press.

Kuhn, T. (1976). *Die Struktur wissenschaftlicher Revolutionen*. Frankfurt: Suhrkamp.

Kuipers, B. & Kassirer, J. P. (1984). Causal reasoning in medicine: analysis of a protocol. *Cognitive Science, 8*, 363-385.

Larkin, J. H. (1983). The role of problem representation in physics. In D. Gentner & A. Stevens (Eds.), *Mental models* (pp. 75-98). Hillsdale, N.J.: Lawrence Erlbaum.

Larkin, J. H., McDermott, J., Simon, D. P. & Simon, H. A. (1980 a). Expert and novice performance in solving physics problems. *Science, 208*, 1335-1342.

Larkin, J. H., McDermott, J., Simon, D. P. & Simon, H. A. (1980 b). Models of competence in solving physic problems. *Cognitive Science, 4*, 317-345.

Leinhardt, G. (1986). Math Lessons: A comparison of novice and expert competence. In J. Lowyck (Ed.), *Teacher thinking and professional action. Proceedings of the third ISATT Conference* (pp. 472-500). Leuven: University of Leuven.

Leinhardt, G. & Greeno, J. (1986). The cognitive skill of teaching. *Journal of Educational Psychology, 78*, 75-95.

Leinhardt, G. & Putnam, R. R. (1986). Profile of expertise in elementary school mathematics teaching. *Arithmetic Teacher, 34*, 28-29.

Leinhardt, G. & Smith, D. (1985). Expertise in mathematics instruction: Subject matter knowledge. *Journal of Educational Psychology, 77*, 247-271.

Leinhardt, G., Weidman, C. & Hammond, K. (1987). Introduction and integration of classroom routines by expert teachers. *Curriculum Inquiry, 17*, 135-176.

Lesgold, A. (1984). Acquiring expertise. In J. R. Anderson & S. M. Kosslyn (Eds.), *Tutorials in learning and memory: Essays in honor of Gordon Bower* (pp. 31-60). San Francisco: Freeman.

Lesgold, A., Feltovich, P. J., Glaser, R. & Wang, Y. (1981). *The acquisition of perceptual diagnostic skill in radiology (Technical Report No. PDS 1)*. Pittsburgh: University of Pittsburgh, Learning Research and Development Center.

Lewis, C. (1981). Skill in algebra. In J. Anderson (Ed.), *Cognitive skills and their aquisition* (pp. 85-110). Hillsdale,N.J.: Erlbaum.

Luer, G. (1973). *Gesetzmäßige Abläufe beim Problemlösen*. Weinheim: Beltz.

Lundgreen, U. P. (1972). *Frame factors and the teaching process*. Stockholm: Almquist & Wiksell.

Mandl, H. & Huber, G. (1983). Subjektive Theorien von Lehrern. *Psychologie in Erziehung und Unterricht, 30*, 98-112.

Marks, R. (1987). *Problem solving with a small "p": A teachers' view*. Paper presented at the annual meeting of the American Educational Research Association, Washington, D.C.

Mayer, R. E., Larkin, J. H. & Kadane, J. B. (1984). A cognitive analysis of mathematical problem-solving ability. In R. J. Sternberg (Ed.), *Advances in the psychology of human intelligence* Vol. 2 (pp. 231-274). Hillsdale, N.J.: Erlbaum.

McCaleb, J. L. & White, J. A. (1980). Critical dimensions in evaluating teacher clarity. *Journal of Classroom Interaction, 15*, 27-30.

McGalliard, W. A. (1983). *Selected factors in the conceptual system of geometry teachers: four case studies*. Dissertation, University of Georgia, Athens. Ann Arbor: UMI.

McKeithen, K. B., Reitman, J. S., Rueter, H. H. & Hirtle, S. C. (1981). Knowledge organization and skill differences in computer programmers. *Cognitive Psychology, 13*, 307-325.

Medin, D. & Ross, B. (1989). The specific character of abstract thought: Categorization, problem solving and induction. In R. J. Sternberg (Ed.), *Advances in the psychology of human intelligence* Vol. 5 (pp. 189-223). Hillsdale, N.J.: Erlbaum.

Medin, D. L. & Barsalou, L. W. (1987). Categorization processes and categorical perception. In S. Harnard (Ed.), *Categorical perception* (pp. 455-531). Cambridge: University Press.

Medley, D. M. (1979). The effectiveness of teachers. In P. Peterson & H. Walberg (Eds.), *Research on teaching. Concepts, findings and implications* (pp. 11-27). Berkley: McCutchan.

Mehan, H. (1974). Accomplishing classroom lessons. In A. Cicourel et al. (Eds.), *Language use and school performance* (pp. 76-141). New York: Academic Press.

Miller, G. A. (1956). The magical number seven, plus or minus two: some limits of our capacity for processing information. *Psychological Review, 63*, 81-97.

Miller, G. A., Galanter, E. & Pribram, K. H. (1973). *Strategien des Handelns. Pläne und Strukturen des Verhaltens*. Stuttgart: Klett.

Morine, G. & Vallance, E. (1975). *Special study B: A study of teacher and pupil perceptions of clasroom interaction (Technical Report No. 75-11-6)*. San Francisco: Far West Laboratory.

Morine-Dersheimer, G. (1979). *Teachers' conceptions of pupils - an outgrowth of instructional context: The South Bay Study, Part III, Research Series No. 59*. East Lansing, Mi.: Michigan State University, Institute for Research on Teaching.

Moscovici, S. (1988). Notes towards a description of social representations. *European Journal of Social Psychology, 18*, 211-250.

Müller-Fohrbrodt, G., Cloetta, B. & Dann, H. D. (1978). *Der Praxisschock bei jungen Lehrern. Formen - Ursachen - Folgerungen*. Stuttgart: Klett.

Munby, H. (1982). The place of teachers' beliefs in research on teacher thinking and decision making, and an alternative methodology. *Instructional Science, 11*, 201-225.

Muzzin, L. J., Norman, G. R., Jacoby, L. L., Feightner, J. V., Tugwell, P. & Guvett, G. H. (1982). Manifestations of expertise in recall of clinical protocols. In *Papers of the Assoc. of American Medical Colleges (pp. 163-168),* Washington, D.C.: AAMC

Nesher, P. & Teubal, E. (1975). Verbal cues as an interfering factor in verbal problem solving. *Educational Studies in Mathematics, 6*, 41-51.

Newell, A. & Simon, H. A. (1972). *Human problem solving.* Englewood Cliffs, N.J.: Prentice-Hall.

Nisbett, R. E. & Wilson, T. D. (1977). Telling more than we can know: verbal reports on mental processes. *Psychological Review, 84*, 231-259.

Noler, W. T., Archambault, F. & Greene, J. F. (1977). *Teachers' mathematics attitudes as a mediator of students' attitude and achievement.* Paper presented at the annual meeting of the American Educational Research Association

Norman, D. A. (1989). *Four (more) issues for cognitive science.* Paper presented at the eleventh annual conference of the Cognitive Science Society. Ann Arbor, Michigan.

Norman, G. (1984). Introduction to "Clinical Reasoning". In H. Schmidt & M. d. Volder (Ed.), *Tutorials in problem based learning* (pp. 125-127). Assen: Van Gorcum.

Norman, G., Brooks, L. & Allen, S. (1989). Recall by expert medical practitioners and novices as a record of processing attention. *Journal of Experimental Psychology, Learning, Memory and Cognition, 15*, 1166-1174.

Norman, G., Jacoby, L., Feightner, J. & Campbell, E. (1979). Clinical Experience and the structure of memory. In *Papers of the Association of American Medical Colleges (pp. 214-218),* Washington, D.C.: AAMC.

Norman, G., Rosenthal, D., Brooks, L., Allen, S. & Muzzin, L. (1989). The development of expertise in dermatology. *Archive of dermatology, 125*, 1063-1068.

Obler, L. K. & Fein, D. (Ed.). (1988). *The exceptional brain: Neuropsychology of talent and special abilities.* New York: Guilford.

Oerter, R. (1979). Welche Realität erfasst Unterrichtsforschung ? *Unterrichtswissenschaft, 8*, 24-43.

Oerter, R. (1988). Wissen und Kultur. In H. Mandl & H. Spada (Hrsg.), *Wissenspsychologie* (S. 333-356). Weinheim: Psychologie Verlags Union.

Oldenbürger, H. (1986). Does a tendency to group pupils or attributes exist within teachers cognitions/judgements? In M. Ben-Peretz, R. Bromme & R. Halkes (Eds.), *Advances in research on teacher cognitions* (pp. 186-200). Lisse: Swets & Zeitlinger.

Oldenbürger, H. (1987). Lehrerkognitionen über Schülereigenschaften - Theoretische und methodologische Perspektiven. *Unterrichtswissenschaft, 15*, 261-273.

Olson, J. (1981). Teacher influence in the classroom: A context for understanding curriculum translation. *Instructional Science, 10*, 259-275.

Olson, J. (1984). What makes teachers tick? Considering the routines of teaching. In R. Halkes & J. Olson (Eds.), *Teacher thinking* (pp. 35-42). Lisse, NL.: Swets & Zeitlinger.

Olson, J. & Eaton, S. (1987). Curriculum change and the classroom order. In J. Calderhead (Ed.), *Exploring teachers' thinking* (pp. 179-194). London: Cassell.

Opwis, K. (1988). Produktionssysteme. In H. Mandl & H. Spada (Hrsg.), *Wissens-psychologie* (S. 74-98). Weinheim: Psychologie Verlags Union.

Opwis, K., Gold, A., Gruber, H. & Schneider, W. (1990). Zum Einfluß von Expertise auf Gedächtnisleistungen sowie deren Selbsteinschätzung bei Kindern und Erwachsenen. *Zeitschrift für Entwicklungspsychologie und Pädagogische Psychologie, 22*, 207-224.

Oser, F., Zutavern, M. & Patry, J. L. (1990). Professionelle Lehrermoral: Das 'Gelebte Wertsystem' von LehrerInnen und seine Veränderbarkeit. In L. M. Alisch, J. Baumert & K. Beck (Hrsg.), *Professionswissen und Professionalisierung* (S. 227-252). Braunschweig: Braunschweiger Studien zur Erziehungs- und Sozialarbeits-wissenschaft. Bd. 28.

Oswald, M. & Gadenne, V. (1984). Wissen, Können und künstliche Intelligenz. *Sprache und Kognition, 3*, 173-184.

Parrino, T. & Mitchell, R. (1989). Diagnosis as a skill: A clinical perspective. *Perspectives in Biology and Medicine, 33*, 18-44.

Patel, V., Evans, D. & Groen, G. (1989). Biomedical knowledge and clinical reasoning. In D. Evans & V. Patel (Eds.), *Cognitive science in medicine: Biomedical modeling* (pp. 49-108). Cambridge, MA: MIT Press.

Patel, V. L. & Federiksen, C. L. (1984). Cognitive processes in comprehension and knowledge acquisition by medical students and physicians. In H. Schmidt & M. de. Volder (Eds.), *Tutorials in problem-based learning* (pp. 143-157). Assen: Van Gorcum.

Patel, V. L., Groen, G. J. & Fredericsen, H. (1986). Differences between medical students and doctors in memory for clinical cases. *Medical Education, 20*, 3-9.

Peterson, P. & Clark, C. (1978). Teachers' reports of their cognitive process during teaching. *American Educational Research Journal, 15*, 555-565.

Peterson, P. & Comeaux, M. (1987). Teachers' schemata for classrom events: The mental scaffolding of teachers' thinking during classroom instruction. *Teaching & Teacher Education, 3*, 319-331.

Pfeiffer, H. (1981). *Zur sozialen Organisation von Wissen im Mathematikunterricht (IDM Materialien und Studien Bd. 21)*. Bielefeld: Universität Bielefeld, IDM.

Polanyi, M. (1985, Orig. 1966). *Implizites Wissen*. Frankfurt: Suhrkamp.

Prince, E. F., Fraser, J. & Bosk, C. (1982). On hedging in physician - physician discourse. In R. J. Di Pietro (Ed.), *Linguistics and the professions* (pp. 83-97). Norwood: Ablex.

Prinz, W. (1983). *Wahrnehmung und Tätigkeitssteuerung*. Berlin: Springer.

Putnam, R. T. (1987). Structuring and adjusting content for students: A study of live and simulated tutoring of addition. *American Educational Research Journal, 24*, 13-48.

Putnam, R. T. & Leinhardt, G. (1986). *Curriculum scripts and the adjustment of content in mathematics lessons.* Paper presented at the annual meeting of the American Educational Research Association, San Francisco.

Putz-Osterloh, W. (1983). Über Determinanten komplexer Problemlöseleistungen und Möglichkeiten ihrer Erfassung. *Sprache und Kognition, 2*, 100-116.

Putz-Osterloh, W. (1985). Selbstreflexionen, Testintelligenz und interindividuelle Unterschiede bei der Bewältigung komplexer Probleme. *Sprache und Kognition, 4*, 203-216.

Putz-Osterloh, W. (1986 a). *Experten und komplexe Probleme - Gibt es Experten für komplexe Probleme? (Arbeitsbericht Nr. II/ 28).* Aachen: RWTH, Institut für Psychologie.

Putz-Osterloh, W. (1986 b). *Expertenwissen und die Bewältigung komplexer Probleme.* Vortrag auf dem 35. Kongreß der Deutschen Gesellschaft für Psychologie in Heidelberg.

Putz-Osterloh, W. (1986 c). *Projekt "Diagnostik intelligenter Wissensanwendung beim Problemlösen" (Arbeitsbericht).* Aachen: RWTH, Institut für Psychologie.

Raeithel, A. (1983). *Tätigkeit, Arbeit und Praxis. Grundbegriffe für eine praktische Psychologie.* Frankfurt: Campus.

Raeithel, A. (1991). Semiotic self-regulation and work: An activity theoretical foundation for design. In R. Budde, C. Floyd, R. Keil-Slawik & H. Züllighoven (Eds.), *Software development and reality construction* Berlin: Springer.

Reiß, V. (1982). *Die Steuerung des Unterrichtsablaufs.* Frankfurt: Lang.

Reitman, J. S. (1976). Skilled perception in Go: Deducing memory structures from interresponse time. *Cognitive Psychology, 8*, 336-356.

Rheinberg, F. & Hoss, J. (1979). Störungen und Mitarbeit im Unterricht. Eine Erkundungsstudie zu Kounins Kategorisierung des Lehrerverhaltens. *Zeitschrift für Entwicklungspsychologie und Pädagogische Psychologie, 11*, 244-249.

Rheinberg, F. & Minsel, B. (1986). Psychologie des Erziehens. In B. Weidenmann, A. Krapp, M. Hofer, G. Huber & H. Mandl (Hrsg.), *Pädagogische Psychologie* (S. 277-360). München: Urban & Schwarzenberg.

Rischmüller, H. (1982). *Zur Genese, Erhebung und zielgerichteten Veränderung kognitiver Strukturen von Handelslehrerstudenten.* Dissertation Universität Göttingen. Göttingen: Seminar für Wirtschaftspädagogik, Berichte Bd. 5.

Roehler, L. R., Duffy, G. G., Conley, M., Hermann, B. A., Johnson, J. & Michelson, S. (1987). *Exploring preservice teachers' knowledge structures.* Paper presented at the annual meeting of the American Educational Research Association, Washington D.C.

Romberg, T. (1980). Salient features of the BTES framework of teacher behaviors. In L. Denham & A. Liebermann (Ed.), *Time to learn* (pp. 73-94). Washington: National Institute of Education.

Romberg, T. (1988). Can teachers be professionals? In D. Grouws & T. J. Cooney (Eds.), *Perspectives on research on effective mathematics Teaching, Vol. 1* (pp. 224-245). Reston: NCTM & Erlbaum.

Romberg, T. & Carpenter, T. P. (1986). Research on teaching and learning mathematics: two disciplines of scientific inquiry. In M. Wittrock (Ed.), *Handbook of research on teaching* (pp. 850-874). New York: McMillan.

Rosch, E. (1975). Cognitive representations of semantic categories. *Journal of Experimental Psychology: General, 104,* 192-233.

Rosch, E. (1983). Prototype classification and logical classification: The two systems. In E. Kofsky & D.Scholnick (Eds.), *New trends in conceptual representation: Challenges to Piaget's theory?* (pp. 73-75). Hillsdale: Erlbaum.

Rosenthal, R. & Jacobsen, L. (1971). *Pygmalion im Unterricht. Lehrererwartungen und Intelligenzentwicklung der Schüler*. Weinheim: Beltz.

Rost, J. (1980). *Gedächtnispsychologische Grundlagen naturwissenschaftlichen Wissens*. Weinheim: Beltz.

Roth, T. (1986). *Sprachstil und Problemlösekompetenz- Untersuchungen zum Formwortgebrauch im 'Lauten Denken' erfolgreicher und erfolgloser Bearbeiter 'komplexer' Probleme*. Dissertation, Universität Göttingen.

Rumelhart, D. E. & Norman, D. A. (1978). Accretion, tuning, and restructuring: Three models of learning. In J. W. Cotton & R. L. Klatzky (Eds.), *Semantic factors in cognition* (pp. 37-53). Hillsdale N.J.: Erlbaum.

Rutter, M., Manghan, B., Mortimore, P. & Queston, J. (1980). *Fifteen thousand hours. Secondary schools and their effects on children*. London: Butler & Tanne.

Ryle, G. (1969, Orig. 1949). *Der Begriff des Geistes*. Stuttgart: Reclam.

Sacerdoti, E. D. (1977). *A structure for plans and behavior*. New York: Elsevier.

Schaefer, R. E. (1985). *Denken. Informationsverarbeitung, mathematische Modelle und Conputersimulation*. Berlin: Springer.

Schäfer, L. & Schnelle, T. (1980). Ludwik Flecks Begründung der soziologischen Betrachtungsweise in der Wissenschaftstheorie. In L. Fleck (Hrsg), *Enstehung und Entwicklung einer wissenschaftlichen Tatsache* (S. 7-49). Frankfurt: Suhrkamp.

Schank, R. & Abelson, R. (1977). *Scripts, plans, goals and understanding*. Hillsdale: Erlbaum.

Schmidt, H. & Boshuizen, H. (1990). *Effects of activation of prior knowledge on the recall of a clinical case*. Paper presented at the Annual Meeting of the American Educational Research Association, Boston.

Schmidt, H., Boshuizen, H. & Hobus, P. (1988). Transitory stages in the development of medical expertise: The 'intermediate effect' in clinical case representation studies. Paper presented at the 10 th Annual Conference of the Cognitive Science Society, Montreal, Canada.

Schmidt, W. & Buchman, M. (1983). Six teachers' beliefs and attitudes and their curricular time allocations. *The Elementary School Journal, 84,* 162-171.

171

Schneider, W. (1988). Zur Rolle des Wissens bei kognitiven Höchstleistungen. *Psychologie in Erziehung und Unterricht, 35*, 161-172.

Schnelle, T. (1982). *Ludwik Fleck - Leben und Denken. Zur Enstehung und Entwicklung des soziologischen Denkstils in der Wissenschaftsphilosophie.* Freiburg: Hochschulverlag.

Schoenfeld, A. (1985). Metacognitive and epistemological issues in mathematical understanding. In E. A. Silver (Ed.), *Teaching and learning mathematical problem solving: multiple research perspectives* (pp. 361-379). Hillsdale, N.J.: Erlbaum.

Schoenfeld, A. & Hermann, D. (1982). Probelm perception and knowledge structure in expert and novice mathematical problem solvers. *Journal of Experimental Psychology, 8*, 484-494.

Schön, D. (1983). *The reflective practitioner.* New York: Basic Books.

Schönpflug, W. & Schönpflug, U. (1983). *Psychologie.* Weinheim: PVU.

Schraagen, J. M. C. (1986). *Expert-novice differences and their implications for knowledge elicitation techniques (Report Nr. IZF 1986-34).* Soesterberg, N.L.: Institute for Perception TNO.

Schrader, F. W. (1989). *Diagnostische Kompetenz von Lehrern und ihre Bedeutung für die Gestaltung und Effektivität des Unterrichts.* Frankfurt: Lang.

Schreckling, J. (1985). *Routine und Problembewältigung beim Unterrichten.* München: Profil.

Schwartz, S. & Griffin, T. (1986). *Medical thinking: The psychology of medical judgment and decision making.* New York: Springer.

Scribner, S. (1984). Studying working intelligence. In B. Rogoff & J. Lave (Eds.), *Everyday cognition: its development in social context* (pp. 9-40). Cambridge, Mass.: Harvard University Press.

Seeger, F. (1990). Die Analyse von Interaktion und Wissen im Mathematikunterricht. *Journal für Mathematikdidaktik, 11*, 129-158.

Seifert, C. M. & Hutchins, E. L. (1989). Learning within a distributed system. *The Quarterly Newsletter of the Laboratory of Comparative Human Cognition, 11*, 108-114.

Seiler, T. B. (1985). Begriffe von Begriff: Analysen und Konzeptionen von Begriffen in der psychologischen Forschung. In B. Ganter, R. Wille & K. E. Wolf (Hrsg.), *Beiträge zur Begriffsanalyse* (S. 95-116). Mannheim: Wissenschaftsverlag.

Selz, O. (1922). *Zur Psychologie des produktiven Denkens und des Irrtums.* Bonn: Cahen.

Shavelson, R. J. & Stern, P. (1981). Research on teachers' pedagogical thoughts, judgements, decisions, and behavior. *Review of Educational Research, 51*, 455-498.

Shefelbine, J. L. & Shiel, G. (1987). *Preservice teachers' schemata for a diagnostic framework in reading.* Paper presented at the annual meeting of the American Educational Research Association, Washington, D.C.

Shroyer, J. C. (1981). *Critical moments in the teaching of mathematics: What makes teaching difficult?* Dissertation, Michigan State University, East Lansing.

Shulman, L. S. (1974). The psychology of school subjects: a premature obituary? *Journal of Research in Science Teaching, 11*, 319-339.

Shulman, L. S. (1986). Those who understand: Knowledge growth in teaching. *Educational Researcher, 15*, 4-14.

Shulman, L. S. & Carey, N. B. (1984). Psychology and the limitations of individual rationality: Implications for the study of reasoning and civility. *Review of Educational Research, 54*, 501-524.

Shulman, L. S. & Elstein, A. S. (1975). Studies of problem solving, judgement, and decision making: implications for educational research. In F. N. Kerlinger (Ed.), *Review of Research in Education* Vol. 3 (pp. 3-24). Itaska, Ill.: Peacock.

Simon, H. A. (1957). *Models of man*. New York: Wiley.

Simon, H. A. & Barenfeld, M. (1969). Information processing analyses of perceptual processes in problem solving. *Psychological Review, 76*, 473-483.

Skowronek, H. (1970). *Lernen und Lernfähigkeit*. München: Juventa.

Skowronek, H. (1979). Entwicklungslinien der Pädagogischen Psychologie. In J. Brandtstätter, G. Reinert & K. A. Schneewind (Hrsg.), *Pädagogische Psychologie: Probleme und Perspektiven* (S. 29-48). Suttgart: Klett.

Smith, M. (1990). Knowledge structures and the nature of expertise in classical genetics. *Manuscript - submitted for publication*.

Snow, C. P. (1961). *The two cultures and the scientific revolution*. Cambridge: University Press.

Snow, R. E. (1972). A model teacher training system: An overview. (R & D Memorandum No. 92). Stanford University, School of Education (Eric Document No. ED 066437).

Sorenson, A., Husek, T. & Yu, C. (1963). Divergent concepts of teacher role: An approach to the measurement of teacher effectiveness. *Journal of Educational Psychology, 54*, 287-295.

Spada, H., Opwis, K., Donnen, J., Schwiersch, M. & Ernst, A. (1987). Ecological knowledge: acquisition and use in problem solving and decision making. *International Journal of Educational Research, 11*, 665-685.

Spiegel (1987, Dezember). Genieblitze und Blackouts. *Der Spiegel*, S. 126-140.

Stein, M., Baxter, J. & Leinhardt, G. (1990). Subject-matter knowledge and elementary instruction: A case from functions and graphing. *American Educational Research Journal, 27*, 639-663.

Steinbring, H. (1985). Mathematische Begriffe in didaktischen Situationen: Das Beispiel der Wahrscheinlichkeit. *Journal für Mathematikdidaktik, 6*, 85-118.

Sternberg, R. & Wagner, R. (Eds.). (1986). *Practical intelligence. Nature and origins of competence in the everyday world*. London: Cambridge University Press.

Stodolsky, S., Ferguson, T. & Wimpelberg, K. (1981). The recitation persists, but what does it look like? *Journal of Curriculum Studies, 13*, 121-130.

Sträßer, R. (1985). Anwendung der Mathematik - Ergebnisse von Lehrer-Interviews. *Mathematicia Didactica, 8*, 167-178.

Stromness, A. & Sovik, N. (Ed.). (1987). *Teacher thinking - perspectives and research.* Trondheim: Tapir.

Thiele, H. (1981). Zur Beeinflussung des Entscheidungsverhaltens im Unterricht: Eine empirische Untersuchung zu einem theoriegeleiteten Lehrertraining. In M. Hofer (Hrsg.), *Informationsverarbeitung und Entscheidungsverhalten von Lehrern* (S. 273-311). München: Urban & Schwarzenberg.

Thommen, B., Ammann, R. & von Cranach, M. (1988). *Handlungsorganisation durch soziale Repräsentation. Welchen Einfluß haben therapeutische Schulen auf das Handeln ihrer Mitglieder?* Bern: Huber.

Thompson, A. (1984). The relationship of teachers' conceptions of mathematics and mathematics teaching to instructional practice. *Educational Studies in Mathematics, 15*, 105-127.

Tietze, U.-P. (1986). *Der Mathematiklehrer in der Sekundarstufe II. Bericht aus einem Forschungsprojekt (Texte zur mathematisch-naturwissenschaftlich-technischen Forschung und Lehre Nr. 18).* Bad Salzdetfurth: Franzbecker.

Turner, R. L. (1964). Teaching as problem-solving behavior: A strategy. In B. J. Biddle & W. J. Ellena (Eds.), *Contemporary research on teacher effectiveness* (pp. 102-126). New York: Holt, Rinehart & Winston.

Ulich, E. (1981). Subjektive Tätigkeitsanalyse als Voraussetzung autonomieorientierter Arbeitsgestaltung. In F. Frei & E. Ulich (Hrsg.), *Beiträge zur psychologischen Arbeitsanalyse* Bern: Huber.

Voigt, J. (1984). *Interaktionsmuster und Routinen im Mathematikunterricht. - Theoretische Grundlagen und mikroethnographische Falluntersuchungen.* Weinheim: Beltz.

Volpert, W. (1974). *Handlungsstrukturanalyse als Beitrag zur Qualifikationsforschung.* Köln: Pahl-Rugenstein.

Volpert, W. (1984 a). Maschinen-Handlungen und Handlungs-Modelle - Ein Plädoyer gegen die Normierung des Handelns. *Gestalttheorie, 6*, 70-100.

Volpert, W. (1984 b). *Das Konzept des Behavior Setting und die Methodik einer ökologischen Arbeitspsychologie* TU Berlin, Institut für Humanwissenschaft in Arbeit und Ausbildung (Berichte Nr. 3).

Voss, J., Fincher-Kiefer, R., Greene, T. & Post, T. (1986). Individual differences in performance: The contrastive approach to knowledge. In R. J. Sternberg (Ed.), *Advances in the psychology of human intelligence, Vol. 3* (pp. 297-334). Hillsdale, N.J.: Erlbaum.

Voss, J. F., Greene, T. R., Post, T. A. & Penner, V. C. (1983). Problem-solving skill in the social sciences. In G. H. Bower (Ed.), *The psychology of learning and motivation* (pp. 165-213). New York: Academic Press.

Wagner, A. C., Maier, S., Uttendorfer-Marek, I. & Weidle, R. H. (1981). *Unterrichtspsychogramme. Was in den Köpfen von Lehrern und Schülern vorgeht.* Reinbek: Rowohlt.

Wahl, D. (1991). *Handeln unter Druck.* Weinheim: Deutscher Studien Verlag.

Wahl, D., Schlee, J., Krauth, J. & Mureck, J. (1983). *Naive Verhaltenstheorie von Lehrern*. Oldenburg: Zentrum für pädagogische Berufspraxis der Universität Oldenburg.

Wehner, T. & Mehl, K. (1986). Über das Verhältnis von Handlungsteilen zum Handlungsganzen - Der Fehler als Indikator unterschiedlicher Bindungsstärken in "Automatismen". *Zeitschrift für Psychologie, 194*, 231-245.

Weidenmann, B. (1978). *Lehrerangst. Ein Versuch, Emotionen aus der Tätigkeit zu begreifen*. München: Ehrenwirth.

Weinert, F. E., Schrader, F. & Helmke, A. (1990). Unterrichtsexpertise - Ein Konzept zur Verringerung der Kluft zwischen zwei theoretischen Paradigmen. In L. M. Alisch, J. Baumert & K. Beck (Hrsg.), *Professionswissen und Professionalisierung* (S. 173-207). Braunschweig: Braunschweiger Studien zur Erziehungs- und Sozialarbeitswissenschaft, Bd. 28.

Weingart, P. (1976). *Wissensproduktion und soziale Struktur*. Frankfurt: Suhrkamp.

Weiser, M. & Shertz, J. (1983). Programing problem representation in novice and expert programmers. *International Journal of Man-Machine Studies, 19*, 391-398.

Wender, K. F. (1988). Semantische Netzwerke als Bestandteil gedächtnispsychologischer Theorien. In H. Mandl & H. Spada (Hrsg.), *Wissenspsychologie* (S. 55-73). Weinheim: Psychologie Verlags Union.

Wertheimer, M. (1964, Orig. 1945). *Produktives Denken*. Frankfurt: Kramer.

Widowski, D. & Eyferth, K. (1986). Comprehending and recalling computer programs of different structural and semantic complexity by experts and novices. In M. P. Willumeit (Ed.), *Human decision making and manual control* (pp. 267-275). Amsterdam: Elsevier.

Wittrock, M. (Ed.). (1986). *Handbook of research on teaching* (3rd ed.). New York: McMillan.

Yaacobi, D. & Sharan, S. (1985). Teacher beliefs and practices. The discipline carries the message. *Journal of Education for Teaching, 11*, 187-199.

Yinger, R. (1986). Examining thought in action: a theoretical and methodological critique of research on interactive teaching. *Teaching and Teacher Education, 2*, 263-282.

Zeichner, K., Tabachnik, R. & Densmore, K. (1987). Individual, institutional and cultural influences on the development of teachers' craft knowledge. In J. Calderhead (Ed.), *Exploring teachers' thinking* (pp. 21-59). London: Cassell.

Autorenregister

Abelson, R.P.   67
Achtenhagen, F.   88
Aebli, H.   19
Ahlbrand, W.P.   74
Allen, S.   26, 31
Allen, T.   25, 27
Amarel, M.   134
Amman, R.   130
Anderson, Ch.W.   98, 134
Anderson, J.   44, 127, 128, 131, 137, 149
Anderson, R.D.   93, 103
Arbinger, R.   19
Archambault, F.   95
Argyris, C.   121
Arlin, M.   81
Armstrong, S.L.   152
Baltes, P.   36, 38
Barenfeld, M.   16
Barker, R.   112
Barnes, M.   3
Barrows, H.   25-26, 29, 32
Barsalou, L.W.   149, 152
Bartlett, F.C.   151-152
Bauersfeld, H.   82
Baumert, J.   77, 87
Bawden, R.   102, 103
Baxter, J.   63, 93
Begle, E.J.   92
Ben-Peretz, M.   2, 75, 80, 134
Bender, H.   88
Bereiter, C.   37, 79
Berliner, D.C.   39, 48-49, 52-56, 59, 64, 68-69, 80, 92, 121, 141
Biddle, B.J.   3
Bloom, B.S.   46
Boden, M.   129
Bordage, G.   25, 27
Boshuizen, H.   25, 30-32
Bosk, Ch.   143
Braunsteiner, M.   23
Breitrose, M.S.   83

176

Verlag Hans Huber
Bern Göttingen Toronto

Huber: Psychologie
Forschung

Kusch, Michael / Petermann, Franz

Entwicklung autistischer Störungen

2. erweiterte Auflage 1991, 272 Seiten, 12 Abbildungen, 29 Tabellen, kartoniert Fr. 52.— / DM 59.—

Berücksichtigt wird in diesem Buch vor allem die entwicklungspsychologische Perspektive.
Viele gut kontrollierte Studien zeigen, daß kognitive, soziale und emotionale Entwicklungsaspekte
große Bedeutung haben. Anwendungsorientierte Diagnosemethoden werden vorgestellt. Neben
Entwicklungsdiagnostik und Verhaltensdiagnostik, die auch audio-visuelle Methoden einschließt,
werden therapiebezogene Diagnoseverfahren behandelt. Neue Verfahren der Entwicklungsförderung
können bei autismusspezifischen Störungen eingesetzt werden (z.B. Therapie sozialer Kompetenzen).
Besonderer Wert wird in diesem Buch auf Verfahren gelegt, deren praktische Anwendung ohne
Schwierigkeiten möglich ist. Die 2. Auflage enthält zusätzlich ein Kapitel über aktuelle Entwicklungen
im Kontext der Entwicklungspsychopathologie.

Tröster, Heinrich

Einstellungen und Verhalten gegenüber Behinderten

Konzepte, Ergebnisse und Perspektiven sozialpsychologischer Forschung

1990, 238 Seiten, kartoniert Fr. 49.— / DM 56.—

Führen negative Einstellungen zu diskriminierendem und positive Einstellungen zu zugewandtem
Verhalten gegenüber behinderten Menschen? Als entscheidende Barriere in der sozialen Interaktion
zwischen Behinderten und Nichtbehinderten werden die Auffälligkeit der Behinderung, die funktionale Beeinträchtigung kommunikativer Fähigkeiten, die mit der Behinderung einhergehende
ästhetische Beeinträchtigung sowie die den Betroffenen zugeschriebene Verantwortlichkeit herausgestellt. Die Versuche, über allgemeine Befragungen und andere Methoden die Einstellung gegenüber
Behinderten zu erfassen, werden kritisch erörtert.

Warnke, Andreas

Legasthenie und Hirnfunktion

Neuropsychologische Befunde zur visuellen Informationsverarbeitung

1990, 194 Seiten, Abbildungen, Tabellen, kartoniert Fr. 49.— / DM 58.—

Das Buch gibt einen umfassenden Einblick in wesentliche Aspekte der Legasthenieforschung.
Der Schwerpunkt liegt auf der Darstellung experimenteller neuro-psychologischer und neurophysiolo-
gischer Befunde. Primär geht es um die Verarbeitung visuell vorgegebener sprachlicher und nicht-
sprachlicher Informationen bei Kindern mit Legasthenie. Die Zusammenschau testpsychologischer,
hirnelektrischer und hirnanatomischer Befunde erlaubt die Konstruktion eines Modells zur Erklärung
der umschriebenen Lese-Rechtschreibschwäche.